农村留守儿童福利研究
——基于福利治理视角

袁书华○著

Study on the Welfare of
Rural
Left-behind
Children
From the Perspective of
Welfare Governance

中国社会科学出版社

图书在版编目（CIP）数据

农村留守儿童福利研究：基于福利治理视角／袁书华著．—北京：
中国社会科学出版社，2023.7

ISBN 978 - 7 - 5227 - 2061 - 6

Ⅰ.①农…　Ⅱ.①袁…　Ⅲ.①农村—儿童—社会服务—研究—
中国　Ⅳ.①D669.5

中国国家版本馆 CIP 数据核字（2023）第 106971 号

出 版 人	赵剑英
责任编辑	马　明
责任校对	金超月
责任印制	王　超

出　　版	中国社会科学出版社
社　　址	北京鼓楼西大街甲 158 号
邮　　编	100720
网　　址	http://www.csspw.cn
发 行 部	010 - 84083685
门 市 部	010 - 84029450
经　　销	新华书店及其他书店

印　　刷	北京明恒达印务有限公司
装　　订	廊坊市广阳区广增装订厂
版　　次	2023 年 7 月第 1 版
印　　次	2023 年 7 月第 1 次印刷

开　　本	710×1000　1/16
印　　张	17.5
字　　数	215 千字
定　　价	95.00 元

前　言

　　农村留守儿童作为城市化、现代化进程中民工潮的伴生群体，最初是作为"三农"问题的副产品出现的，研究者们关注的主要是其"社会问题"。相对于家庭结构健全的非留守儿童来说，农村留守儿童由于与父母分离确实处于不利境地。农村留守儿童作为未来社会的公民，其各项权益的实现和保护是他们自身及其家庭无法单独面对的，需要政府和社会对其进行支持。因此，对于外出务工家庭将儿童留守农村过程中出现的问题，我们可以从儿童福利政策的角度进行回应和解决。

　　国内外已有不少研究对农村留守儿童和儿童福利进行研究，但总体来看，目前研究主要存在以下不足：一是已有的关于福利和儿童福利的研究多侧重客观福利制度和状况，很少有研究关注农村留守儿童的主观福利，从客观福利和主观福利整合的角度进行的研究更是少数；二是关于农村留守儿童福利的研究把量化研究和质性研究结合在一起的数量较少。

　　本研究以福利治理理论为研究视角，对儿童福利从客观福利和主观福利两个维度进行考察，从与非留守儿童对比的角度探讨农村留守儿童客观福利和主观福利现状，尤其是探讨国家、社区、志愿组织、家庭等不同主体在农村留守儿童福利供给中的作用，同时揭示主观福利提升的影响机制。本研究采用量化与质性相结合的混合研究方法，量化研究主要是在大规模调查数据的基础上通过统计分析揭示客观福利与主观福利之间的关系，质性研究则是对农村留守儿童客观福利获取现状进行分析，同时对不同主体为农村留守儿童提供福利的现状及困境进行分析，从而为全面提升农村留守儿童的福利水平提供政策依据。

本研究以山东省 LY 县为例，通过分层抽样获取了调查样本，通过滚雪球抽样获取了本研究的访谈对象。以以往研究为基础，本研究构建了关于客观福利、主观福利及两者关系的五个假设，通过量化研究对研究假设进行验证，研究发现：农村留守儿童的主观福利显著低于非留守儿童，农村留守儿童内部在主观福利方面则不存在差异；在福利获取内容方面，农村留守儿童的生活福利和健康福利低于非留守儿童；在教育福利方面，两个群体则不存在差异；在福利获取方式方面，农村留守儿童在资金福利和保护性服务福利方面显著低于非留守儿童；在照顾性服务福利方面，两个群体则不存在差异；农村留守儿童从核心家庭、扩展家庭获取的福利显著低于非留守儿童，从国家、社区和志愿组织获取的福利在两个群体之间则不存在差异；农村留守儿童的客观福利获取影响其主观福利，不同主体的福利供给影响农村留守儿童的客观福利获取，最终发现不同主体的福利供给通过福利获取影响其主观福利。在量化研究的基础上，本研究通过对农村留守儿童个体、与农村留守儿童有关的人员及政府相关部门的工作人员进行访谈，对农村留守儿童从不同主体获取的福利进行质性分析，得出如下结论：农村留守儿童的福利需求没有得到很好的满足；不同主体在农村留守儿童福利供给中难以形成合力。

　　本研究对各福利供给主体在农村留守儿童福利供给中存在的困境进行剖析发现：核心家庭面临"物质在场、亲情缺失"的福利供给困境，扩展家庭面临"心有余而力不足"的供给困境；农村社区面临空心化和村委公共事务庞杂无暇顾及农村留守儿童的困境；志愿组织面临整体力量薄弱和个体志愿者难以有效发挥作用的困境；国家则主要面临福利转型和各职能部门之间责任分工不明晰及难整合的困境。造成这种困境的深层次原因在于：农村留守儿童群体是转型期农村家庭的非农化生产模式和现行的城市公共服务政策的二元性共同作用的结果，已经超出了单个农民工家庭所能解决的范畴；国家适度普惠型儿童福利政策重现金补贴轻服务保障使其难以满足农村留守儿童的需要，各职能部门在自身利益驱动下缺乏有效的协同机制；村两委"重行政、轻服务"的现状使农村社区在农村留守儿童福利供给中难以发挥平台作用，农村公共文化衰落使社区缺乏互助精神和凝聚力；社会组织处于与政府不对等的合作关系中，对政府部门存在较强的经济依赖和行政依赖影响其福利递送效果。

　　针对不同主体在农村留守儿童福利供给中的困境及原因，本研究对农村留守儿童福利供给进行了政策思考：首先，构建精准保障的儿童福利政策体系，要以需要满足为导向、以权利实现为原则制定儿童福利政策；其次，制定保障儿童福利的家庭政策，根据儿童福利保障中家庭角色定位的理论依据和实践取向，构建儿童友好型的家庭政策保障家庭为农村留守儿童的福利供给；再次，完善多元主体福利供给机制，要落实好政府福利供给的主导责任和家庭福利供给的主体责任，发挥好农村社区儿童福利供给的平台作用和学校儿童福利供给的传递作用，鼓励和引导志愿组织和民众发挥福利供给的中介作用；最后，以城乡协调发展促进儿童福利均衡供给，依托新型城镇化为农村留守儿童福利助力，以乡村振兴为契机为儿童福利增益。

本研究在研究内容、研究方法和研究视角方面有所创新。从研究内容来看，本研究采用广义福利概念，除了借鉴以往研究中对农村留守儿童客观福利的研究内容，同时探讨农村留守儿童的主观福利，对农村留守儿童的整体福利进行研究。从研究方法来看，本研究采用量化研究和质性研究相结合的方法，不仅揭示客观福利和主观福利之间的关系，还对农村留守儿童的福利获取现状和不同主体的福利供给现状及困境进行探讨，全面分析农村留守儿童的整体福利。从研究视角来看，本研究以福利治理理论作为分析视角，不仅探讨农村留守儿童福利政策体系的构建，同时探讨多元主体的福利供给机制。

目　录

第 一 章
绪　论

　　作为本研究的第一章，本章主要介绍研究的背景和意义，对国内外相关研究文献进行梳理，介绍研究的思路和方法，并对本研究的创新之处进行介绍。研究背景部分从农村留守儿童的产生、农村留守儿童问题的出现和国家对农村留守儿童问题的关注三个方面进行阐述，进一步论述开展本研究的目的和意义。国内外研究现状部分围绕农村留守儿童、儿童福利和农村留守儿童福利的相关研究进行梳理，在学习和借鉴以往研究成果的基础上，明确本研究的突破方向。本研究从农村留守儿童的福利获取现状出发，重点探讨不同主体的福利供给现状及存在的困境，采取量化和质性相结合的混合研究方法进行具体研究。最后，从研究内容、研究方法和研究视角方面对本研究的创新之处进行阐述。

第一节　研究背景和意义

一　研究背景

（一）农村留守儿童的产生

改革开放以来，我国城市化和现代化进程逐步加快，大量农村剩余劳动力开始到城市务工经商，出现了农民工这一特殊群体。国家统计局数字显示，2019 年农民工总量为 29077 万人，外出农民工中跨省流动农民工 7508 万人，在省内就业的农民工 9917 万人。[①] 然而，在为我国经济发展做出巨大贡献的同时，受制于诸多现实条件（如住宿条件恶劣、务工收入水平低、子女进城入学困难等），农民工很难将子女带在身边，于是将未成年子女留在农村户籍所在地成了农民工最理性也是最无奈的选择，这就产生了另一个特殊的群体——农村留守儿童。

从世界发展中国家和地区的发展历程来看，留守儿童是在受经济收入驱使的大规模人口流动中共同存在的现象，如菲律宾约有 880 万—900 万留守儿童，斯里兰卡的留守儿童约有 100 万人，摩尔多瓦的留守儿童约占总人口的 36.4%。[②] 我国农村留守儿童曾经达到 6102 万人的巨大规模。[③] 截止到 2019 年底，我国农村留守儿童约有 643.6 万人。[④] 从分布区域来看，四川省农村留守儿童多达 76.5 万人，其次为安徽、湖南、河南、江西、湖北、贵州等，这些区域的农村留守儿童数量占全国农村留守儿童总量的 69.7%。从农村留守儿童的监护情况来看，由祖父母或外祖父母照顾的高达 96%，[⑤] 一年中与父亲或母亲见面次数少于 2 次的

---

① 国家统计局：《2019 年农民工监测调查报告》（国家统计局官网），http：//www.stats.gov.cn/tjsj/zxfb/202004/t20200430_1742724.html，2020 年 4 月 30 日。

② 潘璐、叶敬忠：《农村留守儿童研究综述》，《中国农业大学学报》（社会科学版）2009 年第 2 期。

③ 全国妇联课题组：《全国农村留守儿童 城乡流动儿童状况研究报告》，《中国妇运》2013 年第 6 期。

④ 车丽：《关爱留守儿童 我国已实现儿童主任、儿童督导员全覆盖》（央广网），https：//www.sohu.com/a/398972186_362042?_trans_=010001_grzy，2020 年 6 月 1 日。

⑤ 潘跃：《民政部发布数据显示 农村留守儿童少了两成多》，《人民日报》2018 年 11 月 2 日，第 13 版。

约占40%，与父亲或母亲联系次数少于 4 次的约占 20%。[①]

（二）农村留守儿童问题的出现

农村留守儿童作为民工潮的伴生群体，至少在 20 世纪 90 年代早期就应该出现了，是当时戏称的"386199 部队"中一个庞大的队伍。但无论是政府还是学术界，对农村留守儿童都没有与农民工进行同步关注。大量儿童留守农村这一社会问题被当时外出务工给家庭和当地经济带来的积极影响遮蔽了。直到 2000 年，随着国家对"三农"问题进行关注，农村义务教育作为一个突出的问题显现出来，与此同时，农村留守儿童作为一个被忽视多年的群体进入大众视野。2004 年 5 月，教育部基础教育司牵头召开了"中国农村留守儿童问题研究"研讨会，这意味着农村留守儿童问题被正式纳入政府工作日程。以此为开端，学术界对农村留守儿童的研究开始呈现迅猛增长趋势。

农村留守儿童最初受到关注是作为"三农"问题的副产品出现的，学术界对农村留守儿童的研究围绕学校教育、家庭教育和社会教育展开，关注的焦点涉及农村留守儿童的群体特征、监护类型、学习问题、心理和行为问题等。早期研究对农村留守儿童存在的"问题"有夸大的倾向，甚至存在标签化和污名化趋势，把农村留守儿童潜意识地认为问题儿童。[②] 2010 年 8 月，农村留守儿童曾被中央综治委列为开展教育帮扶和预防犯罪试点的五类重点青少年群体之一。相关研究认为，农村留守儿童面临被犯罪人员侵害和成为犯罪人员的双向犯罪风险。[③] 儿童并非天生就有

---

① 北京上学路上公益促进中心：《2018 年度中国留守儿童心灵状况白皮书》，2018 年。

② 谭深：《中国农村留守儿童研究述评》，《中国社会科学》2011 年第 1 期。

③ 戴建兵：《农村留守儿童多维风险评估与干预——基于风险的社会放大理论框架》，《西北农林科技大学学报》（社会科学版）2017 年第 6 期。

问题，而是父母外出务工、儿童留守农村的这种状态会使他们面临诸多风险。在我国社会转型期，农村人口向城市流动是一种常态，外出打工家庭将儿童留在农村的现象在短期内无法消除。农村留守儿童作为未来社会的公民，其各项权益的实现和保护是他们自身及其家庭无法单独面对的，还需要政府和社会对其进行支持。因此，对于外出务工家庭将儿童留守农村过程中出现的问题，我们可以从儿童福利政策的角度进行回应和解决。

（三）国家对农村留守儿童问题的关注

随着政府对农民工问题的关注度不断提高，农村留守儿童问题也逐渐进入政府的议事日程。2006 年，国务院农民工工作联席会议办公室、全国妇联等 12 个部门组建了农村留守儿童专题工作组，对农村留守儿童问题进行全面关注。2012 年，政府工作报告首次提到"关爱留守儿童"，2014 年政府工作报告提出"高度重视农村留守儿童"。同时，党的十八届三中全会、五中全会都明确提出要建立健全农村留守儿童关爱服务体系。紧随其后，"留守儿童"被写入国家《"十三五"发展规划纲要》，并将农村留守儿童关爱保护列为基本公共服务内容。2017 年 10 月，党的十九大报告明确提出"健全农村留守儿童和妇女、老年人关爱服务体系"。2019 年中央一号文件中，在提升农村公共服务水平方面明确指出，要完善农村留守儿童和妇女关爱服务体系。

当前，我国社会主要矛盾已经转化为人民日益增长的美好生活需要和不平衡不充分的发展之间的矛盾。因此，如何提高农村留守儿童的关爱保护和福利水平，促进农村留守儿童的健康成长至关重要。儿童是国家的未来、民族的希望，儿童的发展状况很大程度上影响着一个国家的前途和命运，儿童的福利状况不仅可以代表一个国家的社会生产力水平，也是衡量一个社会是否公正的重要指标。我国社会福利制度曾经对社会成员公民权利、弱势群体的服务供给存在忽视的现象，这种补缺型的社会福利制度使农村留守儿童的福利供给处于城市排斥和制度盲区的境地，农村留守儿童福利的提升具有一定的难度。

由于父母外出务工，农村留守儿童面临着家庭结构不完整和亲情缺失的不利处境，他们的福利供给除了来自家庭，国家和社会等其他福利供给主体能否予以补充，这是本研究关注的问题。本研究的问题集中在多元主体的福利供给如何影响农村留守儿童的客观福利和主观福利，当前多元主体为农村留守儿童提供的福利现状是怎样的，多元福利供给主体为农村留守儿童提供福利中存在的困境是怎样的，如何通过完善福利政策和福利供给机制提升农村留守儿童的整体福利？

二 研究意义

（一）理论意义

1. 丰富农村留守儿童的研究内容

学术界对农村留守儿童的研究逐渐从个体微观层面的问题探讨拓展到社会层面的关爱和保护，对农村留守儿童的关爱主要从实践层面展开研究。本研究以福利治理理论为分析框架，在梳理和分析农村留守儿童福利政策实施现状的基础上，对儿童福利政策在实践中的实施困境和原因进行分析，通过调整福利政策和完善福利供给机制探讨农村留守儿童福利的提升策略，从理论层面丰富农村留守儿童的研究内容。

2. 深化儿童福利的研究内容

学术界对儿童福利的研究主要集中于对福利制度和儿童福利状况的理论描述和理论构想。本研究在已有研究的基础上，从广义儿童福利概念出发，将儿童福利从客观福利和主观福利两个维度进行分析，客观福利又进一步细化为福利内容和福利方式，结合福利多元主义理论，探讨不同主体提供的福利是否满足农村留守儿童的福利需求，同时探讨不同主体的福利供给对主观福利的影响机制，这有助于更全面地掌握儿童福利的内涵和本质，在一定程度上促进儿童福利研究的进一步延伸。

（二）现实意义

1. 为提升农村留守儿童的福利水平提供现实依据

农村留守儿童面临的风险和所产生的问题是城市化和现代化进程中出现的一个社会问题。除了家庭履行第一监护职责，国家和社会都应该为儿童的身心健康发展承担责任。当父母由于家庭生计不得不外出务工时，留在家乡的未成年子女就会面临父母监护缺失的问题，农村留守儿童身心健康发展会受到不利影响，在此情况下国家必须介入，社区和志愿服务组织这些社会力量形成的非正式支持也应当同时参与，形成对农村留守儿童全面关爱的服务体系。本研究通过对农村留守儿童从家庭、国家、社区、志愿组织所获取的客观福利状况和主观福利体验进行研究，可以揭示不同福利供给主体为农村留守儿童提供的福利对其主观福利的影响机制。本研究通过对农村留守儿童客观福利供给和获取中存在的问题进行分析，为提升农村留守儿童主观福利提供政策依据。

2. 为减少农村留守儿童所面临的风险及所带来的社会不良影响提供政策依据

农村留守儿童属于社会弱势群体，由于缺少父母监护，他们在成长过程中容易面临意外事故和安全风险，同时面临行为失范风险和教育失效风险，更为严重的是，他们还面临受犯罪人员侵害和成为犯罪人员的双向犯罪风险，从而对社会秩序和社会稳定带来不良影响。2016 年，国务院发布的《关于加强农村留守儿童关爱保护工作的意见》指出，要动员全社会力量关爱、救助和保护农村留守儿童。本研究通过分析不同主体在农村留守儿童关爱和保护中的现状、职责及存在的问题，尤其是深刻剖析不同主体在农村留守儿童关爱保护工作中存在的困境，从而为更好地对农村留守儿童提供关爱和保护、减少他们所面临的风险、消除他们因自身风险而给社会带来的不良影响提供政策依据。

第二节　国内外研究现状

一　农村留守儿童的相关研究

国内学术界对农村留守儿童的研究最早开始于其教育问题，这是农村留守儿童问题被关注最原始和最重要的原因。2004 年前后，《光明日报》《人民日报》《中国青年报》等多家全国性报刊对农村留守儿童在学业、生活等方面存在的问题进行报道，这个问题很快引起政府的高度重视。2004 年 5 月，教育部首先就农村留守儿童问题专门召开座谈会，提倡加大研究力度做好农村留守儿童的教育工作。自此，学术界对农村留守儿童的研究开始呈井喷式增长，并逐渐意识到农村留守儿童问题是一个社会问题，对这个群体的研究从个体层面的关注拓展到社会层面的关爱。学术界对农村留守儿童关爱的研究主要涉及关爱的必要性、关爱主体、关爱方式等方面。

（一）农村留守儿童群体进行关爱的必要性研究

学术界认为农村留守儿童是一个需要给予关爱的群体，原因在于其心理健康状况较差，存在社会适应问题及权益受损问题。

关于农村留守儿童的心理健康状况，学术界多数观点认为，农村留守儿童的身心健康状况显著差于非留守儿童，[①] 父母外出使儿童的内在和外在心理健康都显著恶化，[②] 容易出现认知和行为偏差等消极特征。[③] 相对于非留守儿童，农村留守儿童存在较多的心理适应问题，容易产生孤独感、敏感自卑或者忧虑情绪，偶尔表现出违纪、攻击或退缩行为。[④] 对农村留守儿童的各种负面报道和宣传会使他们面临污名化的危险，[⑤] 这种污名化会使他们产生歧视知觉，使个体意识到自身所处的弱势地位，从而加剧情绪消极，[⑥] 在情绪和行为方面更容易出现适应不良现象。[⑦] 在农村留守儿童的社会适应方面，有研究认为，农村留守儿童的社会化呈现出一种"反埃里克森定律"的现象，这可能导致农村留守儿童出现畸形社会化或社会化危机现象，[⑧] 尤其是负面的客我过程会使农村留守儿童向"问题"方向发展。[⑨]

农村留守儿童除了容易产生心理和社会适应问题，还容易受

---

① 秦敏、朱晓：《父母外出对农村留守儿童的影响研究》，《人口学刊》2019 年第 3 期。

② 朱斯琴：《父母外出对农村留守儿童心理健康的影响——基于四省农户的实证研究》，《暨南学报》（哲学社会科学版）2016 年第 2 期。

③ 裘指挥：《留守儿童"亲情空洞"问题发生的特殊性及防范》，《中国教育学刊》2016 年第 5 期。

④ 刘霞、赵景欣、申继亮：《农村留守儿童的情绪与行为适应特点》，《中国教育学刊》2007 年第 6 期。

⑤ 任运昌：《高度警惕留守儿童的污名化——基于系列田野调查和文献研究的呼吁》，《教育理论与实践》2008 年第 32 期。

⑥ 申继亮、胡心怡、刘霞：《留守儿童歧视知觉特点及与主观幸福感的关系》，《河南大学学报》（社会科学版）2009 年第 6 期。

⑦ 申继亮、刘霞、赵景欣等：《城镇化进程中农民工子女心理发展研究》，《心理发展与教育》2015 年第 1 期。

⑧ 唐有财、符平：《动态生命历程视角下的留守儿童及其社会化》，《中州学刊》2011 年第 4 期。

⑨ 黄荣晓、邱鸿亮：《留守儿童成长机制的三维建构——基于粤西农村 C 初中留守儿童案例的叙事研究》，《华南师范大学学报》（社会科学版）2018 年第 4 期。

到侵害并可能成为侵害他人的主体。在不断报道的儿童性侵案例中，劳务输出大省的留守儿童遭受性侵问题严重，① 家长监护不力是其遭受性侵害的首要原因，② 同时也是性安全教育缺失、监护权难以落实等各种因素交互作用的结果。③ 农村留守儿童除了容易成为受侵害的弱势群体，他们所面临的教育失效和行为失范风险使他们往往会有更高的犯罪倾向。④ 已有研究表明，留守儿童犯罪呈现低龄化和低文化程度的"双低"现象，⑤ 监护缺失⑥和法律意识淡薄⑦是其犯罪的主要原因，当然也要警惕对农村留守儿童犯罪进行"污名化"。⑧ 无论是农村留守儿童遭遇性侵害还是具有犯罪倾向和事实，法治教育缺失难辞其咎。⑨ 完善社会保障机制⑩和社会工作介入服务不失为有效的防范措施。⑪

---

① 张晓冰：《农村留守儿童遭受性侵案件的特征、难点及出路》，《法律适用》2019年第4期。

② 何玲：《儿童性侵害与解决对策研究——基于2013—2018年的相关数据》，《中国青年社会科学》2019年第2期。

③ 付玉明：《论我国留守儿童性权利的法律保护——基于十起典型案例的实证分析》，《法学论坛》2016年第3期。

④ 陈刚：《劳动力迁移、亲子分离与青少年犯罪》，《青年研究》2016年第2期。

⑤ 胡滨：《农村留守儿童犯罪的实证研究——以湖南省H乡为个案》，《青少年犯罪问题》2010年第1期。

⑥ 胡江、杜伟：《留守未成年人犯罪预防的症结所在与根本出路》，《青少年犯罪问题》2012年第1期。

⑦ 关颖：《未成年人犯罪特征十年比较——基于两次全国未成年犯调查》，《中国青年研究》2012年第6期。

⑧ 姚建龙、常怡蓉：《留守儿童犯罪：污名化的反思与修正》，《中国青年社会科学》2016年第4期。

⑨ 陆继霞：《加强留守儿童的法治教育，谁之责》，《人民论坛》2019年第4期。

⑩ 郭开云、张晓冰：《我国农村留守儿童权益保护及对策研究》，《中国青年社会科学》2018年第4期。

⑪ 邓玮：《社区为本：农村留守青少年犯罪风险的社工干预策略——以抗逆力提升为介入焦点》，《西北农林科技大学学报》（社会科学版）2015年第5期。

（二）农村留守儿童关爱主体的研究

农村留守儿童由于父母外出务工，对其进行关爱的主体已经超出了家庭范畴，来自学校、政府和社会等主体的关爱日益增多。当然，原生家庭在农村留守儿童关爱和保护中的责任意识和履职能力是第一位的。[①] 父母与子女之间亲密的情感联结（即亲子亲合）会对农村留守儿童的心理适应具有积极作用。[②] 研究发现，网络亲子沟通可以直接正向预测农村留守初中生的社会适应，同时也可以通过亲子关系间接影响其社会适应。[③] 农村留守儿童与主要抚养者之间良好的依恋关系可以对亲子分离提供有效的补偿，基于亲缘关系的扩大，家庭可以在农村留守儿童家庭教育弱化或缺位的情况下为其提供良好的依恋对象，从而增强农村留守儿童积极应对逆境的能力。[④] 同时，有研究认为，农村留守儿童所在家庭会通过主动回应社会变迁的冲击来调整抚育策略，农村留守儿童也会根据所处情境来建构自身的生命轨迹，并在"恰当时间"扮演社会期望的角色。[⑤]

除家庭这一关爱主体，有研究认为，服务型政府的创建为多主体参与农村留守儿童关爱服务体系提供了条件，[⑥] 农村寄宿制

[①] 黄君：《农村留守儿童社会保护体系建构：福利治理的视角》，《社会工作》2017年第1期。

[②] 赵景欣、刘霞、张文新：《同伴拒绝、同伴接纳与农村留守儿童的心理适应：亲子亲合与逆境信念的作用》，《心理学报》2013年第7期。

[③] 牛更枫、李占星、王辰宵等：《网络亲子沟通对留守初中生社会适应的影响：一个有调节的中介模型》，《心理发展与教育》2019年第6期。

[④] 同雪莉：《抗逆力：留守儿童研究新视角》，中国社会科学出版社2017年版，第200页。

[⑤] 杨汇泉、朱启臻：《农村留守儿童家庭抚育策略的社会学思考——一项生命历程理论视角的个案考察》，《人口与发展》2011年第2期。

[⑥] 古桂琴：《农村留守义务教育学生关爱服务体系研究——以服务型政府为视角》，《江西社会科学》2016年第4期。

学校可以为农村留守儿童家庭发挥教育功能的补偿作用,[①] 当然寄宿制学校对这个群体的关爱和教育也面临着一定的挑战。[②] 同时, 有研究关注代理家长[③]和大学生志愿者[④]对农村留守儿童的关爱服务。

(三) 农村留守儿童关爱方式的研究

从关爱方式来看, 学术界探讨了农村留守儿童服务体系的分类管理机制[⑤]及效果评估, 主要通过社会化联动机制[⑥]和项目制[⑦]为农村留守儿童提供关爱。针对农村留守儿童学习辅导和监护不足、急需教育支持的现实, 可以构建 "政府—学校—家庭—社区—社会—留守儿童" 的多中心留守儿童教育支持体系, 以回应留守儿童的教育问题。[⑧] 同时, 越来越多的研究开始关注图书馆在农村留守儿童关爱保护中的平台作用, 如可以利用公共图书馆为农村留守儿童开展家庭导读服务, 研究者以会昌县图书馆推出的农村留守儿童家庭导读服务模式为例对其理念和

---

① 刘诗波、郑显亮、胡宏新:《农村寄宿制学校留守儿童家庭教育功能补偿探索——以江西省 A 县 B 小学的实践为例》,《中国教育学刊》2014 年第 10 期。

② 王学男、吴霓:《 "后撤并时代" 寄宿制学校对农村留守儿童关爱与教育的挑战与可能——基于江西、四川两省的调研》,《湖南师范大学教育科学学报》2019 年第 1 期。

③ 吕炜:《农村留守儿童代理家长之法律思考——兼评留守儿童关爱机制陕西 "石泉模式"》,《西北大学学报》(哲学社会科学版)2011 年第 6 期。

④ 刘晓霞、隋建华:《大学生志愿服务刍议——以义务教育阶段关爱农村留守儿童为视角》,《黑龙江高教研究》2013 年第 11 期。

⑤ 刘金接、张福庆、蒋国河等:《分类管理视角下农村留守儿童关爱服务体系建设研究》,《社会工作》2020 年第 3 期。

⑥ 刘永春、郑亚男、宋爽:《京津冀协同推动下河北省农村留守儿童社会化联动机制研究——以河北省 9 个村庄留守儿童调查为例》,《社会科学论坛》2017 年第 3 期。

⑦ 余成龙、冷向明:《 "项目制" 悖论抑或治理问题——农村公共服务项目制供给与可持续发展》,《公共管理学报》2019 年第 2 期。

⑧ 季彩君:《基于实证调查的留守儿童教育支持研究——以苏中 X 地区为例》,《全球教育展望》2016 年第 3 期。

方法进行探讨；① 以图书馆"蒲公英梦想书屋"的项目为依托，采取项目集群化服务模式对农村留守儿童进行关爱，② 同时图书馆可以通过服务效能最大化向农村留守儿童推送文化资源和开展人文关怀。③

二 儿童福利的相关研究

（一）国外儿童福利的相关研究

1. 儿童福利理论的相关研究

儿童福利理论在国外形成的渊源较深且来源广泛，不同学科的学者从不同理论视角来看待儿童问题，主要探讨儿童与家庭、国家、社会等之间的基本社会关系模式，形成以下几个有代表性的儿童福利理论。一是国家责任理论，起源于古希腊罗马时期，历经工业革命时期到"福利国家"时代逐渐成熟，其基本观点是国家应该承担起对公民权利和社会福利的保护责任，这也是儿童福利制度形成的基础。二是家庭结构功能角色和父母责任理论，强调在照顾和保护子女中的父母责任和家庭义务，这也是对当代儿童福利服务发展起到重要支撑的理论。④ 三是公民权利和儿童权利理论，起源于古希腊罗马时期的公民权制度，马歇尔的公民权理论对其进行了完善，该理论的基本观点是儿童享受福利是一种权利，他们有权利从家庭、国家和社会获得所需要的照顾服

---

① 钟冬莲：《公共图书馆服务留守儿童阅读的实践模式分析——以会昌县图书馆"家庭导读服务"项目为例》，《图书馆》2017 年第 12 期。

② 张波：《公共图书馆农村留守儿童集群化服务实践与思考——以"蒲公英梦想书屋"为例》，《图书馆学研究》2015 年第 20 期。

③ 金晓冬：《基于服务效能最大化下关爱农村留守儿童的活动特色研究——以重庆图书馆蒲公英梦想书屋为例》，《图书馆理论与实践》2020 年第 1 期。

④ UNICEF，*The State of the World's Children* 1994，New York：UNCF.

务，联合国儿童基金会和所有儿童工作者都在积极倡导和推动这种理论。[①] 四是生命周期、人生阶段和儿童发展理论，是心理学、教育学等专业分析儿童问题的基本视角，强调根据人类成长阶段为儿童提供福利和服务。五是儿童需要和儿童福利理论，强调针对儿童群体的共同需要和基本需要由不同主体通过不同方式提供相应福利，[②] 是对国家责任理论的提升和补充，这个理论目前适用性和解释力较强。

2. 儿童福利政策发展取向的相关研究

美国学者威伦斯基和勒博依据福利提供主体将社会福利类型分为两种，即"补缺型社会福利"和"制度型社会福利"，前者强调由家庭和市场提供能够满足个人需要的福利，只有当家庭和市场由于功能失灵无法满足个人需要时，才由国家承担提供社会福利的责任，由国家提供的福利也只是针对有需要的部分公民，而且这种福利提供是暂时的，是一种针对社会问题的事后补救；后者强调国家应该承担保障公民权的责任，通过建立法规和政策体系满足社会成员的福利需要，这种福利提供是针对全体公民的，并且是长期和稳定的，能同时起到预防和补救的作用。[③] 蒂特姆斯依据社会福利提供方式将社会福利类型划分为"选择型福利"和"普惠型福利"，前者采用家计审查方式只针对部分有需要的公民提供有限的福利，接受福利的公民往往带有被"污名

---

① Cohen, Mitchell, "T. H. Marshall's 'Citizenship and Social Class'", *Dissent*, Vol. 57, No. 4, 2010, pp. 81–85.

② Ruggie, Mary, *The State and Working Women*, Princeton, NJ: Princeton University Press, 1984, pp. 182–294.

③ Wilensky, H. L., Lebeauxnce, C. N., *Industrial Society and Social Welfare: The Impact of Industrialization on the Supply and Organization of Social Welfare in the United State*, New York: The Free Press, 1958.

化"的烙印；后者是针对全体公民提供的丰富福利，享受福利的公民不会带有社会烙印。总体来说，后者的福利内容丰富程度和水平都要高于前者。[①] 有学者按照社会学的角色理论，根据政府在儿童福利提供中所发挥的作用，将儿童福利分为支持性福利服务、补充性福利服务和替代性福利服务。支持性福利服务是针对生活在完整家庭结构中的儿童，当其家庭因遭遇危机而产生变数时，国家可以通过提供支持性服务来帮助儿童消除来自家庭的负面影响；[②] 补充性福利服务是当父母由于服务角色执行不当导致亲子关系受损时，政府可以通过对家庭给予适当协助或在家庭系统之外给予补充性服务，使儿童在家庭中不再受到伤害；[③] 替代性福利服务是当家庭功能严重受损，原生家庭不能为儿童提供基本福利时，儿童需要被安排到替代性居住场所暂时或永久进行安置。从替代性儿童福利、补充性儿童福利和支持性儿童福利的内在逻辑来看，这种分类反映出政府对家庭功能的替代程度由高到低的变化趋势。

3. 儿童福利政策模式相关研究

国外儿童福利发展历史悠久，形成了独具特色的福利模式。纵观其发展过程，大体可以分为以下几个阶段。

第一，社会救助模式，该模式萌芽于人类社会早期的儿童照顾，与13—14世纪欧洲国家来自宗教团体的慈善服务和儿童救助活动有较深的渊源。这种模式的基本观点：一是儿童成长的最

---

① Titmuss, M. R., *Commitment to Welfare*, London: Allen and Unwin, 1968.

② Takeshi Kobayashi, "The Policies and Practice of Child Welfare in Japan", International Conference on Child Welfare Policies and Practices in New Era. 5 – 4, Taipei: Ministry of Interior, 2000.

③ Crosson-Tower, C., *Exploring Child Welfare: a Practice Perspective* (6th Edition), Boston: Allyn & Bacon, 1998.

好环境是其原生家庭，最好的照顾来自父母；二是儿童问题是家庭内部应解决的事务，照顾和养育儿童是父母的责任和义务，当家庭对此功能欠缺或无能为力时，国家则应出场承担起最后的兜底责任。① 这种福利模式不属于对儿童问题的积极解决，是对儿童问题的被动回应和事后补救，具有"补缺型"特征。

第二，教养取向发展型模式，该模式产生于近现代社会早期阶段，儿童社会化和儿童健康发展是其价值基础。这种福利模式有两个基本假设：一是在不断变化的社会中，每个家庭可能都需要来自外界的帮助和支持；二是每个儿童都具备与生俱来的发展潜能，都具有后天培养和塑造的潜力，儿童健康发展应是全面的。儿童福利供给应惠及每个儿童，并同时满足困境儿童的特殊福利需求。该福利模式尽管具有补救性和剩余性的部分特征，但它更强调积极性和发展性，强调通过基础教育和基本医疗投入，可以实现儿童全部潜能得到充分发展的目的，从而保障儿童健康发展。

第三，社会保护模式，该模式产生以工业化大生产和都市化生活方式为背景，国家和社会机构针对处境不利儿童提供相应的福利服务，目的是遵循人道主义原则维护人的价值和尊严。这种福利模式有三个基本假设：一是在快速变迁的社会环境和家庭结构中，儿童很容易成为被疏忽的个体；二是儿童属于弱势群体，他们很容易受到伤害，因此需要得到特别关爱和保护；三是对儿童的教育和保护既是家庭的义务也是国家的责任。因此需要宗教慈善团体和专业人士对处境不利儿童提供预防性、治疗性或补救

---

① Neel, A. F., "Trends and Dilemmas in Child Welfare Research", *Child Welfare*, Vol. 50, No. 1, 1971, pp. 25 – 32.

性服务，恢复受伤害儿童的社会功能，以便保障儿童健康成长。

第四，社会参与式整合性模式，该福利模式将儿童置于儿童福利事业的主体和中心地位，不是将儿童福利看作对儿童的消极救助、简单教养和保护，而是为儿童创造条件，鼓励他们积极主动参与家庭和社会生活，通过广泛参与以达到促进儿童全面发展的目的。[①] 这种儿童福利模式是欧美发达国家社会福利制度改革的产物，也是儿童福利思想与制度发展的最高层次和理想范式。

4. 国外儿童福利制度实践

以上儿童福利理论、儿童福利政策发展取向和政策模式是西方各个国家在儿童福利制度实践中不断形成和发展的。然而，不同国家因其福利制度和发展模式不同，在具体实践中又具有自己的特点，因此嵌入在国家福利制度中的儿童福利制度也具有本国的特色。本研究遵循埃斯平－安德森对福利国家制度模式的三分法，对不同国家的儿童福利制度实践模式进行分析。

一是社会民主主义福利体制下的儿童福利模式，该模式强调国家在福利提供中的主导作用，将家庭对市场的依赖降到最低，所有公民都有平等享受福利的权利，具有代表性的国家是瑞典和丹麦。以瑞典为例，瑞典儿童福利政策充分考虑儿童成长过程中的各种需求，通过实行父母保险、儿童津贴、家庭津贴、教育补贴、健康照顾等福利项目，使儿童在不同阶段所产生的需求都能通过接受国家资源予以满足。瑞典的儿童福利政策属于典型的国家支持型政策，其政策取向强调国家责任，且国家责任是强有力的。[②] 丹麦的儿童福利保障资金额度高，且儿童照顾服务周到，包括完善的日间照顾服务、健康

---

① Hall，M. P.，*The Social Services of Morden England*，London：Routledge & Kegan Paul，1966.

② Hanne，H.，Eva，M.，"The Nordic Countries-welfare Paradises for Women and Children"，*Feminism & Psychology*，Vol. 15，No. 2，2005，pp. 229－237.

服务、文化活动服务等，国家提供的儿童福利使家庭在养育子女方面没有后顾之忧。①

二是保守主义福利体制下的儿童福利模式，该模式强调家庭在福利提供中的主导地位，政府在必要时起到辅助作用，市场则充当边际性角色，主要以欧洲大陆的德国、法国等为代表。德国、法国都强调家庭是儿童养育与保护的第一责任主体，政府也针对儿童提供包括儿童津贴、教育津贴、特殊津贴、儿童保险等在内的具有普惠性的福利项目，但政府角色是辅助性的，绝不会形成对父母或家庭的替代。②

三是自由主义福利体制下的儿童福利模式，该模式强调市场和家庭在满足基本福利中的作用，政府只提供最低限度的福利，重点针对处境不利家庭发挥补缺功能，主要包括英国、美国等国家。卡都兴（A. Kadushin）将美国儿童福利服务分为支持性、补充性和替代性服务。③ 美国儿童福利具有典型的"补缺"特点，其福利服务对象主要是针对遭遇各种不幸的儿童或其家庭，如孤儿、残疾儿童、贫困儿童、受虐待或被忽视儿童等，对这些处境不利儿童的个别需求通过救助、保护、辅导等措施予以支持。英国针对育儿家庭提供包括税收补贴、保育券等在内的多种福利。④ 同时，美国和英国都注重为父母提供多样

---

① Borchorst, Anette, "Danish Childcare Policies within Path: Timing, Sequence, Actors and Opportunity Structures", in Scheiwe, Kirsten and Willeken, Harry (eds.), *Childcare and Preschool Development in Europe: Institutional Perspectives*, New York: Palgrave Macmillan, 2009, pp. 126 – 141.

② Famliesde France, "La Politique Familiaeln France", https://www.familles-de-France. org/sites/default/files/PF_2014 – 01_la-politique-familiale-en-France-syntheses. pdf, 2020 – 04 – 06.

③ Kadushin, A., *Child Welfare Services* (3rd ed.), New York: Macmillan Publishing Co., Inc., 1980.

④ Goverment, U. K., "Childcare and Parenting", https://www.gov.uk/browse/childcare-parenting, 2020 – 04 – 06.

化的就业支持，从而向家庭提供福利和支持。①②

除了埃斯平 - 安德森的福利三分法，还有东亚福利体制的儿童福利模式，主要有中国、韩国、日本等东亚国家。对于东亚是否存在统一的福利制度，学术界仍有不同意见。有研究认为，东亚国家的福利具有一些共性核心特征，如低水平、儒家特色、生产主义等。③ 但同时有研究认为，不同国家由于历史文化传统不同，各个国家在探讨福利模式时是一种不断适应国际化的过程，也是一种基于西方经验的学习和适应模式。④ 有研究将包括中国、日本、韩国在内的东亚国家发展模式归纳为"适应性的发展国家"。⑤ 如在日本，随着福利多元主义理论框架受到重视，他们着重强调以家庭为主的福利政策，同时推行以地方政府、地方公共团体、企业、民间团体等多元主体参与的福利供给模式，儿童福利的宗旨是"帮助儿童生活自立"，这种"日本型儿童福利"的特色在于，以家庭为中心，以个人自立为指向，体现为纯粹的家庭主义。⑥ 也有研究指出，相对于西方福利国家政治和经济对社会政策的影响程度，东亚国家的福利属于"儒家文化下的保守福

---

① Jenny G., James H., Kathys, et al., *Evaluation of Children's Centers in England* (*EC-CE*) *-Strand 3: Delivery of Family Services by Children's Centres*, London: Department for Education, 2014.

② Paywizard, "Maternity Benefits per State", https://paywizard.org/labor-law, 2020 - 04 - 06.

③ Huck-ju, K., *Democracy and the Policies of Social Welfare: a Comparative Analysis of Welfare Systems in East Asia*, New York: Routledge, 1998, pp. 3 - 12.

④ Goodman, R., Peng, I., "The East Asian Welfare States: Peripatetic Learning, Adaptive Change, and Nation-building", in G. Esping-Andersen (eds.), *Welfare States in Transition: National Adaptations in Global Economics*, London: Sage Publications, 1996.

⑤ Wong, J., "The Adaptive Developmental State in East Asia", *Journal of East Asian Studies*, Vol. 4, No. 3, 2004, pp. 345 - 362.

⑥ Ochiai, Emiko, "Care Diamonds and Welfare Regimes in East and South-east Asian Societies: Bridging Family and Welfare Sociology", *International Journal of Japanese Sociology*, Vol. 18, No. 1, 2009, pp. 60 - 78.

利制度"。[1]

尽管目前学术界对各个国家的福利范式进行了不同区分，但也有研究者对"福利范式"概念进行了批评，认为在不同国家福利政策的比较中，鉴于不同福利国家政策所基于的历史、政治等因素，其实很难推断出不同国家的内在一致性。[2] 目前学术界比较认可的西方福利资本主义体制，每一个国家也不是纯粹地属于某种类型。[3] 尽管如此，各个国家越来越认识到儿童照顾既是家庭的责任，同时也离不开政府的支持。如莱特纳（Leitner）通过对各个国家的比较分析，把家庭照顾政策划分出四种类型，分别是：选择家庭主义（optional familialism）、隐性家庭主义（implicit familialism）、显性家庭主义（explicit familialism）和去家庭主义（de-familialism）。[4] 前三种模式都属于"家庭主义"，其中显性家庭主义强调家庭的作用且不存在家庭以外可替代的照顾服务；选择家庭主义则在家庭之外还存在其他形式的照顾可以选择；隐性家庭主义则既不提供家庭之外的照顾也不对家庭进行支持，其实际的照顾责任主要还在于家庭；去家庭主义则弱化家庭的照顾责任，主要由国家和市场为儿童提供照顾服务。洛克特夫（Lokteff）和皮尔西（Piercy）认为日本、美国属于隐性家庭主义类型。[5]

---

[1] Aspalter C. , *Conservative Welfare State Systems in East Asia*, Westport, Conn: Praeger, 2001.

[2] Kasza, G. J. , "The Illusion of Welfare Regimes", *Journal of Social Policy*, Vol. 31, No. 2, 2002, pp. 271 – 287.

[3] Esping-Andersen, G. , *The Three Worlds of WelfareCapitalism*, Cambridge: Polity Press, 1990, p. 28.

[4] Sigrid Leitner, "Varieties of Familialism: the Caring Function of the Family in Comparative Perspective", *European Societies*, Vol. 5, No. 4, 2003, pp. 353 – 375.

[5] Maegan Lokteff, Kathleen W. Piercy, "'Who Cares for the Children?' Lessons from a Global Perspective of Childcare Policy", *Journal of Child and Family Studies*, Vol. 21, No. 1, 2012, pp. 120 – 130.

按照此种分类框架，瑞典则应属于去家庭主义福利模式。

（二）国内儿童福利的相关研究

1. 儿童福利理论相关研究

我国自古以来就具有儿童优待和救助的传统思想。尤其是近代以来，在生产力不断发展和社会结构不断变迁的过程中，受到西方国家儿童福利思想的影响，我国对儿童福利的关注度不断提高，逐渐形成将儿童福利置于公共福利事业优先领域和核心位置的福利思想，由此形成一系列儿童福利理论。刘继同在对国外现有儿童福利理论进行借鉴的基础上，提出了以儿童为中心的综合性和整合性的儿童福利理论框架，该理论框架包含宏观的制度背景和社区环境、中观的家庭生活和家庭结构功能、微观的儿童需要和儿童生活周期三部分，其中儿童生活周期和需要的满足是该理论框架的主体和核心，儿童的身心健康成长则是其主题。[1] 尚晓援等认为中国的儿童福利制度应由基于亲权保护向基于公民社会权利保护制度转变，以此建立为所有儿童提供支持和保护的儿童福利制度。[2] 陆士桢认为一个国家的儿童福利理论建构要以儿童观指导下的需要理论、风险社会理论、弱势群体理论和公共治理理论等为基础，其中对儿童本质的认识和如何界定政府责任是建构儿童福利体系的理论依据。[3] 童小军认为可以将国家亲权理论作为儿童福利制度建设的指导思想，从而构建出国家主导、家庭尽责、社会参与的涵盖儿童发展、救助

---

[1] 刘继同：《社会转型期儿童福利的理论框架与政策框架》，《中国青年研究》2005 年第 7 期。

[2] 尚晓援、陶传进：《中国儿童福利制度的权利基础及其限度》，《清华大学学报》（哲学社会科学版）2009 年第 2 期。

[3] 陆士桢：《建构中国特色的儿童福利体系》，《社会保障评论》2017 年第 3 期。

和保护等服务内容的综合儿童服务体系，以保证儿童安全、健康成长。①

2. 我国儿童福利制度实践

不同的历史发展阶段，在社会背景和社会环境不同、面临的主要社会问题不同、政府所扮演的角色不同的情况下，儿童福利制度方针与儿童福利服务的范围与内容就会不同，儿童生存发展状况和福利水平也会呈现出很大的差异性。自中华人民共和国成立以来，根据时代背景和社会经济发展特征可以把我国儿童福利制度发展划分为三个阶段：一是集体保护下的儿童福利（1949—1978 年），二是社会化改革中的儿童福利（1979—2009 年），三是适度普惠进程中的儿童福利（2010 年至今）。②

中华人民共和国成立伊始，国家充分认识到儿童是新中国未来的接班人和建设者，遂把 6 月 1 日定为儿童节。其实早在《中国人民政治协商会议共同纲领》中就提到"注意保护母亲、婴儿和儿童的健康"。1954 年颁布的《中华人民共和国宪法》中明确规定，"婚姻、家庭、母亲、儿童受国家的保护"，儿童福利在宪法层面获得了支持。在当时的计划经济体制下，儿童福利的提供主体是集体。

城市儿童主要由父母所在单位为其提供福利，农村则由人民公社或生产队为儿童提供福利，儿童所能享受的福利包括生活福利、医疗卫生福利、托幼和教育福利及儿童参与福利。③ 在当时

---

① 童小军：《国家亲权视角下的儿童福利制度建设》，《中国青年社会科学》2018 年第 2 期。

② 于建琳、宣朝庆：《70 年来儿童福利的政策演进及其路径探析》，《社会建设》2019 年第 5 期。

③ 刘晓静：《计划经济时期中国儿童福利研究》，《社会保障评论》2018 年第 4 期。

比较落后的经济条件下，由于国家把儿童放在非常重要的地位并重视儿童福利的发展，城市儿童在单位保障、农村儿童在集体保障的情况下，基本生活得到满足，健康水平和文化素质得到提升。这一时期的儿童福利虽然与家庭福利紧密结合，但儿童享受的福利受到集体保护和支持，因此国家所承担的福利责任是非常重要的。

党的十一届三中全会以后，随着农村家庭联产承包责任制的实行和国有企业改革重组，由国家承担的一部分福利职能开始发生转变，个人、家庭、社会和市场在福利服务中承担的份额逐渐增加。计划经济时期依托于集体经济和单位制的儿童福利逐渐失去了经济基础，儿童福利理念和政策开始发生转变。这一时期的儿童福利体现出两个特征如下。一是在社会福利社会化改革背景下，儿童福利也开始进入社会化改革进程，典型表现是儿童福利机构开始探索新型院内照料、推广家庭寄养、辐射社区等市场化改革。① 二是补缺型儿童福利的发展，主要是对弱势儿童群体采取措施予以保护和救助。如卫生部针对儿童医疗福利主要开展计划免疫和妇幼保健工作，民政部则对孤残儿童展开广泛救助，教育部则针对流动儿童入学进行保障。同时全国妇联和教育部开始关注农村留守儿童这一特殊群体，从教育、医疗卫生、救助等方面进行关怀和保障。然而，过于注重对"问题儿童""困境儿童"所提供的治疗和补救倾向使正常儿童的福利受到忽视，这与立足困境儿童保护、服务所有正常儿童的理想状态是有差距的。②

---

① 姚建平、刘明慧：《改革开放以来中国儿童福利制度模式研究》，《社会建设》2018年第 6 期。
② 刘继同：《社会转型期儿童福利的理论框架与政策框架》，《中国青年研究》2005 年第 7 期。

2010 年被国内一些学者称为"中国社会福利元年",同时也被称为"儿童福利元年"。2010 年 10 月,国务院常务会议通过《关于加强孤儿保障工作的意见》,拉开了中国儿童福利时代的序幕。国务院妇女儿童工作委员会牵头制定的《中国儿童发展纲要(2011—2020 年)》,首次增加"儿童福利"章节,明确提出将儿童福利由补缺型向适度普惠型的转变作为发展目标。健康福利方面,国家开始推行和普及儿童医疗保障,城市儿童被城镇居民医疗保障制度全覆盖;[①] 农村儿童被纳入新型农村合作医疗保险制度,[②] 同时享受大病医疗福利。[③] 教育福利方面,城乡义务教育实现全面普及并实行义务教育阶段免费政策,[④] 同时残疾儿童、贫困儿童等群体的教育也得到更好的保障。[⑤] 生活福利方面,在"适度普惠型"福利发展思路的指导下,一方面,儿童福利保障对象由以往只覆盖院内的孤儿和弃婴,扩大到社会上的散居孤儿和事实上无人抚养的困境儿童;[⑥] 另一方面,针对不同类型的困境儿童分别提供现金津贴或服务,现金津贴除了孤儿基本生活费,还包括困境儿童生活补贴、儿童最低生活保障、残疾人补贴,服务则主要包括困境儿童生活保障服务、医疗康复服务、教育和保护机制。[⑦]

从我国儿童福利发展历程来看,儿童福利理念和政策实践的

---

① 国务院:《关于开展城镇居民基本医疗保险试点的指导意见》,2007 年。

② 卫生部:《关于加快推进新型农村合作医疗试点工作的通知》,2006 年。

③ 卫农卫:《关于开展提高农村儿童重大疾病医疗保障水平试点工作的意见》,2010 年。

④ 国务院:《关于深化农村义务教育经费保障机制改革的通知》,2005 年。

⑤ 教育部等:《特殊教育提升计划(2014—2016 年)》,2014 年;《第二期特殊教育提升计划(2017—2020 年)》,2017 年。

⑥ 民政部等:《关于加强孤儿救助工作的意见》,2006 年。

⑦ 姚建平、刘明慧:《改革开放以来中国儿童福利制度模式研究》,《社会建设》2018 年第 6 期。

转变受到经济体制转轨、社会结构变迁、社会福利思想变化以及经济实力增强等多重因素的影响。当前"适度普惠型"儿童福利制度的建立，是符合经济发展的适度福利，是对社会结构变迁过程中所产生的儿童问题的一种回应，也是儿童福利领域国家责任的一种回归，国家对儿童福利的兜底和强力干预作用逐渐显现出来。2019 年，民政部设立儿童福利司的举措充分显示出国家对儿童福利的高度重视，是国家把儿童福利作为重要责任目标的体现，对于统筹资源和完善儿童福利政策具有重大的推动意义，这使得普惠型儿童福利又向前迈了一步。

三 农村留守儿童福利的相关研究

（一）农村留守儿童福利制度实践

农村留守儿童是伴随农民工群体出现的一个特殊群体。改革开放以来，我国针对农民工的政策经历了松绑、控制、引导和扶持四个阶段。以 2002 年中共十六大为起点，基于"以人为本"的科学发展观理念，在城乡统筹发展、全面建设小康社会与和谐社会的总体政策环境下，对农民工的政策目标开始定位于扶持农民工进城，通过进行户籍、农地与城乡基层治理制度等方面的改革，逐步放宽农民工进城的条件和解除农民工进城的管制，对进城农民工的权益进行保障。[①] 与此同时，国家针对农村留守儿童的政策也发生了由忽视到重视和关爱的转变。根据国家对农村留守儿童出台的相关政策内容及具体措施，可以把农村留守儿童的政策演进过程分为潜在期（1996—2003 年）、发生期（2004—

---

① 刘小年：《农民工政策的阶段新论——兼与胡鞍钢教授商榷》，《探索与争鸣》2006 年第 3 期。

2009 年）、发展期（2010—2015 年）和深化期（2016 年以来）几个阶段。①

改革开放后，随着大量农民工进城务工经商，随迁子女的教育问题最先进入政策视野。1996 年国家教委印发的《城镇流动人口中适龄儿童、少年就学办法（试行）》和 1998 年国家教委、公安部联合颁布的《流动儿童少年就学暂行办法》两个文件，开始关注流动儿童教育问题。2003 年 9 月，国务院出台《关于进一步加强农村教育工作的决定》，提出保障农民工子女接受义务教育的权利，农村留守子女教育问题也被纳入其中。这个时期国家政策对农民工子女问题的关注主要集中于随迁的流动儿童，但也只是作为解决农民工问题的辅助政策，农村留守儿童还处于被忽视状态。不过当时已经有个别媒体和研究者开始留意农村留守儿童这个群体，对随迁流动儿童的关注有助于将视线转移到农村留守儿童群体上来。

随着《人民日报》《中国教育报》等新闻媒体对农村留守儿童的报道不断增多，2004 年教育部召开农村留守儿童专题研讨会，农村留守儿童问题开始被纳入国家解决农民工问题的政策范围。2006 年 3 月颁布的《国务院关于解决农民工问题的若干意见》中强调，"输出地政府要解决好农民工托留在农村子女的教育问题"，② 这表明农村留守儿童问题开始正式进入国家政策议程。紧随其后，国家相关部委针对农村留守儿童问题纷纷出台了具体政策。如 2006 年 5 月，《教育部关于教育系统贯彻落实〈国务院关于解决农民工问题的若干意见〉的实施意见》中要求，要

---

① 王玉香、吴立忠：《我国留守儿童政策的演进过程与特点研究》，《青年探索》2016 年第 5 期。

② 国务院：《关于解决农民工问题的若干意见》，2006 年。

建立农村留守儿童教育和监护体系。同年7月，全国妇联《关于大力开展关爱农村留守儿童行动的意见》中提出，要将农村留守儿童教育纳入家庭教育"十一五"规划。2007年7月，中组部等七部门发布《关于贯彻落实中央指示精神积极开展关爱农村留守流动儿童工作的通知》，要求国家各相关职能部委加强农村留守儿童的教育管理、户籍管理与权益保护、完善救助保障机制和医疗保健服务等工作。农村留守儿童问题进入国家政策视野后，在国务院宏观方针的指导下，各相关职能部门依据各自职能单独出台或联合出台具体的指导意见和通知，力求全面解决农村留守儿童问题。在这些具体政策指导下，各部门又联合开展一些针对农村留守儿童的具有影响力的活动。如2007年5月，全国妇联等13部委发出《关于开展"共享蓝天"全国关爱农村留守流动儿童大行动的通知》，提出要开展以"共享蓝天"为主题的行动计划，力求通过四大行动解决农村留守儿童面临的问题。

2010年7月国务院颁布的《国家中长期教育改革和发展规划纲要（2010—2020年)》和2011年7月国务院颁布的《中国儿童发展纲要（2011—2020年)》两个纲领性文件，均强调建立健全农村留守儿童关系服务体系和机制。2012年《国务院关于深入推进义务教育均衡发展的意见》提出，要建立家庭、学校和社会广泛参与的支持和关爱网络。国务院颁布的这三个文件具有纲领性作用，这表明国家针对农村留守儿童的政策进入逐步完善阶段。2011年，全国妇联等四部门联合发布《关于开展全国农村留守流动儿童关爱服务体系试点工作的通知》，以及2013年教育部等五部门颁布的《关于加强义务教育阶段农村留守儿童关爱和教育工作的意见》即是对以上纲领性文件的具体落实。2014年《国务院关于进一步做好为农民工服务工作的意见》中提出，要加强农村留守儿童关爱服务体系，实施"共享蓝天"行动，保障农村留守儿童的入园、住宿和精神文化生活等。这一时期国家对农村留守儿童的关爱保护工作重点更加明确，对农村留守儿童的权益保护更加全面。

在国家对农村留守儿童关爱保护工作不断推进的过程中，2015 年 6 月，贵州毕节发生的 4 名农村留守儿童服毒身亡事件引发了广泛的社会关注，针对农村留守儿童的政策执行不力和对农村留守儿童保护不足的缺陷凸显出来。2016 年 2 月出台的《国务院关于加强农村留守儿童关爱保护工作的意见》明确要求，要进一步加强农村留守儿童的关爱保护工作，并对关爱主体、关爱体制和机制做了明确规定。此意见是针对农村留守儿童出台的一个专门性文件，这个文件的出台使农村留守儿童政策更加深化。2018 年 1 月，民政部发布了《关于开展全国农村留守儿童关爱保护和困境儿童保障示范活动的通知》，要求通过在全国建立一批示范区的方式进一步关怀农村留守儿童。

（二）农村留守儿童福利的学术探讨

学术界关于农村留守儿童福利的相关研究近年来呈现出逐渐增长的趋势，研究内容主要关注农村留守儿童的客观福利现状，同时探讨如何为农村留守儿童提供福利服务等。

从农村留守儿童的福利现状来看，万国威等从多元福利范式角度出发，对比了农村留守儿童和非留守儿童的福利供应，发现由于福利供应主体发生了结构性变化，农村留守儿童所获取的福利出现了明显衰减现象。[1] 他又进一步对农村留守女童的福利现

---

[1]　万国威、李珊：《"留守儿童"福利供应的定量研究——基于四川省兴文县的实证调研》，《中国青年研究》2012 年第 12 期。

状进行研究，结果发现，相对于农村留守男童，农村留守女童的福利衰减幅度尽管相对较小，但福利供应总体水平依然有限，而且留守女童的福利供应受到父亲外出的深刻影响。[①] 张涛认为，农村留守儿童存在监护、亲子教育、自身维权等方面的福利缺失，亲情需要、教育需要和安全需要是他们最需要满足的关键性需要，因此要树立"儿童视角"，从农村留守儿童的实际需求出发来确定向他们提供的福利资源。[②] 陈玲、黄君的研究则认为，政府、家庭及社会在农村留守儿童福利供给中处于碎片化状态，需要对多种福利资源进行整合。[③] 周镇忠等在研究农村留守儿童福利政策影响因素的基础上，提出通过建立大数据平台来提升农村留守儿童的福利优势，为不同家庭和不同地区的农村留守儿童提供精准的福利服务。[④]

四 国内外研究述评

通过以上对相关研究文献的梳理，发现已有的研究存在以下几方面不足。

（一）关于福利和儿童福利的研究更多侧重客观福利制度和状况

国外有关儿童福利的理论和制度实践为我们展开本国儿童福

---

① 万国威、李珊：《"留守女童"福利供应的定量研究——基于四川省兴文县的实证调查》，《人口学刊》2013 年第 1 期。

② 张涛：《农村留守儿童福利保障支持体系研究》，《预防青少年犯罪研究》2015 年第 3 期。

③ 陈玲、黄君：《福利资源整合与服务供给——基于 T 小学留守儿童服务项目的研究》，《社会建设》2016 年第 3 期。

④ 周镇忠、蔡芸、顾天安等：《大数据支持下的农村留守儿童福利政策研究》，《社会保障研究》2019 年第 5 期。

利研究提供了理论基础和政策参考，国内学术界在对国外儿童福利理论和制度实践进行引介和对比剖析的过程中，不断对其进行借鉴并运用于我国儿童福利理论发展和制度实践变迁。我国儿童福利逐渐被置于公共福利事业优先领域和核心位置，形成了基于公民社会权利和儿童需要的社会福利思想，在制度实践中则由"补缺型"向"适度普惠型"转变，儿童福利的国家责任逐渐回归，同时儿童福利制度实践中开始植入家庭政策。我国形成以儿童为中心的综合性和整合性的儿童福利理论框架，在实践中则由对困境儿童的关注逐渐转向对全体儿童福利的关注。农村留守儿童福利政策在我国儿童福利理念逐步更新和儿童福利制度实践中不断完善，关于农村留守儿童福利的研究近年来也在不断增多。目前学术界针对农村留守儿童福利的研究主要涉及实践层面的关爱、客观福利供需状况及福利资源整合，关于农村留守儿童主观福利的研究较少，将农村留守儿童客观福利和主观福利整合到一起的研究更是少数。

（二）研究方法涉及量化研究和质性研究结合的较少

以往关于农村留守儿童的研究，围绕其教育问题和心理问题展开的研究主要是通过大规模施测进行的量化研究，目的是揭示影响教育和心理问题的影响因素；关于社会适应和权益保护的研究则主要是对少量个案进行深度剖析，系统分析农村留守儿童的福利状况。大规模施测的量化研究固然有助于揭示事物之间的关系，但不利于挖掘背后深层次的原因；个案研究虽然可以挖掘深层次的内容，但其代表性往往不足。以往关于农村留守儿童的研究把量化研究和质性研究结合在一起的数量较少，尤其是缺乏将量化与质性结合在一起对农村留守儿童福利进行的研究。

第三节　研究思路和研究方法

一　研究思路

本研究主要关注农村留守儿童的福利获取和不同主体的福利供给状况，具体可以从他们的客观福利状况和主观福利状况两个方面进行分析。首先，运用量化分析方法对农村留守儿童和非留守儿童的客观福利水平和主观福利水平进行比较研究，尤其是分析不同主体的福利供给如何影响农村留守儿童的客观福利和主观福利，同时分析客观福利对主观福利的影响机制；其次，通过质性方法分析农村留守儿童的客观福利获取现状及主观福利现状，从而探讨不同主体在农村留守儿童福利供给中的作用发挥情况及存在的困境，同时剖析其深层次原因；最后，进行理论探讨并提出政策建议，通过完善儿童福利政策和福利供给机制，在改善农村留守儿童客观福利状况的同时提升其主观福利，从而使农村留守儿童的整体福利状况得到改善。

本研究分六个部分，具体技术路线图（见图 1－1）和各章节具体安排如下。

第一章是绪论部分。该章主要是对本书的研究背景和意义进行介绍，在对国内外研究现状进行梳理的基础上，明确本书的研究思路、研究方法和创新之处。研究背景是整个研究的基础和出发点；国内外研究现状主要围绕农村留守儿童、社会福利以及农村留守儿童福利相关研究进行梳理；研究思路和研究方法主要是明确本研究所遵循的思维路线以及开展本研究所用的具体方法；研究创新主要是明确本研究与以往研究相比有哪些突破。

第二章是本研究的概念界定和理论基础部分。本书的主要概念涉及农村留守儿童、福利、社会福利、儿童福利等，尤其是对儿童福利概念的界定直接影响到后面的指标设计和研究假设的建立。本研究所用的相关理论主要有福利多元主义理论和福利治理理论，这为本书建立研究框架提供了基础。

第三章是量化研究部分，这是本研究的主体内容之一。指标设计主要是通过概念的操作化来设计研究工具，本研究围绕儿童客观福利和主观福利这两个主要概念进行指标设计。在指标设计的基础上，根据已往研究成果和本研究需要建立本研究的主要假设，为后面开展量化研究提供思路。量化研究则与前面建立的研究假设相呼应，对研究假设进行验证。量化研究主要是对农村留守儿童与非留守儿童的客观福利、主观福利进行群体间和群体内比较，对农村留守儿童客观福利与主观福利的关系进行统计分析，目的是探讨与非留守儿童相比，农村留守儿童的客观福利和主观福利现状是怎样的，同时揭示客观福利对主观福利的影响机制。

第四章是质性研究部分，这是本研究的主体内容之二。该章主要是在前面量化分析的基础上，围绕上述量化分析所揭示的变量间的关系，通过对不同福利供给主体和农村留守儿童进行访谈，从农村留守儿童福利获取的角度，进一步了解不同福利供给主体在农村留守儿童福利供给中的作用及供需之间存在的差距，同时深入分析不同主体福利供给中存在的困境及深层次原因。

第五章是本研究的政策分析部分。通过前面对农村留守儿童福利现状的量化分析和质性研究，为提升农村留守儿童福利水平进行政策思考。该部分内容主要围绕儿童福利政策体系的构建、保障儿童福利的家庭政策的制定、儿童福利供给机制的完善、城乡协调发展对儿童福利的作用等几方面进行政策分析。

　　第六章是本研究的结论和研究展望。该章主要是在量化研究和质性研究的基础上对本研究所得出的结论进行概括，同时提出将来围绕农村留守儿童这个研究主题可以进一步研究的方向。

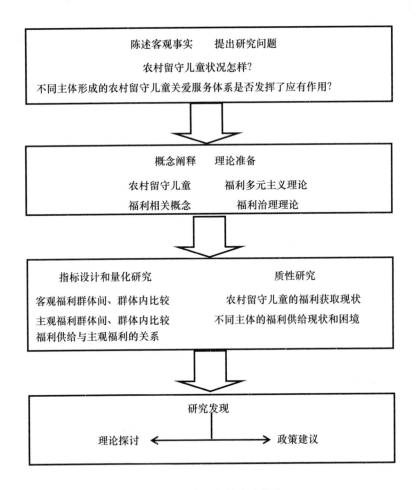

图1-1　本研究技术路线①

---

①　该图绘制参考范明林、吴军《质性研究》，格致出版社2009年版，第205页。

二　研究方法

（一）混合研究方法选取的依据

混合研究方法是研究者在研究过程中将量化与质性的研究方法、技术和其他因素等混合在一起使用,[①] 目的是获得更有广度和深度的研究结论。[②] 量化研究方法是从事先建立的假设入手,从宏观层面进行大规模的社会调查,通过对事物可量化部分进行测量和计算从而把握变量之间的关系,但不利于从微观层面对被研究者进行细致、深入的研究;质性研究则通过研究者与被研究者进行互动,从而对被调查对象进行比较全面深刻的认识。[③] 目前混合研究方法在政治学、教育学、心理学、管理学等学科中都有应用,[④] 且在数量和广度方面都有逐年上升趋势。同时,混合研究方法在国际公共管理领域研究中也开始受到关注,但实际占比仍然较小。[⑤] 国内在公共管理领域中对混合研究方法的使用则较为欠缺。一般来说,混合研究方法主要适用于解释过于复杂的研究问题、发展新的测量方法或理论模型、解释或深化已有的结果、推广已有的研究发现。[⑥] 混合研究方法的设计需要共同使用

---

① ［美］伯克·约翰逊:《教育研究:定性、定量和混合研究方法》,马健生等译,重庆大学出版社 2015 年版,第 398—399 页。

② Johnson, R. B., Onwuegbuzie, A. J., Turner, L. A., "Toward a Definition of Mixed Methods Research", *Journal of Mixed Methods Research*, Vol. 1, No. 2, 2007, pp. 112 –133.

③ 陈向明:《社会科学中的定性研究方法》,《中国社会科学》1996 年第 6 期。

④ 陶旭、李一杉:《混合方法研究的国际态势及其对我国教育研究的启示——基于 2006—2015 年混合方法期刊的文献计量与可视化分析》,《大学》(研究版) 2016 年第 3 期。

⑤ Hendren, K., Luo, Q. E., Pandey, S. K., "The State of Mixed Methods Research in Public Administration and Public Policy", *Public Administration Review*, Vol. 78, No. 6, 2018, pp. 904 –916.

⑥ 杨立华、李凯林:《公共管理混合研究方法的基本路径》,《甘肃行政学院学报》2019 年第 6 期。

量化和质性研究方法，这两种方法既可以是处于同等地位，也可以进行主次之分；在时间安排上，两种研究方法既可以同时使用，也可以依次使用或者以夹层的方式使用。[①]

本研究对混合研究方法的运用适用于解释或深化已有的结果，即先通过量化研究梳理复杂社会问题中的相关关系，然后运用质性研究对这种关系进行具体解释。本研究采用量化和质性研究方法依次进行的方式搜集数据，即先通过文献资料的收集获取有关农村留守儿童和儿童福利的相关文献，在此基础上对儿童福利概念进行界定并操作化处理，在利用相关问卷收集数据的基础上进行统计分析，通过访谈对数据分析的结果进一步进行解释。

（二）本研究所采用的具体研究方法

混合研究方法使用的核心假设是，把量化与质性研究结合起来使用比单用一种方法对于问题的理解和解决更为有效，[②] 因此使用混合研究方法就是要实现量化研究和质性研究的优势互补。量化研究可以通过数据分析得到比较准确的结果，但对于主观细节把握不够；质性研究中的深度访谈虽然可以对个体资料获得较为深入的了解，但是样本量往往不够大。因此本研究采取量化研究和质性研究相结合的方式，两种方法处于同等重要的地位。具体的研究方法如下。

1. 问卷调查法

调查法是社会科学研究中常用的一种研究方法，是对量化研

---

① Sandelowski, M., "Combining Qualitative and Quantitative Sampling, Data Collection, and Analysis Techniques in Mixed-Method Studies", *Research in Nursing & Health*, Vol. 23, No. 3, 2000, pp. 246－255.

② 蒋逸民：《作为"第三次方法论运动"的混合方法研究》，《浙江社会科学》2009 年第 10 期。

究内容的一种集中体现。问卷调查法是一种采用自填问卷的方法搜集被调查者的观点、态度和行为的方法，目的是对研究所需要的信息进行系统的收集和分析，这是最常用的量化研究方法之一。本研究在对相关文献进行梳理的基础上，对福利和儿童福利进行操作化处理，设计出不同主体福利供给问卷和福利获取问卷，选择具有一定阅读能力的小学五年级到初中三年级的学生作为被试进行大规模调查，对调查结果进行统计分析，目的是对比农村留守儿童和非留守儿童的客观福利和主观福利水平。在此基础上，进一步探讨农村留守儿童客观福利和主观福利之间的关系，揭示不同主体的福利供给如何影响农村留守儿童的福利获取和主观福利，尤其是揭示不同主体的福利供给如何通过福利获取影响农村留守儿童的主观福利。

2. 访谈法

访谈法也称访问研究法，是质性研究中收集资料的一种方法，也是社会科学研究中常用的一种资料收集方法，是访问者通过口头交谈的方式了解被访问者相关社会事实的一种研究方法。[①] 质性研究中一般常用的抽样方法是"目的性抽样"，即选取那些能够为研究需要尽可能提供有价值信息的人、事件和地点。[②] 本研究运用访谈法的目的是对量化研究的结果进行深入的分析和解释，主要是针对量化分析中农村留守儿童的福利水平、客观福利和主观福利之间的关系进一步解读。通过对访谈资料进行分析，从农村留守儿童自身和不同福利供给主体了解农村留守儿童的实际福利获取情况，分析不同主体福利供给与农村留守儿童实际福

① 林聚任、刘玉安：《社会科学研究方法（第二版）》，山东人民出版社2008年版，第207页。
② 陈向明：《社会科学中的定性研究方法》，《中国社会科学》1996年第6期。

利获取之间存在的差距，进一步分析不同主体福利供给困境和深层次原因，从而为提升农村留守儿童整体福利水平提供参考依据。本研究采取滚雪球抽样的方法，选取那些能够对本研究提供最大和最关键信息量的人进行访谈，访谈对象的选择尽可能地多元，同时保证年龄、性别等方面平衡。本研究具体的访谈对象涉及政府层面、社区层面、志愿组织层面、学校层面、家庭层面和农村留守儿童个体层面。

第四节 本研究的创新之处

一 内容创新

在各国对福利的研究中，通常存在两种不同的模式：一种侧重于客观生活条件的测量，如斯堪的纳维亚的生活水平研究；另一种强调人们的主观福利，如美国的生活质量研究，认为福利最终要依靠个人来评价。目前的研究则力图把福利的客观指标和主观指标结合在一起形成一个完整的福利研究框架。如德国的生活质量概念，既包括不同生活领域中客观的生活条件，同时也包括主观福利，客观生活条件是实际存在的生活状况，主观福利则包含认知和情感层面。[1] 国内有研究者认为，对福利的衡量可以从两个方面来展开：一方面是每个个体从社会上所获取的客观福利；另一方面是每个个体对其所获取福利的主观评价，如满意度。[2] 然而，在我国学术界对农村留守儿童福利的研究中，以往

---

[1] 贺春临、周长城：《福利概念与生活质量指标——欧洲生活质量指标体系的概念框架和结构研究》，《国外社会科学》2002年第1期。

[2] 王小林、Sabina Alkire：《中国多维贫困测量：估计和政策含义》，《中国农村经济》2009年第12期。

研究更多地关注福利制度和福利服务，主要涉及农村留守儿童的客观福利状况。国家不断完善儿童福利制度、拓宽儿童福利服务提供路径的最终目的是提升儿童的主观福利，从而提升儿童的整体福利。因此，本研究采用广义福利概念，将儿童福利划分为客观福利和主观福利，除了借鉴以往研究中对农村留守儿童客观福利的研究内容，同时探讨农村留守儿童的主观福利。

二 方法创新

学术界对农村留守儿童的研究，一方面聚焦于客观的福利制度和福利服务；另一方面聚焦于从个体微观角度研究农村留守儿童的主观福利及其影响因素，且以往研究中针对农村留守儿童主观福利的研究只是单纯地把它作为因变量，探讨个体微观层面（如歧视知觉、公正感知等）对农村留守儿童主观福利的影响。学术界将农村留守儿童客观福利和主观福利结合起来进行的研究较少，很少有研究探讨农村留守儿童客观福利对主观福利的影响机制。本研究将农村留守儿童的客观福利和主观福利结合在一起，采用量化和质性相结合的方法全面探讨农村留守儿童的整体福利。具体的研究方法是，对农村留守儿童和非留守儿童进行对比分析，通过均值比较来判断农村留守儿童和非留守儿童在客观福利和主观福利方面是否存在差异，分析农村留守儿童从不同福利供给主体获取福利的差异，在此基础上通过回归分析进一步分析农村留守儿童客观福利对主观福利的影响机制。在对上述问题进行量化研究的同时，本研究又采取深度访谈的方式，进一步对农村留守儿童当前的客观福利获取状况和主观福利水平进行分析和探讨，目的是了解不同主体在为农村留守儿童提供福利中存在的困境及深层次原因，为提升农村留守儿童整体福利水平提出政策思考。

三 视角创新

以往关于农村留守儿童福利的研究中，主要侧重对国家责任理论、父母责任理论、儿童发展理论等方面的探讨，因此在儿童福利政策发展演变过程中，出现了自由放任主义、国家干预主义、尊重家庭与双亲权利等研究取向。随着儿童权利理论和儿童需要理论对现实的解释力越来越强，儿童权利与自由的福利取向越来越被广泛接受，关于儿童福利的理论议题逐渐采取社会参与式、整合性的研究范式。国内有研究开始构建以儿童为中心的综合性和整合性的儿童福利理论框架，以此为基础构建国家主导、家庭尽责、社会参与的综合儿童福利服务体系，但这些研究多是从理论上对儿童福利进行探讨。关于农村留守儿童福利的研究中，虽然有研究开始采用多元福利范式研究农村留守儿童的福利供给，但主要是强调多元主体的作用发挥。农村留守儿童群体的出现以及存在的问题是一个复杂的系统性问题，因此，需要结合儿童福利政策的变迁和福利的供给来综合分析。福利治理理论不仅包括不断变化的福利含义，同时包括不断变化的福利供给机制和具体实践，这为研究农村留守儿童的福利问题提供了一个比较新颖的研究视角，有助于从理论和实践两个层面全面研究农村留守儿童的福利问题。

第 二 章
概念界定和理论基础

为了更精准地明确本研究的对象及研究范围，本章主要对相关概念进行界定、对相关理论进行阐述。本章对农村留守儿童、福利、社会福利、儿童福利几个核心概念进行界定，明确研究对象和范围，将父母双方或一方外出的农村留守儿童作为研究对象，从广义福利概念出发研究他们的客观福利和主观福利。本研究以福利多元主义理论和福利治理理论为理论基础，本章对两个理论的理论渊源、理论发展、理论内涵及在相关领域中的运用进行阐述，在对两个理论进行比较的基础上，以福利治理理论为基础构建了本研究的理论分析框架。

第一节　概念界定

一　农村留守儿童

"留守儿童"一词最早指父母在海外上学或打工而不得不把子女交给祖父母或外祖父母抚养的一个特殊群体,[1][2] 这个概念抓

---

① 上官子木:《隔代抚养与"留守"儿童》,《父母必读》1993 年第 11 期。
② 一张:《"留守儿童"》,《瞭望新闻周刊》1994 年第 45 期。

住了留守儿童的基本特征，即亲子分离，父母双方或一方与未成年子女长期处于分离状态，未成年子女缺乏父母的监护和关爱。随着大批农民到城市务工经商，学术界开始关注农村"留守儿童"群体。① 中央教科所调研组在调研中把农村留守儿童界定为："由于父母双方或一方外出打工而被留在农村的家乡，并且需要其他亲人或委托人照顾的处于义务教育阶段的儿童（6—16岁）。"② 也有研究者认为农村留守儿童的年龄应为 17 周岁以下。③ 还有研究者把农村留守儿童年龄限定在 18 岁以下。④ 2016年，国务院《关于加强农村留守儿童关爱保护工作的意见》中，将农村留守儿童界定为："父母双方外出务工或一方外出务工另一方无监护能力、不满十六周岁的未成年人。"尽管父母一方外出务工相对于父母双方同时外出的家庭，其家庭结构的完整性在一定程度上有所保留，然而毕竟与父母双方同时在家的完整家庭相比，其亲子关系也处于残缺和断裂状态，原有核心家庭的稳定性受到了影响，因此本研究从广义上来界定农村留守儿童。本研究将农村留守儿童界定为：父母双方或一方离开家乡到外地务工，被留在户籍所在地的农村，不能与父母双方共同生活在一起的不满 16 周岁的未成年人。我们可以从以下几个方面对农村留守儿童群体进行分析：首先，强调父母双方或一方离开家乡到外地务工，这是农村留守儿童概念的核心部分；其次，对农村留守儿童的年龄上限定在 16 周岁，年龄下限可以理解为 0 岁；再次，

---

① 孙顺其：《"留守儿童"实堪忧》，《教师博览》1995 年第 2 期。
② 丁杰、吴霓：《农村留守儿童问题调研报告》，《教育研究》2004 年第 10 期。
③ 段成荣、杨舸：《我国农村留守儿童状况研究》，《人口研究》2008 年第 3 期。
④ 叶敬忠、［美］詹姆斯·莫瑞主编：《关注留守儿童：中国中西部农村地区劳动力外出务工对留守儿童的影响》，社会科学文献出版社 2005 年版，第 18 页。

不对父母外出的时间进行限制；最后，儿童的现居地是户籍所在地或家乡，这是"留守"的状态。鉴于本研究会涉及问卷调查和访谈，所以本研究把研究对象限定为小学高年级（五年级及以上）和初中阶段的农村留守儿童。

二 福利

福利一词在英语中表述为 welfare，是由 well（好）和 fare（生活）两个词合成的。福利（welfare）是西方文化的核心概念，基本含义是幸福、美好的生活，或理解为有尊严的生活。[①] 在《英汉双解剑桥国际英语词典》中，对 welfare 有两种解释：一是由国家或组织对陷入困境的人群给予必要的帮助；二是特指人的身心健康和幸福。在《牛津英汉双解大词典》中，对 welfare 也有两种解释：一是依据法定程序或通过社会共同努力使得个人生活得以维持，或为此进行财政支持；二是福祉、幸福。在汉语中，福利是由福和利两个同义词合成。福的本义是幸福和福气，在中国文化语境中是一种福文化，如在传统习俗中，长寿、富贵、健康安宁、遵行美德、善终正寝这五福合在一起构成幸福美满的人生。[②] 利的本义是刀口锋利，可以引申为收获谷物，满足顺利、吉祥的人生愿望。对于福和利的组合，早在《后汉书·仲长统列传》和韩愈的《与孟尚书书》中都出现过，均具有利益和幸福的意思。在《汉语大词典》里，福利被解释为人们的幸福和利益，既包括诸如收入、住房等物质方面，也包括公正、安全

---

① 王雪梅：《儿童福利论》，社会科学文献出版社 2014 年版，第 11 页。

② 秦永超：《福祉、福利与社会福利的概念内涵及关系辨析》，《河南社会科学》2015 年第 9 期。

等精神方面。

在英语语境和汉语语境中，对福利的表述虽然不尽相同，但从其内涵来看，都表示让人们获得利益，过上一种幸福和美满的生活。因此，福利可以从两个方面来理解，一方面福利是一种以物质形式或是以货币形式进行资源分配的方式，如在住房、医疗等方面表现出来的资源分配方式，也可以理解为对有特殊需要的社会成员提供物质或货币方式的帮助，如针对孤寡老人、困境儿童、残疾人等特殊群体进行社会救助和服务。无论是在某方面表现出来的资源配置方式还是针对特殊群体提供的救助，都表现出一种客观的物质或服务帮助。进行上述资源配置和帮助的目的是让民众过上一种幸福的生活，因此福利的另一方面可以理解为一种幸福，在生活上表现出一种良好的状态，这也是进行资源配置和物质帮扶的终极价值目标，是一种主观的状态。因此福利可以理解为幸福、美满的生活状态，这依托于物质性与社会性的先决条件。

生活质量逐渐成为分析社会福利的概念指标，它不仅包含客观的生活条件，而且包括主观福利。[1] 有研究者认为，生活质量是一种个体对自己生活状况或生存环境的主观评价。[2] 林南等学者把主观生活质量进一步区分为认知和情感两个层次，认为生活满意度属于认知层面，幸福感属于情感层面。[3] K. H. Barbara 认为，生活质量不仅关注生活满意度等主观指标，同时还要关注包

---

[1] 贺春临、周长城：《福利概念与生活质量指标——欧洲生活质量指标体系的概念框架和结构研究》，《国外社会科学》2002年第1期。

[2] Ferrans, C. E., "Quality of Life: Conceptual Issues", *Seminars in Oncology Nursing*, Vol. 6, No. 6, 1990, pp. 248–254.

[3] 林南、王玲、潘允康等：《生活质量的结构与指标——1985年天津千户户卷调查资料分析》，《社会学研究》1987年第6期。

括健康等在内的客观指标。① 这些研究认为，生活质量应包括认知、情感和反馈行为三个方面，可以用满意度、幸福感和社会积极性来表示。

从福利所要实现的幸福、美满的生活状态来看，它与福祉又具有一致性。至于福祉与生活质量的关系，相关研究认为，生活质量即福祉。② 有研究认为，福祉同时也包括客观福祉与主观福祉。③ 其实，福祉的内涵就是人的生活质量的良好状态，也可以理解为良好的生活质量、良好的生活状态。福祉（well-being）多应用于经济学、社会学、心理学等学科领域。在英语词典中，well-being 被解释为一种幸福、满意的状态。哈特利·迪安（Hartley Dean）对 welfare 和 well-being 进行了对比，他认为福祉关心的是人们活得好不好（how well people are），而不是做得好不好（how well they do），后者则是福利应有之义。福祉可以理解为 doing well and feel well，即实际好且感觉也好。④ 对福祉概念的研究有客观与主观两个维度，客观维度关注生活状态是否美好，对生活状态进行综合评价或者只对某一部分进行评价；主观维度要么对生活整体进行主观评价（如幸福感、满意度等），要么对生活的某一个重要方面进行主观评价。因此，福祉的内涵可以理解为对人们实际存在状态的描述，指人们的实际生活状态是良好的、满意的和幸福的。

---

① Barbara, K. H., "Clarification and Integration of Similar Quality of Life Concepts", *Journal of Nursing Scholarship*, Vol. 31, No. 3, 1999, pp. 215 – 220.

② Action, G. J., "Well-being as a Concept for Theory, Practice and Research", *The Online Journal of Knowledge Synthesis for Nursing*, Vol. E1, No. 1, 1994, pp. 88 – 101.

③ Krishna Mazumdar, "Causal Flow Between Human Well-being and per Captia Real Gross Domestic Product", *Social Indicators Research*, Vol. 50, No. 3, 2000, pp. 297 – 313.

④ ［英］哈特利·迪安：《社会政策学十讲》，岳经纶、温卓毅、庄文嘉译，格致出版社、上海人民出版社 2009 年版，第 1—2 页。

其实，福利或福祉的本质就是人类需要满足后获得的幸福，社会发展的终极目标是提升全部社会成员的福利，增进他们的幸福感。幸福是一个动态的过程，要实现幸福目标，必须具备"使能条件""心理健康的资源"，即个人必须具备提升和发挥能力的条件，同时人类需要在社会功能正常发挥的情况下得到满足。① 正如安东尼·吉登斯（Anthony Giddens）所言，"福利在本质上不是一个经济学概念，而是一个心理学概念，它关乎个人的幸福"。② 有研究认为，福利应该包括三个层面的含义：一是基本生活保障，二是生活水平改善、生活质量提高，三是生活状况的满足程度。③ 因此，我们认为福利具有客观和主观两种属性：福利的客观属性是客观的福利供应和获得，主要关注政府和社会为民众提供了哪些福利项目及福利水平的高低，以及民众实际获得的物质福利状况；福利的主观属性主要是民众对实际获得福利的主观评价，也就是他们是否因为获得客观福利而感到"幸福"和"满足"，即他们是否有"获得感"。

综上，本研究把福利理解为，一方面是人们所获得的客观物质福利；另一方面是人们以这些客观物质福利为先决条件和保障，从而实现幸福、美满的生活状态。后者与福祉的主观研究维度是相一致的，可以对整体生活状态进行主观评价，可以用生活满意度、幸福感等来体现主观评价和体验。

---

① 彭华民：《中国组合式普惠型社会福利制度的构建》，《学术月刊》2011 年第 10 期。

② ［英］安东尼·吉登斯：《第三条道路：社会民主主义的复兴》，郑戈译，北京大学出版社 2000 年版，第 121 页。

③ 周沛：《基于"增进民生福祉"的制度性福利与服务性福利整合研究》，《东岳论丛》2018 年第 5 期。

三 社会福利

人能够自由平等地生存和发展，这是人类福利的表现，这需要一系列先决条件，既需要国家承担相应的福利责任并且具备提供福利的能力，也需要国家的福利制度作为保障。如果国家建立了相应的福利制度，在具备福利供给能力的情况下，通过履行相应的福利职责，帮助社会成员解决了社会问题，使其需要得到满足并使其福利水平得到提升，福利就演变成了社会福利。

社会福利一般来说有两层含义：一方面，社会福利是一种国家项目和服务制度，主要目的在于满足人们在社会生活方面的各种需要，以此来维持一个社会的基本运行；另一方面，社会福利表示一个社会共同体正常存在的状态。[①] 据此可以认为，社会福利既可以指社会福利制度，也可以指社会福利状态。社会福利作为一种制度，是指为达到社会福利状态做出的集体努力，可以被理解为制度实体，也可以被理解为"制度化的集体责任"，指一个社会为了实现一定的社会福利目标需要承担一定的集体责任。[②] 作为制度的社会福利，可以从广义和狭义两方面来理解，狭义的社会福利是一种福利服务，主要是为帮助特殊的社会群体和疗救社会病态提供服务，主要是一种"补缺"型的福利。广义的社会福利强调该制度在促进和实现人类共同体中所发挥的作用，既包括由个人、家庭、邻里和社区为增进社会福利提供的社会福利制

---

① Robert L. Barker, *The Social Work Dictionary*（*Fourth Edition*），Washington D. C.：NASW Press，1999，p. 454.

② 尚晓援：《"社会福利"与"社会保障"再认识》，《中国社会科学》2001 年第 3 期。

度，也包括志愿部门和国家提供的社会福利制度，前者主要是非正式的社会福利制度，后者则是正式的社会福利制度，[①] 其提供者扩大到全社会，服务对象扩大到全体公民，福利项目则包括社会保障、教育、医疗等更为宽泛的内容。

作为状态的社会福利，它是指人类生活中幸福和正常的状态，贫困、疾病和犯罪等社会病态是其反义词。米基利（Midgley）认为，社会福利应是人类正常存在的一种状态，前提是社会问题能够得到控制、人类需要能够得以满足，同时社会机会能够最大化。[②] 由此可见，社会福利状态包括对社会问题的调控、社会需要的满足和实现人的发展潜能。作为状态的社会福利，同时包括客观和主观两方面的内容，可以对其进行质性研究，也可以对其进行量化或实证研究。

在我国，广义的社会福利是国家依法为全体公民提供的包括资金、物品、机会和服务在内的一种制度，目的是保证全体公民一定的生活水平，并使其生活质量尽可能提高。[③] 由于这个社会福利概念既包含社会保险、社会救助和社会津贴等维持收入的制度安排，也包括提供劳务等福利服务，在学术界被称为大社会福利概念，这与国际上通用的社会福利概念是接轨的。狭义的社会福利则是指国家依据法律和相应的社会政策为帮助社会弱势群体和社会边缘群体而提供资金和社会服务的制度。在我国政策实践中，社会福利主要由各级民政部门负责，更偏重于对弱势群体的救济，因此属于狭义的社会福利。本研究对社会福利的界定则采用大社会福利概念，包括社会福利的制度维度和状态维度，前者

---

① James Midgley, *Social Welfare in Global Context*, Sage Publications, 1997, p. 5.
② James Midgley, *Social Welfare in Global Context*, Sage Publications, 1997, p. 5.
③ 彭华民：《中国组合式普惠型社会福利制度的构建》，《学术月刊》2011 年第 10 期。

是由国家、社会、邻里、社区等为全民提供的正式和非正式社会福利制度，福利内容涵盖教育、医疗等；后者是人们从各方面获取福利时达到一种正常和幸福的状态。

四 儿童福利

儿童福利是儿童和福利两个概念的组合词。儿童的语义丰富，如古罗马时期古拉丁语的 puer，含义是纯洁的；infans 的含义是"不说"，非常形象化地反映了儿童群体的生理特点和社会特征。英文中的 children，泛指胎儿、婴儿、小孩子、天真幼稚的人。[①] 联合国儿童基金会对儿童的界定是泛指 18 岁以下的所有人。《联合国儿童权利公约》和我国《中华人民共和国未成年人保护法》对儿童的界定与此一致。儿童这个概念本身就体现出对社会责任的呼吁，带有浓厚的被保护色彩。

儿童福利是社会福利的重要体现，顾名思义，就是面向儿童、以儿童为对象的福利事业。1959 年联合国《儿童权利宣言》指出，儿童福利是以促进儿童身心健康发展与正常生活为目的的各种努力、事业及制度的统称。[②] 美国儿童福利联盟将儿童福利界定为一种服务，主要用于满足儿童在家庭中或其他社会机构所无法满足的需求。[③] 美国《社会工作年鉴》中也将儿童福利理解为一种服务，既包括对儿童提供的直接福利服务，也包括针对家庭和社区提供的福利服务，目的是促进儿童愉快生活和健全发

[①] 刘继同：《当代中国的儿童福利政策框架与儿童福利服务体系（下篇）》，《青少年犯罪问题》2008 年第 6 期。

[②] 陆士桢、常晶晶：《简论儿童福利和儿童福利政策》，《中国青年政治学院学报》2003 年第 1 期。

[③] 陆士桢、常晶晶：《简论儿童福利和儿童福利政策》，《中国青年政治学院学报》2003 年第 1 期。

展，并有效地发掘其潜能。① 以上对儿童福利的界定主要涉及儿童福利的内容和目的。

综合来看，儿童福利概念可从广义和狭义两个方面来理解。狭义的儿童福利指政府和社会为有特殊需要的儿童及其家庭提供的各种支持、保护和补偿性服务，② 服务对象多为遭遇各种不幸的儿童或其家庭，主要针对在家庭中不能满足其需求的儿童提供社会福利服务。此类福利不涵盖能够在家庭中获得充分需求满足的儿童，因此是一种补缺型福利制度。

广义的儿童福利是一项社会政策和社会事业，是由国家或社会依法为所有儿童提供一定的资金与服务，目的是保证所有儿童能够正常生活并尽可能全面健康发展。③ 广义的儿童福利对象指向所有的家庭和儿童，是一种制度型儿童福利，既包括政府和社会为儿童直接提供的福利服务，也包括政府和社会通过家庭和社区为儿童间接提供的福利服务。广义的儿童福利越来越得到认可，当然这并不影响在资源有限情况下，优先满足困境儿童需要的原则。

儿童福利作为社会福利的重要组成部分，按照上述对福利概念的界定，本研究认为，儿童福利可以被界定为政府和社会为所有儿童普遍提供旨在保证其正常生活和尽可能全面发展的支持、保护和补偿性的资金和服务，让所有儿童达到幸福美好的良好生活状态。这个概念包含以下几个方面的含义：首先，儿童福利是政府、社区、社会组织、家庭等提供给儿童的一种物质或资金支

---

① 陆士桢、常晶晶：《简论儿童福利和儿童福利政策》，《中国青年政治学院学报》2003年第1期。

② 徐月宾：《儿童福利服务的概念与实践》，《民政论坛》2001年第4期。

③ 徐月宾：《儿童福利服务的概念与实践》，《民政论坛》2001年第4期。

持，或是一种服务；其次，儿童福利的目的是满足儿童生存和发展需要，使儿童过上一种幸福美满的生活。前者可以称为物质福利，后者可以称为主观福利，二者构成儿童福利的整体，缺一不可。主观福利是儿童福利所要实现的终极目标，表现为儿童的一种积极主观体验，这些主观体验取决于前者所提供的社会性和物质性的先决条件，但必须认识到前者并非后者的必要条件。

第二节　理论基础

一　福利多元主义理论

（一）福利多元主义理论缘起及内涵

20 世纪 70 年代，石油危机的爆发揭开了福利国家在经济和社会方面存在的问题，福利国家普遍面临着福利危机并受到前所未有的质疑。以哈耶克（Hayek）、弗里德曼（Friedman）等为代表的新右派认为，创建一个具有普及性福利制度的国家不具有可行性，福利提供的最佳方式是由市场发挥更大作用，国家只需扮演规则的制定者和监督者。以欧菲（Offe）为代表的左派则认为，福利国家只是资本主义制度合法化的工具，其运作不仅不能满足人们的需要反而会引发更严重的矛盾。在左右两派对福利国家的声讨中，关于社会福利的构建方式开始出现一些新的理论取向，试图对多元主体之间的角色与关系进行探讨。如蒂特玛斯（Ditmuss）认为福利应当是社会的产物；[①] 罗宾逊（Robson）同

---

① Ditmuss, R., "Welfare State and Welfare Society", *Nurthing Mirror and Midvives Journal*, Vol. 126, No. 10, 1968, pp. 25 – 29.

样也提出福利供应应该由社会而不是国家来承担。① 左右两派批评的共同点以及新理论都强调，不能过分依赖国家提供福利，应该引入政府以外的力量参与福利提供。在此背景下，福利多元主义作为一种新的社会政策范式产生了。

福利多元主义概念最早出现于 1978 年英国《志愿组织的未来：沃尔芬德社区的报告》中，该报告提出在社会福利提供者中引入志愿组织，并主张将福利多元主义运用于英国社会政策实践。② 然而该报告只是对福利多元主义进行提及，并未对多元主体参与福利体系的建构形式展开全面论述。哈奇（Hatch）等提倡社会照顾和健康照顾可以由政府、商业、自愿和非正式部门四大主体来提供，较早阐明了多元福利供给主体的构成。③ 对福利多元主义进行明确阐述的当属罗斯（Rose），1986 年，罗斯在对福利国家概念进行澄清的基础上，提出福利是全社会的产物，应当由国家、市场和家庭三方联合起来共同提供，三者相互补充形成整体的福利供给框架。④ 罗斯的福利多元组合理论因强调国家以外的其他部门在福利提供中的作用，因此在福利国家遭遇危机时受到重视，不少学者在此基础上构建了相关的理论框架。1988年伊瓦斯（Evers）在此基础上提出了福利三角的研究范式，强调由国家、市场、家庭等福利主体形成福利合力，认为福利三角对应具体的组织、价值和社会成员关系，尤其强调三种制度互动

---

① Robson, A., *Welfare State and Welfare Society: Illusion and Reality*, London: George Allen and Unwin, 1976, pp. 1 – 2.

② Wolfenden, J., *The Future of Voluntary Organizations: Report of Wolfenden Committee*, London: Croom Helm, 1978.

③ Hatch, S., Mocroft, I., *Components of Welfare: Voluntary Organizations, Social Services and Politics in Two Local Authorities*, London: Bedford Square Press, 1983, p. 287.

④ Rose, R., *Common Goals but Different Roles: the State's Contribution to the Welfare Mix*, Oxford: Oxford University Press, 1986, pp. 1 – 20.

中行动者与制度之间的关系。[①] 1999 年，约翰逊（Johnson）延续罗斯和伊瓦斯的研究成果，在国家、市场和家庭形成的福利三角基础上增加了志愿组织，由此将福利三分法扩展为四分法，尤其强调志愿组织和家庭等非正式组织在福利提供中的重要作用。[②] 吉尔伯特（Gilbert）和特瑞尔（Terrell）持有与约翰逊相一致的观点，认为福利混合经济中应由政府、志愿组织、非正式组织和商业组织组成福利供给主体来为公民提供福利。[③]

（二）国外福利多元主义的发展和应用

福利多元主义作为西方社会政策研究领域的重要概念，其重要之处在于指出了在由国家、市场、志愿组织、家庭等提供的总福利大致相同的情况下，不同主体之间承担的福利责任和份额却未必相同。如埃斯平－安德森（Esping-Andersen）认为，美国和瑞典尽管福利开支大体相同，但美国偏重家庭和市场的作用，瑞典则更偏重国家部门。[④] 也就是说，在社会福利多元主体结构中，分权和参与是两个核心议题，也被看作实现社会福利多元化的途径。[⑤] 分权是在福利领域中政府自上而下地进行职权下放，参与则是政府将福利责任进行分散时，市场、社会等力量具备了参与的条件和空间。不同的福利理论对应着不同的福利多元组合内容，在不同的福利多元组合中往往强调某个部门的重要作用。其

---

① Evers, A., *Shifts in the Welfare Mix: Introducing a New Approach for the Study of Transformations in Welfare and Social Policy*, Vienna: Eurosocial, 1988, p. 23.

② Johnson, N., *Mixed Economics of Welfare: A Comparative Perspective*, Prentice Hall Europe, 1999, pp. 31–37.

③ Gilbert, N., Terrell, P., *Dimensions of social welfare policy*, Boston: Pearson Allyn and Bacon, 2005.

④ Esping-Andersen, G., *Social Foundations of Postindustrial Economics*, Oxford: Oxford University Press, 1999, p. 177.

⑤ 彭华民：《福利三角：一个社会政策分析的范式》，《社会学研究》2006 年第 4 期。

实，福利多元组合与福利多元主义之间存在很强的关联性，但又存在明显的区别。福利多元组合强调福利资源来源的多元化，主要是对各种福利资源进行合理配置，它是对社会结构的一种描述；福利多元主义则是将福利多元组合作为一种手段来应对福利国家危机，当由国家全面提供福利遭遇危机时，由家庭、社区和非正式组织等多元主体共同提供福利，福利国家由此转型为福利社会，它偏重对社会过程的论述，强调多元价值。[①]

20 世纪 90 年代以来，福利多元主义理论在国外研究和实践中被广泛应用。如伊瓦斯和斯维特里克（Svetlik）于 1991 年在与各国学者的合作中，对包括英国、法国、德国、意大利等在内的 14 个国家的多元养老体系进行了研究，通过对制度进行分析提出了多元合作的基本路径。[②] 王卓祺（Wong）分析了儿童照顾来自政府部门、私人部门和志愿部门的福利多元组合。[③] 21 世纪初，苏萨（Zsuzsa）对匈牙利的福利组合进行了分析。[④] 詹卢伊斯（Jean-Louis）分析了法国儿童照料的福利多元体系。[⑤] 鲍威尔（Powell）等研究了 OECD 国家的福利体制以及多元主体之间的关系。[⑥] 金镇旭

[①] 彭华民：《福利三角：一个社会政策分析的范式》，《社会学研究》2006 年第 4 期。

[②] Evers, A., Svetlik, I., *New Welfare Mixes in Care for the Elderly-Trends and Developments in 14 Countries of the Europe Region* (*Volume 1 – 3*), Eurosocial Report Volume 40, European Centre, 1991.

[③] Wong, C. K., Ideology, *Welfare Mix and the Production of Welfare: A Comparative Study of Child Daycare Policies in Britain and HongKong*, Sheffield: Department of Sociological Studies, The University of Sheffield, 1991, pp. 20 – 26.

[④] Zsuzsa, S., "The Welfare Mix in Hungary as a New Phenomenon", *Social Policy and Society*, Vol. 2, No. 2, 2003, pp. 101 – 108.

[⑤] Jean-Louis, L., "Childcare and Welfare Mix in France", *Annals of Public and Cooperative Economics*, Vol. 74, No. 4, 2003, pp. 591 – 630.

[⑥] Powell, M., Barrientos, A., "Welfare Regimes and Welfare Mix", *European Journal of Political Research*, Vol. 43, No. 1, 2004, pp. 83 – 105.

（Jin-Wook）研究了韩国福利组合的动力。[①] 久伦（Guilun）则对南欧福利组合的动力进行了研究。[②] 这些都是将福利多元主义作为一种研究范式进行的实证研究，这使福利多元主义从理论变成了一种福利分析框架，极大地拓展了福利多元主义的研究范围。

（三）福利多元主义理论在我国的发展及应用

我国对福利多元主义的研究始于对福利国家转型的批判，但我国社会福利制度转型却与西方福利国家具有很大的偶合性。中华人民共和国成立后，我国实行了就业、福利和工作制度结合的模式，由国家和集体提供文化教育设施和平均供应生活资料来满足人民的需要，尽管我国没有使用"福利国家"这个概念，但是实施的却是更为彻底的全民福利。[③] 改革开放以来，中国开始实行社会保障社会化，逐渐改变依靠国家和集体提供福利照顾的模式，这与西方国家的"福利多元化"理念是接近的，都反对由国家包揽福利，主要采用多元化的方式通过多种来源提供保障。[④] 随着经济体制改革不断推进，"单位制福利"逐渐退出历史舞台，国家、社会、市场和家庭在福利提供中形成新的利益结构关系。

然而，学术界却并没有随着国内实践的发展而对西方福利多元主义的研究持同步肯定态度。最初的研究主要针对福利国家资

---

① Jin-Wook, K., "Dynamics of the Welfare Mix in the Republic of Korea: An Expenditure Study Between 1990 to 2001", *International Social Security Review*, Vol. 58, No. 4, 2005, pp. 3 – 26.

② Guilun, A., "Petmesidou M. Dynamics of Welfare Mix in South Europe", in Welfare State Transformation Collective Volume, 2007, pp. 8 – 29.

③ 黄黎若莲：《"福利国"、"福利多元主义"和"福利市场化"》，《中国改革》2000 年第 10 期。

④ 林闽钢：《福利多元主义的兴起及其政策实践》，《社会》2002 年第 7 期。

产阶级的剥削性进行批判，[①] 后来虽然转变为持中立态度看待福利国家危机，[②] 然而整个 20 世纪 80 年代我国学术界对福利国家转型仍然缺乏深刻理解。随着我国社会福利制度进一步转型，从 20 世纪 90 年代开始，我国学术界逐渐对西方国家福利改革经验进行借鉴，提出我国社会保障体系改革的出路在于"社会福利社会办"，[③④] 这些研究为我国更好地进行福利多元主义改革提供了理论思路。21 世纪初，我国对福利多元主义的研究开始呈现逐渐明晰和增多的趋势。此时开始有研究关注第三部门的作用，[⑤⑥] 尤其是彭华民等对福利多元主义理论的系统梳理使得学术界对该理论有了更为深入的认识。[⑦] 田北海等从国家、市场、社区和民间社会为主体的福利多元主义四维框架出发，认为社会福利社会化的本质是以社会共同责任本位为理念基础，实现不同责任主体之间的分工与合作。[⑧]

我国学术界在对福利多元主义理论进行探讨的同时，开始将福利多元主义理论作为一个分析框架用于不同实践研究。如早期尚晓援以南京市和兰州市的国有福利院作为案例，分析了其社会福利服务由完全依赖政府向依靠多元化资源转变的实践，这种新的混合福利经济改变了政府在福利供给中的

---

① 傅骊元：《现代资本主义"福利国家"的实质》，《经济科学》1981 年第 1 期。

② 张润森：《社会福利——困扰西欧的大问题》，《世界经济文汇》1984 年第 4 期。

③ 郑树清、陈川：《中国现行社会保障制度的出路》，《社会》1990 年第 2 期。

④ 陈良瑾、唐钧：《建立有中国特色的社会福利制度》，《学术研究》1992 年第 3 期。

⑤ 林闽钢、王章佩：《福利多元视野中的非营利组织研究》，《社会科学研究》2001 年第 6 期。

⑥ 田凯：《"第三部门"与中国社会福利》，《中国社会报》2011 年 11 月 15 日第 8 版。

⑦ 彭华民、黄叶青：《福利多元主义：福利提供从国家到多元部门转型》，《南开学报》（哲学社会科学版）2006 年第 6 期。

⑧ 田北海、钟涨宝：《社会福利社会化的价值理念——福利多元主义的一个四维分析框架》，《探索与争鸣》2009 年第 8 期。

职能。① 彭华民对城市新贫穷社群进行的实证研究②、熊跃根等对老年人照顾问题进行的实证研究③都是以福利多元主义作为分析框架。学术界随后有关福利多元主义的分析框架主要用于城市社区养老服务、老人社区照料服务等老年福利研究领域。学术界将福利多元主义分析框架运用于儿童福利研究领域的数量较少，主要是针对早期儿童照顾④、农村留守儿童福利供应⑤及城市困境儿童福利提供⑥。前者对于儿童照顾强调国家、市场、家庭、社会组织之间混合照顾的责任共担机制；后者强调农村留守儿童福利供应中国家、社区、志愿组织和家庭之间的福利替代和福利组合。

同时有研究运用福利多元主义的分析框架，研究了社会服务购买中政府和 NGO 的互动关系。⑦ 福利多元主义研究范式除了通过供给主体的扩展进行横向延伸，还会经历认知维度的扩展向纵向深化。⑧ 有研究立足中国国情对福利多元主义理论进行了本土

---

① 尚晓援：《从国家福利到多元福利——南京市和兰州市社会福利服务的案例研究》，《清华大学学报》（哲学社会科学版）2001 年第 4 期。

② 彭华民：《福利三角中的社会排斥——对中国城市新贫穷社群的一个实证研究》，上海人民出版社 2007 年版，第 42 页。

③ 熊跃根：《需要、互惠与责任分担——中国城市老年人照顾的政策与实践》，格致出版社、上海人民出版社 2008 年版，第 1—2 页。

④ 李文祥、翟宁：《中国儿童社会工作发展的范式冲突与路径选择》，《河北学刊》2019 年第 3 期。

⑤ 万国威、李珊：《"留守儿童"福利供应的定量研究——基于四川省兴文县的实证调研》，《中国青年研究》2012 年第 12 期。

⑥ 高丽茹：《福利治理视阈下城市困境儿童的福利提供——基于南京市 FH 街道的个案研究》，《学术研究》2019 年第 4 期。

⑦ 岳经纶、郭英慧：《社会服务购买中政府与 NGO 关系研究——福利多元主义视角》，《东岳论丛》2013 年第 7 期。

⑧ 丁学娜、李凤琴：《福利多元主义的发展研究——基于理论范式视角》，《中南大学学报》（社会科学版）2013 年第 6 期。

化研究框架的建构。① 张继元则从福利供给主体多元化和福利供给手段多元化视角构建了双维度福利混合框架，这对于福利多元主义的理论建构和对中国的福利供给分析是一个有益的尝试。② 本研究对于农村留守儿童福利的研究，也涉及福利多元主义中不同福利供给主体在农村留守儿童福利供给中的福利补充和福利组合。对于农村留守儿童福利来说，市场主要通过接受政府购买服务的方式提供福利服务，因此对市场这个主体的探讨主要涵盖在政府和志愿组织的相关论述中。在对农村留守儿童福利的研究中，本研究主要将福利供给主体从国家、社区、志愿组织和家庭来考量，福利供给手段则从资金和服务两方面来考量，根据福利供给主体和福利供给手段之间的多维混合，通过农村留守儿童的福利获取分析其客观福利和主观福利。

二 福利治理理论

（一）福利治理理论的缘起及内涵

从 20 世纪 90 年代以来，"治理"一词成为学术研究中的热门话题，并在消解政府范式和市场范式的基础上成为一种新的理论范式，该理论不断在各领域得到广泛应用和发展。对于治理的定义，学者们从不同视角进行解读。一是活动说，治理理论的创始人之一罗西瑙（Rosenau）将治理定义为由共同目标所支持的管理活动，其中治理主体不仅包括政府，还融入了更广泛的其他非政府主体，尽管它们不一定能获得正式授权，却能有效发

---

① 周幼平、唐兴霖：《中国情境下福利多元理论的反思》，《学术研究》2012 年第 11 期。

② 张继元：《双维度福利混合框架——供给主体多元化与手段多元化的结合》，《治理研究》2019 年第 2 期。

挥作用。[1] 二是网络说，罗茨（Rhodes）认为，治理是一种新的管理过程，或是一种发生变化的有序管理状况，他指出，治理是运用或通过网络进行管理，也称为网络治理。网络治理强调组织之间的相互依存和互动，强调网络的自组织性。[2] 三是过程说，全球治理委员会认为，治理是一个过程，是一种持续的互动，其基础在于协调，治理主体不仅涉及公共部门，也包括私人部门。治理的实质是通过运用多元的权力与权威对特定事物进行管理以使公众需要得到更好的满足。[3] 综合来看，尽管不同的学者对治理的界定侧重点不同，但他们的共同之处在于：一是强调治理主体的多元化，包括政府、企业、非政府组织、社区等；二是强调各治理主体之间相互依存和持续互动；三是强调各治理主体之间的协商与合作。

福利治理则是治理理论在福利领域中的运用和发展，目的是不断提升公民的社会福利水平，[4] 它为研究福利问题提供了一种新的视角。对于福利治理的概念可以从两个方面进行解读如下。一是对福利的治理，即通过对多元主体结构进行重新组合、对权力/权威形式进行重新调整、对作用机制进行重新融合，从而在实践中实现特定福利目标。[5] 从这个角度来看，福利治理主要是

① ［美］詹姆斯·N. 罗西瑙：《没有政府的治理》，张胜军、刘小林等译，江西人民出版社 2001 年版，第 5 页。

② 高丽茹：《福利治理视角下城市困境儿童的福利提供——基于南京市 FH 街道的个案研究》，中国社会科学出版社 2019 年版，第 14—15 页。

③ 俞可平：《治理与善治》，社会科学文献出版社 2000 年版，第 7—8 页。

④ Stepan, M., Muller, A., "Welfare Governance in China? A Conceptual Discussion of Governance Social Policies and the Applicability of the Concept to Contemporary China", *Journal of Cambridge Studies*, Vol. 7, No. 4, 2012, pp. 54 – 72.

⑤ 韩央迪：《从福利多元主义到福利治理：福利改革的路径演化》，《国外社会科学》2012 年第 2 期。

对政府范式下的传统福利发展模式的一种超越，其目标是满足特定人群的福祉需要。[1] 在这个过程中，"福利"是治理的对象和内容。二是将福利作为一种治理手段，是国家借助福利政策、福利计划等进行社会治理的过程。这个角度的福利治理是通过将福利要素纳入国家治理体系，从而维护社会的稳定和常态化运行。[2] 更多的研究者关注福利治理的第一层次含义，但两个层次的含义其目标实际是统一的，都是通过满足目标群体的福利需求从而维护社会常态化运行。

福利治理包含不断变化的福利含义、不断变化的福利递送制度、福利递送过程中的具体实践，这三个方面紧密相连，并且当福利体制类型不同时会呈现出差异性。也就是说，福利治理的目标是建构相对完善的福利体制，包括如何界定福利、需要什么样的福利递送制度以及如何递送福利三个方面，从而达到提升社会福利水平的最终目的。[3] 正如埃斯平－安德森所述，福利体制是指"福利生产在国家、市场和家庭之间的分配方式"，[4] 通过不断调整国家、市场、家庭、第三部门等各福利供给主体之间的福利组合方式，以达到构建福利体制、提升人类福利的福利治理目标。

福利治理理论与福利多元主义理论的共同之处在于都强调多维度的混合福利，如福利供给维度、融资维度的多元化，但福利

---

[1] 彭华民：《创新福利治理 完善福利制度》，《社会建设》2016 年第 3 期。

[2] 李迎生、李泉然、袁小平：《福利治理、政策执行与社会政策目标定位——基于 N 村低保的考察》，《社会学研究》2017 年第 6 期。

[3] 高丽茹：《福利治理视角下城市困境儿童的福利提供——基于南京市 FH 街道的个案研究》，中国社会科学出版社 2019 年版，第 19 页。

[4] Gosta Esping-Andnaersen, *Social Foundations of Post Industrial Economies*, Oxford：Oxford University Press, 1999, p. 73.

多元主义的关注点是不同福利供给主体所承担的不同福利责任，福利治理在关注多元福利主体责任的同时，更注重不同维度上不同福利主体之间的互动和关系、权力转变及福利递送制度和实施。① 也就是说，福利治理是一个融合性更强的概念，它是一个涵盖福利产生、递送和供给的系统化过程。福利的生产与递送、供需关系的相对平衡则是福利治理的根本目标。②

（二）福利治理理论在我国研究领域中的运用

我国正处于儿童社会政策的转型期，与西方福利国家存在的问题相似，都面临着如何界定国家、市场、家庭和社会在对儿童福利进行保障过程中的关系和责任。③ 在福利治理的框架下，多元福利主体之间不只是形成一种单纯的网络关系，而是在彼此协商合作的基础上，形成良性互动，实现对福利的共同治理。从国家层面来看，国家应该成为儿童最高和最终的监护人已成为世界各国公认的儿童保护准则。在我国社会福利转型期，我国也主张将儿童养育责任从家庭向国家进行转移，强调国家在儿童福利制度中应处于主导地位，应肩负起为有需要的儿童提供生活保障、教育保障和医疗保障的责任。但国家对儿童福利的治理应该有边界，国家和各级政府承担的福利责任应该是"有限"的，应该把部分社会福利权力和责任让渡给不同的社会力量，如家庭、社区、社会组织等。

福利治理的对象是社会福利事务，在当前提倡社会福利社会

---

① 范斌：《中国儿童福利制度重构与福利治理之可能》，《预防青少年犯罪研究》2014年第 5 期。

② 赵怀娟、刘玥：《多元复合与福利治理：老年人长期照护服务供给探析》，《老龄科学研究》2016 年第 1 期。

③ 杨雄：《我国儿童社会政策建设的几个基本问题》，《当代青年研究》2011 年第 1 期。

化的背景下，针对不同主体的福利需要越来越需要多元化的福利资源提供主体参与其中。目前学术界越来越关注福利治理理论在不同福利内容中的理论应用和实践操作，主要体现在针对福利对象和福利项目展开的研究。如福利主体方面，主要涉及老年人福利、残疾人福利和儿童福利研究领域，福利项目则涉及低保项目的研究。在福利主体研究方面，邢占军等从需要视角探讨老年群体的福利治理，强调政府主导下家庭的基础性地位，同时引导社区、社会、市场等力量参与其中。① 姜玉贞等分析了社会养老服务福利治理中存在政府和非政府主体不平等、不独立的合作困境。② 姚进忠等从福利生产、福利组织、福利输送三个维度分析了残疾人福利需要与服务供给体系，并提出了整体性治理框架。③ 周沛探讨了老年残疾人和残障老年人的福利治理问题，认为两个群体既需要在福利行政、福利机构和福利资源方面实现福利整合，又需要根据两个群体各自不同的福利需要实施福利政策、福利资源和福利模式的差异精准化。④ 针对儿童群体的福利治理研究主要涉及城市困境儿童福利治理、⑤ 农村留守儿童侵害预防与保护的福利治理，⑥ 前者强调以民间非政府组织为中心，同时积

---

① 邢占军、周慧：《基于需要的老年福利供给与多方治理》，《理论学刊》2019 年第2 期。

② 姜玉贞、宋全成：《社会养老服务福利治理的局限性及其成因分析——基于 RHLJ 社区养老服务中心案例的分析》，《山东社会科学》2019 年第 11 期。

③ 姚进忠、李建川：《需要导向：残疾人社会福利供给困境与整体性治理研究》，《华东理工大学学报》（社会科学版）2018 年第 5 期。

④ 周沛：《"福利整合"与"福利分置"：老年残疾人与残障老年人的福利治理》，《内蒙古社会科学》2020 年第 3 期。

⑤ 高丽茹、万国威：《福利治理视阈下城市困境儿童的福利提供——基于南京市 FH 街道的个案研究》，《学术研究》2019 年第 4 期。

⑥ 李双辰、朱新然、胡宏伟：《福利治理视域下农村留守儿童侵害预防与保护》，《河北大学学报》（哲学社会科学版）2019 年第 5 期。

极与政府、行政性社会组织、社区、家庭等福利提供主体进行互动；后者在强调政府承担主要责任的基础上，重视家庭、学校、社区、社会组织等力量积极参与农村留守儿童的侵害预防与保护工作。针对福利项目展开的研究，主要涉及农村留守儿童的福利项目、[①] 低保政策执行[②]等研究内容，前者以社会服务项目为契机，探讨农村留守儿童社会服务项目中政府、社会组织、企业、社区等福利资源的整合；后者指出基层福利治理是导致农村低保目标定位偏差的深层次原因。目前学术界无论是针对福利对象还是福利项目展开的研究，都强调福利治理主体的多元化以及福利治理多元主体之间的合作互动关系。

（三）福利治理理论在农村留守儿童福利中的应用

本研究以农村留守儿童的实际福利获取为出发点，基于福利多元主义理论，对家庭、国家、社区、志愿组织的福利供给现状进行分析。针对多元主体为农村留守儿童提供福利所面临的困境，以福利治理理论作为分析视角，对农村留守儿童福利政策制定、福利提供过程以及农村留守儿童福利获取的内容和方式展开论述，从而探讨不同主体为农村留守儿童提供福利时存在困境的原因。基于此，为了使农村留守儿童获取的福利能更好地满足其生存和发展需求，需要对儿童福利政策进行调整，通过完善儿童福利制度更好地提升农村留守儿童的福利水平（具体研究框架见图 2 - 1）。

---

①　王才章、李梦伟：《基于社会服务项目的儿童福利资源整合》，《当代青年研究》2016年第5期。

②　李迎生、李泉然、袁小平：《福利治理、政策执行与社会政策目标定位——基于 N 村低保的考察》，《社会学研究》2017 年第 6 期。

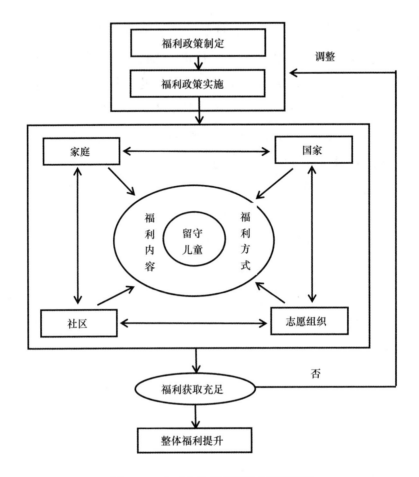

图 2 - 1 多元主体福利供给分析框架①

从以上分析框架中，我们可以看出，参与农村留守儿童福利供给的主体包括家庭、国家、社区、志愿组织，各主体在分别为农村留守儿童提供福利的过程中，主体之间还通过互动的方式为农村留守儿童联合提供福利。家庭作为一个独立的主体，父母应

① 高丽茹：《福利治理视角下城市困境儿童的福利提供——基于南京市 FH 街道的个案研究》，中国社会科学出版社 2019 年版，第 83—84 页；万国威：《社会福利转型下的福利多元建构：西部农村留守儿童的实证研究》，中国社会科学出版社 2016 年版，第 55 页。

依法履行对儿童的监护职责和抚养义务，但当家庭或其他监护人没有能力对儿童尽到监护职责和抚养义务时，国家应该作为儿童"最高"父母对儿童进行保护。同时，政府应引导社会组织、志愿者、儿童社会工作者等积极参与儿童福利服务的提供，但当社会出现忽视儿童的状况时，国家也应该出面成为儿童的"最高"保护者。农村留守儿童由于父母外出务工，因此缺乏来自父母的有效监护，他们更多的是隔代监护，同时也需要农村社区和志愿组织为农村留守儿童提供福利补充。因此，对于农村留守儿童的福利供给应通过强化多元主体责任、构建多元主体互动机制、完善服务传递与落实等措施，在这个过程中尤其要夯实政府的主导责任。

第 三 章
农村留守儿童福利的量化研究

本研究采取混合研究方法对农村留守儿童福利进行研究，在对农村留守儿童福利现状进行量化研究的基础上进行质性访谈，全面分析农村留守儿童的福利。本章作为农村留守儿童福利的量化研究部分，主要是通过问卷调查获取大量数据，通过统计分析揭示变量之间的关系，这需要对福利概念进行操作化并建立研究假设。本章在对福利的一般测量指标进行介绍的基础上，构建了测量儿童福利的客观指标和主观指标，并建立儿童福利的分析框架。在此分析框架下，围绕农村留守儿童的客观福利和主观福利建立了五个研究假设。通过问卷调查获取数据资料，运用统计分析方法对研究假设进行验证，从而了解农村留守儿童的客观福利和主观福利水平，并对客观福利和主观福利的关系进行探讨。在对量化研究结果进行讨论的基础上，为后面的质性研究提供研究基础。

第一节　本研究所采用的儿童福利指标

一　福利的一般测量

福利作为经济学中的一个重要概念，通常与效用或资源联系在一起。效用即满意度或期望实现度,资源主要涉及收入、财富、对商品的控制等,因此也被称为经济福利,一般用 GDP 的增长来测量。自 20 世纪 50 年代以来,福利的含义经历了经济福利,人类基本需要的满足,人类发展和能力建设以及生存权、公民权和自由等的变迁,对福利的测量开始从客观方面向主观方面(尤其是主客观相结合的方面)转变。在经济学中,主流经济学认为收入可以很好地反映出每个人的效用,福利可以看作财务或物质方面的良好状态,经济满意度可以很好地测量个人的效用。[①]大多数功利主义者把福利看作一种良好的感觉(如快乐),或者用效用来表示。然而,效用到底是精神上的收益还是物品的有用性抑或是产生快乐的性质,功利主义者对此并没有很好地厘清。

心理学则坚持主观福利的研究,认为主观福利是可以测量的,尤其是积极心理学派更注重这方面的研究。Derek Parfit 对于福利的分类在哲学伦理中得到了广泛应用,他的分类中包含了主观和客观两个方面,如福利就是快乐,福利是偏好/欲望的满足,以及客观清单。[②] 客观福利是一个规范概念,对福利的客观测量经常反映某种价值,而对价值的讨论涉及是否适当和是否可接受。如生命可以用寿命、发病率和个人对自主权的要求来评价,这为福利的客观测量提供了一种参考。对主观福利进行测量是可行的也是可靠的,可以通过对某一感知进行测量来获得主观福利结果。[③] 心理学的研究结果表明,主观福利具备"框架效应"

---

① Des Gasper:《人类福利:概念和概念化》,陆丽娜译,《世界经济文汇》2005 年第 3 期。

② Des Gasper:《人类福利:概念和概念化》,陆丽娜译,《世界经济文汇》2005 年第 3 期。

③ Myers, D. G., Dieners, E., "Who is Happy", *Psychological Science*, Vol. 6, No. 1, 1995, pp. 10 – 19.

（framing effects）的有利条件，即在谁/什么时间/什么地点的条件下，一方的主观福利水平取决于他所在群体的横向比较以及他自身的纵向比较。①

对于客观福利和主观福利之间的关系，尽管很多研究认为，富裕国家具有较高的主观福利（幸福感），但是富国和穷国之间的差别非常小。Myers 和 Dieners 的研究结果显示，战后美国的快乐和收入之间没有任何关系，这可能是因为富人只是享受到相对优越感而不是富裕，如好的人际关系、目标实现所带来的成就感等，② 这也被称为"伊斯特林悖论"。③ 坎贝尔等提出了差距解释理论，认为人们的期望与现实差距越大，主观满意度就会越低，而现实状况的改善与过去和他人状况的比较所产生的差距越大，主观满意度就越高。卢淑华等将这个现象称为参照标准问题，她通过研究验证了客观物质生活条件是主观满意度的物质基础，主观评价和参照标准则是中介调节指标，对主观满意度具有解释力。④

国内有研究者认为，现代社会福利由三类服务构成：最高层次是社会福祉，包括客观福利和主观福利两部分；中间层次是正规福利服务，主要是由政府、企业和民间社会以制度化的形式提供的社会服务活动；最低层次是传统的非正规福利服务，即各种民间慈善、公益事业或社会互助，这三类服务均包括物质生活和

---

① Frank, R. H., "The Frame of Reference as a Public Good", *Economic Journal*, Vol. 107, No. 445, 1997, pp. 1832 – 1847.

② Myers, D. G., Dieners, E., "Who is Happy", *Psychological Science*, Vol. 6, No. 1, 1995, pp. 10 – 19.

③ Easterlin, R. A., "Income and Happiness: Towards a Unified Theory", *Economic Journal*, Vol. 111, No. 473, 2001, pp. 465 – 484.

④ 卢淑华、韦鲁英：《生活质量主客观指标作用机制研究》，《中国社会科学》1992 年第 1 期。

精神生活领域的服务。[①]

二　儿童福利的测量

从上述对福利的一般测量来看，福利可以分为客观福利和主观福利两个方面，因此，本研究从客观和主观两个方面来构建儿童福利指标。

（一）测量儿童福利的客观指标

Neil Gilbert 和 Paul Terrell 认为，社会福利政策分析框架应该包含福利提供对象、福利提供内容和福利提供方式。[②] 因此，本研究采用福利供给内容和福利供给方式相结合的形式来设计儿童福利的客观指标。

1. 福利供给内容的划分

对于福利供给内容，学术界主要从广义福利的内涵与外延进行界定。景天魁认为，满足社会成员底线需求的福利制度应当能够解决他们最基本的温饱、使他们获取最基础的教育、享受公共卫生和医疗救助。[③] 毕天云等认为，我国底线福利体系包括最低生活保障、公共卫生服务、义务教育、基础养老金和农村五保供养制度。[④] 刘继同认为，儿童福利服务的重点在于医疗卫生服务、基础教育服务、保护服务和家庭经

---

① 刘继同：《现代社会福祉概念与中国特色社会福利制度框架建设研究》，《黑龙江社会科学》2012 年第 5 期。

② ［美］Neil Gilbert、Paul Terrell：《社会福利政策引论》，沈黎译，华东理工大学出版社 2013 年版，第 80—81 页。

③ 景天魁：《底线公平：公平与发展相均衡的福利基点》，《北京工业大学学报》（社会科学版）2015 年第 1 期。

④ 毕天云、朱珠：《社会福利公平与底线福利制度建设》，《云南民族大学学报》（哲学社会科学版）2013 年第 5 期。

济福利、家庭支援服务。① 联合国儿童基金会（UNICEF）关于"富裕"国家的儿童贫困和儿童福利报告中指出，儿童福利应包括物质福利、教育福利、健康和安全、家庭和同辈关系、行为和风险、主观福利等。《中国儿童发展纲要（2001—2010 年）》和《中国儿童发展纲要（2011—2020 年）》都提出了儿童发展的主要目标应涵盖健康、教育、法律保护和生存环境四个领域。2014 年，国务院办公厅发布的《国家贫困地区儿童发展规划（2014—2020 年）》中提出，为阻止贫困代际传递，应使贫困地区的儿童在健康、营养、医疗卫生、教育等方面获得全面保障。2016 年国务院《关于加强农村留守儿童关爱保护工作的意见》中提出，要确保农村留守儿童安全、健康和受教育权得到有效保障。在我国儿童福利政策演进的路径中，儿童福利经历了从补缺型向适度普惠型转变的过程，福利内容涵盖教育、医疗、生活救助等方面。② 结合学术界对儿童福利内涵的界定以及政策实践关于儿童福利的保障内容，同时考虑农村留守儿童自身的特点，本研究将农村留守儿童的福利供给内容划分为生活福利、健康福利和教育福利。

关于儿童的生活福利，叶敬忠等在分析农村留守儿童日常生活状况时，确定了日常饮食、衣着卫生、疾病照料、劳动负担、上学方式、零花钱使用、社会交往等几个指标。③ 万国威对农村留守儿童的生活福利从食物消费、衣物消费、劳动时间、照顾水

---

① 刘继同：《社会转型期儿童福利的理论框架与政策框架》，《中国青年研究》2005 年第 7 期。

② 于建琳、宣朝庆：《70 年来儿童福利的政策演进及其路径探析》，《社会建设》2019 年第 5 期。

③ 叶敬忠、王伊欢、张克云等：《父母外出务工对留守儿童生活的影响》，《中国农村经济》2006 年第 1 期。

平等方面来衡量。① 本研究的生活福利主要考察农村留守儿童在维持基本生活方面的福利供给和获取情况，包括衣食消费、生活保护和生活照料等内容。

儿童健康照顾在儿童福利中具有基础性和先决性的地位，对于儿童生存发展具有保护作用，可以促进儿童身心健康成长。2016 年 5 月，国家卫生和计划生育委员会发布《关于做好农村留守儿童健康关爱工作的通知》，要求对农村留守儿童加强健康服务和疾病防治，并在部分贫困地区启动农村留守儿童健康教育项目，主要包括营养膳食、卫生习惯与健康行为等。本研究的健康福利主要考察农村留守儿童在营养和医疗等方面的福利供给和获取情况，包括膳食营养、健康提醒和健康处理等内容。

关于儿童的教育福利，以往研究中对教育福利的测量主要是从宏观的视角进行操作化。朱家存等对区域义务教育均衡发展监测指标分为义务教育机会均衡、教育资源配置均衡、教育质量与成就均衡三个层面。② 姚继军、张新平从教育经费、教育规模与结构、地区间、城乡间、学校间和人群间六个方面构建了教育均衡发展测度指数。③ 万国威在此基础上构建了包括校舍福利、物资福利、师资福利在内的少儿教育福利均衡性发展指标。④ 因为农村留守儿童教育嵌入整个农村教育体系，不存在同一学校资源对不同学生差别分配的情况，因此本研究的教育福利从微观层面

---

① 万国威：《社会福利转型下的福利多元建构：西部农村留守儿童的实证研究》，中国社会科学出版社 2016 年版，第 235 页。

② 朱家存、阮成武、刘宝根：《区域义务教育均衡发展监测指标体系研究——基于安徽省义务教育政策实践》，《教育研究》2010 年第 11 期。

③ 姚继军、张新平：《新中国教育均衡发展的测度》，《华东师范大学学报》（教育科学版）2010 年第 2 期。

④ 万国威：《中国少儿教育福利省际均衡性研究》，《中国人口科学》2012 年第 1 期。

来测量，主要考察农村留守儿童在接受教育过程中的福利供给和获取情况，包括教育费用、教育机会和教育辅助等内容。

2. 福利供给方式的划分

对于福利供给方式，学术界主要集中于资金与服务两个方面。在学术界所称的大社会福利概念中，社会福利主要包括收入维持和社会福利服务两种形式。[①] 我国从狭义视角对社会福利的界定中，强调通过提供资金和服务来保证社会成员达到一定的生活水平，并使他们的生活质量尽可能提高。[②] 岳经纶认为，以收入保障为基本内容的经济福利和以个人需要为导向的个人社会服务应是当代社会福利的两个基本方面。随着我国儿童福利的发展，个人社会服务应成为社会福利的重要发展方向。[③] 毕天云则认为，资金福利、实物福利和服务福利是社会福利的三种基本类型。[④] 徐月宾依据广义儿童福利概念对儿童福利服务内容进行了分类，分别是预防性服务（避免虐待或忽视）、保护性服务（保护儿童免受虐待和忽视）和补偿性服务（家庭外替代性照顾或安排）。[⑤] 刘继同根据儿童福利服务的功能与作用，把儿童福利服务分为支持性、保护性、补充性和替代性四种：支持性服务是依托家庭为家庭提供支援来保护儿童；保护性服务是为处于保护不力的儿童提供保护；补充性服务是通过经济援助形式确保儿童能够享受家庭生活；替代性服务是针对家庭功能和结构破裂的儿童提

---

① 彭华民：《中国组合式普惠型社会福利制度的构建》，《学术月刊》2011 年第 10 期。

② 时正新：《中国社会福利与社会进步报告（2000）》，社会科学文献出版社 2000 年版，第 137—144 页。

③ 岳经纶：《个人社会服务与福利国家：对我国社会保障制度的启示》，《学海》2010 年第 4 期。

④ 毕天云：《论大福利视阈下我国社会福利体系的整合》，《学习与实践》2012 年第 2 期。

⑤ 徐月宾：《儿童福利服务的概念与实践》，《民政论坛》2001 年第 4 期。

供照顾服务。① 陆士桢认为，儿童福利服务应包括补充性、支持性和替代性三个方面：补充性儿童福利服务主要是针对经济困难家庭进行补助，对父母的责任进行补充；支持性儿童福利服务主要是通过对正常家庭中的儿童进行支持，以增强父母和儿童对各自角色的适应能力；替代性儿童福利服务是通过收养、寄养、机构抚养等方式对儿童家庭照顾进行替代。② 基于学术界和社会政策对儿童福利供给方式的界定，本研究把儿童福利供给方式划分为资金福利、保护性服务福利、照顾性服务福利。资金福利主要关注农村留守儿童在资金方面的福利供给和获取状况，保护性服务福利主要关注农村留守儿童在避免遭受人身虐待、营养匮乏和机会丧失等方面的福利供给和获取情况，照顾性服务福利主要关注农村留守儿童在照顾和关爱等方面的福利供给和获取情况。

依据上述对福利供给内容和福利供给方式的划分，本研究采取二者交叉的方式形成 9 个二级指标。③ 生活资金、生活保护和生活照顾主要测量农村留守儿童在生活福利方面的资金和服务的可及性和充裕程度；健康资金、健康维护和健康照顾主要测量农村留守儿童在健康福利方面的资金充裕程度、营养充裕程度和健康照顾程度；教育资金、教育机会和教育辅助主要测量农村留守儿童教育资金支持的充裕性、教育机会保障程度和教育辅助状况。本研究在上述指标的基础上设计具体的调查问卷和访谈提

---

① 刘继同：《当代中国的儿童福利政策框架与儿童福利服务体系（上）》，《青少年犯罪问题》2008 年第 5 期。

② 陆士桢：《中国儿童社会福利需求探析》，《中国青年政治学院学报》2011 年第 6 期。

③ 万国威：《社会福利转型下的福利多元建构：西部农村留守儿童的实证研究》，中国社会科学出版社 2016 年版，第 235 页。

纲，对农村留守儿童整体福利状况进行量化分析和质性访谈。调查问卷共包含 63 个题目，主要测量农村留守儿童的福利获取得分和不同福利供给主体为农村留守儿童提供的福利得分，每个题目都采取 5 点计分方式，各个维度得分越高表示福利水平越高。访谈提纲主要涉及农村留守儿童的福利获取现状和不同福利供给主体为农村留守儿童提供福利的现状，同时包含不同福利供给主体为农村留守儿童提供福利的困境分析。

（二）测量儿童福利的主观指标

主观福利评价的研究思路来源于幸福经济学，通过询问受访者对自己生活水准的满意度或幸福感来评估他们的效用水平。满足程度与获得感是对福利实施效果的最佳评价标准，是客观福利与主观属性的最好统一。[1] 主观幸福感是衡量个人整体生活质量的一个重要指标，幸福感即使不是个人追求的唯一目标，也应该是最主要的目标。[2] 目前对主观幸福感普遍认可的含义是个体根据自己设定的标准对其生活质量进行整体评价，[3] 包含认知和情感两个维度，通常从生活满意度和积极/消极情感两方面进行测量。[4] 积极情感和消极情感侧重于从心理健康意义上测量主观幸福感，[5] 积极情绪和消极情绪的双变量模型认为，积极情绪和消

---

① 周沛：《基于"增进民生福祉"的制度性福利与服务性福利整合研究》，《东岳论丛》2018 年第 5 期。

② Ng, Y., "Happiness Surveys: Some Comparability Issues and an Exploratory Survey Based on Just Perceivable Increments", *Social Indicators Research*, Vol. 38, No. 1, 1996, pp. 1 – 27.

③ Diener, E. D., Suh, E. M., Lucas, R. E., et al., "Subjective Well-being: Three Decades of Progress", *Psychological Bulletin*, Vol. 125, No. 2, 1999, pp. 276 – 302.

④ Andrews, F. M., McKennell, A. C., "Measures of Self-reported Well-being: Their Affective, Cognitive and Other Components", *Citation Classics from Social Indicators Research*, Vol. 26, 2005, pp. 191 – 219.

⑤ 邢占军：《主观幸福感测量研究综述》，《心理科学》2002 年第 3 期。

极情绪两个变量是相互独立的，减少消极情绪并不等同于提升积极情绪，[1] 因此不仅要考虑如何降低农村留守儿童的消极情绪，同时更要关注如何提升其积极情绪。本研究主要侧重从生活质量意义上测量主观幸福感，因此，本研究所用主观福利主要通过生活满意度来衡量。生活满意度指向的是判断或认知层面的体验，是个体依据自我选择的标准对自身生活状况所做的主观评价，[2] 也可以理解为个体对生活质量的期望水平和现实之间差异的知觉。[3]

　　大量的实证研究表明，生活满意度是主观幸福感的一种测量工具，[4][5] 也可以理解为生活满意度是主观幸福感的表现形式，两者的调查数据具有高度相关性，结论具有高度一致性。[6] 学术界针对福利效应的研究多用生活满意度来评价，如基于居民生活满意度对"绿水青山"的福利效应进行实证研究，[7] 基于农业转移人口生活满意度对市民的福利效应进行分析，[8] 基于主观福利评

---

① Larsen, J. T., Mcgraw, A. P., Cacioppo, J. T., "Can People Feel Happy and Sad at the Same Time?", *Journal of Personality & Social Psychology*, Vol. 81, No. 4, 2001, pp. 684 – 696.

② Huebner, E. S., "Research on Assessment of Life Satisfaction of Children and Adolescents", *Social Indicators Research*, Vol. 66, No. 1, 2004, pp. 3 – 33.

③ 周长城、蔡静诚：《生活质量主观指标的发展及其研究》，《武汉大学学报》（哲学社会科学版）2004 年第 5 期。

④ Kahneman, D., Krueger, A. B., "Developments in the Measurement of Subjective Well-being", *The Journal of Economic Perspectives*, Vol. 20, No. 1, 2006, pp. 3 – 24.

⑤ Oishi, S., "The Psychology of Residential Mobility: Implications for the Self, Social Relationships, and Well-being", *Perspectives on Psychological Science*, Vol. 5, No. 1, 2010, pp. 5 – 21.

⑥ Blanchflower, D. G., Oswald, A. J., "Well-being Over Time in Britain and the USA", *Journal of PublicEconomics*, Vol. 88, No. 7, 2004, pp. 1359 – 1386.

⑦ 朱欢、王鑫：《"绿水青山"的福利效应——基于居民生活满意度的实证研究》，《中国经济问题》2019 年第 4 期。

⑧ 吕炜、杨沫、王岩：《市民化的福利效应分析——基于农业转移人口生活满意度视角》，《经济科学》2017 年第 4 期。

价思路比较中国城乡家户等价规模，[1] 基于家庭生活满意度衡量农村劳动力流动对家庭生活福利所带来的总体收益，等等。[2]

学术界对个体生活满意度的实证研究多采用问卷调查的形式。本研究对生活满意度的测量采用 Huebner 编制的生活满意度问卷，[3] 该问卷专门用于测量青少年儿童对于生活满意度的总体评价，包括"我过着很好的生活""我真希望过一种不同的生活"等 7 个题目，采用 1—5 计分方式，其中有两个反向计分的题目。被调查对象在各个题项上的总得分越高，说明被调查对象的总体生活满意度越高。该问卷在以往研究中经过本土化处理并被证明具有较好的信度和效度。[4] 在本研究中生活满意度的克伦巴赫系数是 0.78。

三　儿童福利分析框架的建立

本研究关注农村留守儿童的整体福利状况，从具体分析内容来看，采取广义福利的概念界定，通过农村留守儿童获取的福利内容和以什么样的方式获取这些福利来分析其客观福利状况，同时分析农村留守儿童的主观福利状况。客观福利主要是对农村留守儿童在生活、健康、教育等方面获取的福利进行分析，同时分析各福利供给主体为农村留守儿童提供的福利状况；主观福利主

---

① 赵锐：《基于主观福利评价思路估计中国家户等价规模——一种准确比较家户生活水准的应用工具》，《经济评论》2016 年第 3 期。

② 陈江生、李文辉、张耀启等：《农村劳动力流动模式对家庭生活福利的影响——基于陕西、河南两省城乡随机调查数据的实证分析》，《北京理工大学学报》（社会科学版）2012年第 4 期。

③ Huebner, E. S., "Initial Development of the Students' Life Satisfaction Scale", *School Psychology International*, Vol. 12, No. 3, 1991, pp. 231 – 240.

④ 张莉、申继亮：《农村留守儿童主观幸福感与公正世界信念的关系研究》，《中国特殊教育》2011 年第 6 期。

要测量农村留守儿童对客观福利的主观体验，即他们对获取的客观福利的满足程度。本研究通过分析农村留守儿童的客观福利与主观福利，从而了解农村留守儿童的整体福利状况。农村留守儿童作为福利供给的接受者，他们所获取的客观福利状况是本研究的切入点。针对父母外出务工给农村留守儿童带来的亲情和福利缺失，本研究关注国家、社区、志愿组织和家族给予的福利支持和补充，不同主体提供的客观福利是否会通过农村留守儿童的福利获取促使其主观福利提升。基于此，本研究建立以下研究假设框架（见图3-1）。

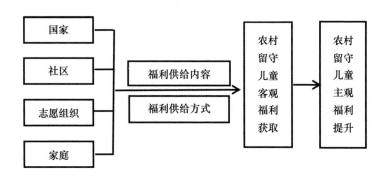

图3-1 研究假设框架①

从以上研究假设框架图中可以看出，本研究主要围绕农村留守儿童的客观福利和主观福利展开研究。一方面，农村留守儿童的客观福利来自国家、社区、志愿组织和家庭四个福利供给主体。国家可以操作化为政府；社区是连接国家和家庭之间的重要纽带和中介，不仅是福利传递者，同时也是福利供给主体，包括

① 该图是作者根据研究思路绘制。

村委会、邻居等；志愿组织是为儿童提供福利的社会组织、志愿者等；家庭包括儿童父母和祖父母、其他亲属等实际监护人，是儿童福利的重要供给主体，其中与父母构成的家庭被称为核心家庭，祖父母、其他亲属等实际监护人则是核心家庭之外的扩展，与其构成的家庭在本研究中被称为扩展家庭，上述框架图中把核心家庭和扩展家庭统称为家庭，但是具体研究时分开处理。农村留守儿童从不同福利供给主体获取的福利分为福利内容和福利方式两种，福利内容包括生活福利、健康福利和教育福利，福利方式则包括资金福利、照顾性服务福利和保护性服务福利。另一方面，农村留守儿童获取的客观福利是其主观福利的物质基础，不同主体提供的福利通过农村留守儿童的实际福利获取影响其主观福利。

第二节　研究假设与资料收集

一　农村留守儿童客观福利假设

（一）农村留守儿童客观福利获取内容的假设

本研究将农村留守儿童的福利内容划分为生活福利、健康福利和教育福利，关于农村留守儿童福利内容的假设也主要围绕这三个方面来建立。

农村留守儿童由于父母外出其家庭结构发生了变化，家庭结构和居住模式会影响家庭功能最大限度地发挥。一般研究认为，双亲健全的家庭通常是母亲提供情感支持，父亲提供经济资源，双亲合力可以使家庭功能最大化，生活在双亲家庭中的孩子既可以拥有稳定的经济来源，也可以享受父母的精心照料，因此可以使儿童福利状况达到最好。农村留守儿童由于父母双方同时外出或一方外出，因此日常生活照料、行为监管和情感支持等多方面需求得不到满足，他们的生活福利状况会变差。①

关于儿童健康福利，学术界对父母外出究竟如何影响儿童的身体健康存在两种观点如下。一种观点认为，父母外出务工会带来家庭收入提高，这种收入效应可以改善儿童的健康水平。Nobles 研究发现，父母外出务工超出原来收入的部分可以为儿童提供更好的营养及接受卫生服务的机会和质量。② 同时有研究认为，外出务工可以使母亲获得更多的健康知识，这被称为"社会性汇款"，从而有益于儿童身体健康。③ 另一种观点从儿童健康照顾的视角出发，认为父母外出务工会给农村留守儿童健康带来负面影响。有研究表明，父母外出务工在增加家庭收入引起收入效应的同时，也会因为对儿童营养状况忽视产生忽视效应，这两种效应的共同作用对农村留守儿童营养状况的影响不能确定。④ 但同时有研究表明，父母外出务工所产生的收入效应较小，农村留守儿童的营养状况受忽视效应的影响较大。⑤ 陈在余的研究发现，父母外出显著负向影响6—18 岁农村留守儿童的健康，尤其是母亲外出对农村留守儿童健康的负向影响更为显著，并且这种影响不

① 杨菊华、段成荣：《农村地区流动儿童、留守儿童和其他儿童教育机会比较研究》，《人口研究》2008 年第 1 期。

② Nobles, J., "The Contributions of Migration to Children's Family Contexts", Online Working Paper Series, California Center for Population Research. UCLA, 2006, http://escholarship. org/uc/item/5zk5t0d1.

③ Levitt, P., "Social Remittances: Migration-driven Local-Level Forms of Cultural Diffusion", *International Migration Review*, Vol. 32, No. 4, 1998, pp. 926 – 948.

④ 孙文凯、王乙杰：《父母外出务工对留守儿童健康的影响——基于微观面板数据的再考察》，《经济学》（季刊）2016 年第 3 期。

⑤ 田旭、黄莹莹、钟力等：《中国农村留守儿童营养状况分析》，《经济学》（季刊）2017 年第 1 期。

会因为家庭收入水平而呈现差异。① 也有研究认为，母亲外出和父母双方同时外出会使农村留守儿童健康状况变坏，仅父亲外出则对农村留守儿童的健康不存在显著影响。② 邬志辉等的研究发现，相对于非留守儿童，农村留守儿童的营养水平处于劣势，但其健康状况与非留守儿童差异不显著。③ 崔嵩等的研究也得出了父母外出对儿童营养健康带来显著负向影响的结论。④ 边慧敏等通过对欠发达地区农村留守儿童进行实证研究发现，农村留守儿童的身体健康仍是一个需要持续关注的问题。⑤

学术界关于农村留守儿童教育福利的研究主要围绕农村留守儿童的辍学情况、教育获得、教育机会等展开。国外针对父母外出对农村留守儿童教育机会影响的研究发现，这种影响既有积极的一面，也有消极的一面。积极的方面在于父母外出务工通过向家里汇款，可以使子女获得更多的教育机会，同时显著降低留守子女的辍学率。⑥ 这种效应主要由新劳动力迁移经济学的观点来解释。也有研究认为父母外出会导致家庭功能不健全，儿童缺少

---

① 陈在余：《中国农村留守儿童营养与健康状况分析》，《中国人口科学》2009 年第 5 期。

② 李强、臧文斌：《父母外出对留守儿童健康的影响》，《经济学》（季刊）2011 年第 1 期。

③ 邬志辉、李静美：《农村留守儿童生存现状调查报告》，《中国农业大学学报》（社会科学版）2015 年第 1 期。

④ 崔嵩、周振、孔祥智：《父母外出对留守儿童营养健康的影响研究——基于 PSM 的分析》，《农村经济》2015 年第 2 期。

⑤ 边慧敏、崔佳春、唐代盛：《中国欠发达地区农村留守儿童健康水平及其治理思考》，《社会科学研究》2018 年第 2 期。

⑥ Cox Edwards, Alejandra and Ureta, Manuelita, "International Migration, Remittances, and Schooling: Evidence from El Salvador", *Journal of Development Economics*, Vol. 72, No. 2, 2003, pp. 429 – 461.

父母的辅导和监督，在学习上更有可能表现不佳，[1] 甚至增加其辍学的概率。[2] 关于农村留守儿童的教育获得问题，国内有研究发现，父母在外出务工过程中会体验到提高教育水平的重要性，会更加重视对留守子女的教育投资，这有利于儿童的教育获得。[3] 进一步研究发现，在父母外出务工的家庭中，仅父亲外出的家庭可以通过改善家庭条件显著改善留守子女的教育获得，[4] 原因在于，父母外出务工的收入效应虽然会增加农村留守儿童学校教育投入，但是父母监管缺失、学生教育期望降低则不利于农村留守儿童教育获得。[5] 相对于父母外出务工带来家庭经济收入提高，家庭交流互动、家庭作业监管等过程性家庭环境更有利于农村留守儿童学习适应性。[6] 对此两种不同的观点，也有研究试图对其整合，认为父母外出对子女缺乏管教的效应大于收入提高的效应，然而随着外出时间增长，父母可能会通过提高教育投资水平而产生正效应。[7] 相关实证研究也验证了"父母外出务工负效应

---

① 丁继红、徐宁吟：《父母外出务工对留守儿童健康与教育的影响》，《人口研究》2018年第1期。

② Kandel, William and Kao, Grace, "The Impact of Temporary Labor Migration on Mexican Children's Educational Aspirations and Performance", *International Migration Review*, Vol. 35, No. 4, 2001, pp. 1205 – 1231.

③ Batista, Cátia, Aitor Lacuesta, Pedro Vicente, "Brain Drain or Brain Gain? Micro Evidence from an African Success Story", *Social Science Electronic Publishing*, Vol. 86, No. 6, 2007, pp. 463 – 498.

④ 袁梦、郑筱婷：《父母外出对农村儿童教育获得的影响》，《中国农村观察》2016年第3期。

⑤ 王瑶、景维民、张雪凯：《留守儿童获得了更多的家庭教育投入吗？——基于CEPS数据的实证分析》，《南方人口》2019年第6期。

⑥ 雷万鹏、向蓉：《留守儿童学习适应性与家庭教育决策合理性》，《华中师范大学学报》（人文社会科学版）2018年第6期。

⑦ 侯玉娜：《父母外出务工对农村留守儿童发展的影响：基于倾向得分匹配方法的实证分析》，《教育与经济》2015年第1期。

先来、正效应后到"的假设。① 然而，也有研究发现，父母外出务工所引发的照顾缺失给农村留守儿童学习带来的负效应远大于收入带来的正效应，② 但可以通过父母的汇款提高子女课外补习投资而消除外出务工本身所带来的负面影响。③ 也有研究表明，无论是小学阶段还是初中阶段的农村留守儿童，其教育机会并不比农村其他儿童差，甚至更好一些。④⑤

因此，本研究建立第一个假设：农村留守儿童相对于非留守儿童，生活福利和健康福利处于劣势，教育福利则与非留守儿童不存在显著差异。

（二）农村留守儿童客观福利获取方式的假设

本研究中，农村留守儿童的福利获取方式分为资金福利、照顾性服务福利和保护性服务福利。

资金福利在所有福利供给类型中是最直接和最方便的福利形式。作为一种福利资源，福利对象需要理性安排和使用资金，使福利资金切实用于满足福利需要。从福利作为一项社会权利的角度来看，政府应在儿童福利资金来源中起到主导作用，切实履行资金提供的福利责任。目前，农村儿童可以享受的资金福利包括社会保险、义务教育"两免一补"政策等。当然，来自私人和志

---

① 高玉娟、白钰、马跃等：《正负效应的先来后到：父母外出对留守儿童学业表现的影响研究》，《劳动经济研究》2018年第3期。

② 陶然、周敏慧：《父母外出务工与农村留守儿童学习成绩——基于安徽、江西两省调查实证分析的新发现与政策含义》，《管理世界》2012年第8期。

③ 谢贝妮、李岳云：《劳动力流动对农村家庭教育投资决策的影响》，《经济体制改革》2013年第4期。

④ 段成荣、吕利丹、郭静等：《我国农村留守儿童生存和发展基本状况——基于第六次人口普查数据的分析》，《人口学刊》2013年第3期。

⑤ 杨菊华、段成荣：《农村地区流动儿童、留守儿童和其他儿童教育机会比较研究》，《人口研究》2008年第1期。

愿组织部门的资金支持也可以发挥有益的补充作用。从家庭层面来说，资金福利主要体现在生活花销、医疗费用和教育开支等。零花钱作为一种能源资源，它是在基本生活开支之外的个人日常花销，或者是偶然发生的费用。[①] 对于农村留守儿童来说，父母长年在外务工，无法时常陪在他们身边进行生活照顾，对他们会心存愧疚，因此往往以零花钱的方式弥补亲情上的缺失。零花钱具有"授权"性质，父母给予的多少在一定程度上也是对子女自主行为的一种信任体现。[②] 农村留守儿童可能会由于从父母处得到更多的零花钱而在一定程度上抵消亲情缺失所带来的负面影响。

照顾性服务福利和保护性服务福利属于服务福利的范畴，也称为福利服务。福利服务是西方国家社会政策的重要内容，最早由蒂特马斯于1951年提出，福利服务是根据个体的不同需要提供相应的服务。随着人口快速老龄化、家庭规模小型化以及人口流动规模化，我国在老人和儿童照顾方面出现了"照顾赤字"，[③] 儿童的"照顾赤字"甚至可以用"照顾危机"来形容。尤其是对于农村留守儿童来说，父母外出务工最直接的影响是不能陪伴在子女身边，父母对子女的照顾和保护就显得鞭长莫及。农村留守儿童由于缺乏父母陪伴，在生活照顾上更有可能被忽视。[④] Fernandez 认为，父母双方外出或一方外出务工会使农村留守儿童从

---

① Sato, T., "Minding Money: How Understanding of Value is Culturally Promoted. Integrative", *Psychological and Behavioral Science*, Vol. 45, No. 1, 2011, pp. 116 – 131.

② 范兴华、范志宇：《亲子关系与农村留守儿童幸福感：心理资本的中介与零花钱的调节》，《中国临床心理学杂志》2020 年第 3 期。

③ 岳经纶、方萍：《照顾研究的发展及其主题：一项文献综述》，《社会政策研究》2017 年第 4 期。

④ 钟引、钟朝晖、潘建平等：《中国西部两个省（市）农村留守与非留守儿童忽视状况》，《中华预防医学杂志》2012 年第 1 期。

父母那里获得的照料减少，总福利会降低。[①] 农村留守儿童面临父母关爱缺失问题。父母关爱在西方社会表现为父母在心理和情感层面对儿童的关注和接纳，[②] 在我国则包括情感关爱和物质关爱。有研究发现，相对于非留守儿童，农村留守儿童感知到父母关爱较少，为父母所爱的需求更加强烈。[③] 心理学研究表明，儿童被父母关爱的资源被减损或需求得不到满足时，他们将会感受到压力。[④] 从减少农村留守儿童行为问题的角度看，照顾者是否具有足够的照顾能力和适当的照顾行动具有重要的干预价值。[⑤] 农村留守儿童的主要照顾者（即实际监护人）多数是其祖父母，这种隔代照顾者往往存在年老体弱、受教育程度低等照顾和保护能力不足的特点。

因此，本研究建立第二个假设：农村留守儿童与非留守儿童相比，资金福利不存在差异，照顾性服务福利和保护性服务福利则处于劣势。

（三）农村留守儿童从不同福利供给主体获取福利的假设

我国儿童福利在由补缺型向适度普惠型转变的过程中，关注的对象由孤儿、困难残疾等特殊儿童扩展到困境儿童和农村留守

[①] Fernandez, L., "Do Fathers Influence Their Children's Health by Migration? Evidence from Rural Mexico", Working Paper, 1998.

[②] Lancaster, G., Rollinson, L., Hill, J., "The Measurement of a Major Childhood Risk for Depression: Comparison of the Parental Bonding Instrument (PBI) 'Parental Care' and the Childhood Experience of Care and Abuse (CECA) 'Parental Neglect'", *Journal of Affective Disorders*, Vol. 101, No. 1-3, 2007, pp. 263-267.

[③] 常青、夏绪仁：《农村留守儿童人格特征研究》，《心理科学》2008年第6期。

[④] Hobfoll, S. E., "The Influence of Culture, Community, and the Nested-self in the Stress Process: Advancing Conservation of Resources Theory", *Applied Psychology*, Vol. 50, No. 3, 2001, pp. 337-421.

[⑤] 胡宏伟、郭少云：《照顾状态与留守儿童行为问题——基于中国留守儿童数据调查》，《河北大学学报》（哲学社会科学版）2018年第3期。

儿童，并逐步向全体普通儿童扩展；儿童福利内容由生存性福利向保护性福利转变，前者以保护儿童生存权、满足儿童基本生存需要为目的，后者以保护儿童受保护权为目的，目前开始向发展性儿童福利迈进，最终形成多元化、多层次的儿童福利体系。[①]其实，无论是西方国家还是中国，在儿童福利供给中都面临着如何界定家庭、社会、市场和国家的角色定位、福利责任划分和关系模式等问题。[②] 对于农村留守儿童来说，尤其是要合理界定家庭、社会和国家在福利供给中的角色定位和责任分担模式。

农村留守儿童是在城市化进程大潮裹挟下由于城乡二元分割产生的一个特殊群体，他们的产生处于一个宏大的社会生态系统。[③] 社会生态系统可以被分为微观系统、中观系统和宏观系统三种基本类型。微观系统主要是个人系统，既包括生物子系统，也包括社会和心理子系统；中观系统是包括家庭、社会群体等对个人产生影响的小群体；宏观系统则是比家庭等小规模群体更大一些的社会系统，包括社区、政府等。[④] 对于农村留守儿童来说，他们所处的微观系统为其所在的家庭，中观系统则是与他们有密

---

① 姚建龙、刘悦：《解析儿童福利司：比较、历史与未来》，《中国青年社会科学》2020年第3期。

② 杨雄：《我国儿童社会政策建设的几个基本问题》，《中国青年研究》2011年第1期。

③ 生态系统理论最初来自生物学领域，强调自然界中生物与环境所构成的整体及生物与环境之间的相互影响。自20世纪70年代以来，该理论逐渐成为社会学领域中一个重要的基础理论。1979年，心理学家布朗芬布伦纳将这一理论运用于儿童成长发展过程，提出了人与其生活环境相互作用的社会生态系统理论模型，认为儿童的成长受到微观系统、中观系统、外层系统和宏观系统的共同影响。查尔斯·扎斯特罗在此基础上又进一步对其进行丰富和发展，认为个人的生存环境是一个完整的生态系统，这个系统由家庭、机构、团体、社区、政府等构成，这一系列因素相互联系构成一个功能性整体。

④ 师海玲、范燕宁：《社会生态系统理论阐释下的人类行为与社会环境——2004年查尔斯·扎斯特罗关于人类行为与社会环境的新探讨》，《首都师范大学学报》（社会科学版）2005年第4期。

切接触或是有交互作用的学校老师、同学、邻居、社区等；宏观系统则是指农村留守儿童个体不直接接触的更大一些的社会组织机构和社会环境，如政府、制度、文化等。

近年来，政府开始关注农村留守儿童关爱服务体系的建立和福利体系的完善，针对儿童义务教育、医疗保险等都有政策支持，但这些政策往往是针对所有儿童，因此农村留守儿童和所有农村儿童一样会获得来自国家层面的福利支持。非政府组织虽然开始参与到儿童福利供给中，但目前由于非政府组织自身发展有限，农村地区非政府组织触及的范围更是有限。农村社区面临空心化比较严重的局面，农村社区对农村居民提供的福利也是有限的。农村留守儿童家庭结构处于不完整状态，与家庭功能完整的儿童相比，家庭能为农村留守儿童提供的福利处于衰减状态。

因此，本研究建立第三个假设：与非留守儿童相比，农村留守儿童从国家、社区和志愿组织获取的福利不存在显著差异，从家庭获取的福利存在显著差异。

二 农村留守儿童主观福利假设

关于农村留守儿童的主观福利，学术界主要围绕幸福感、生活满意度展开研究。针对农村留守儿童主观福利的研究，在国内外研究中得出的结论并不一致。一种观点认为，农村留守儿童的主观幸福感显著低于非留守儿童，父母双方同时外出会显著降低留守儿童的整体主观幸福感。[1][2] Murphy 等研究发现，父母外出

---

① 李云森、王军辉、罗良：《亲子分离之殇：父母外出与农村儿童的福利损失》，《中国经济问题》2019 年第 1 期。

② 侯珂、刘艳、屈智勇等：《留守对农村儿童青少年社会适应的影响：倾向值匹配的比较分析》，《心理发展与教育》2014 年第 6 期。

会显著降低子女实现愿望和目标的信心，信心则是个人主观幸福感的重要组成部分。[1] 但另一种观点认为，父母外出对子女的主观幸福感没有显著影响，[2] 农村留守儿童的主观幸福感[3]和生活满意度[4]并不显著低于非留守儿童。吴霓等的研究发现，父母外出务工对农村留守儿童生活所带来的影响是比较复杂的，一方面，父母外出务工提高了家庭的经济收入，农村留守儿童比较宽裕的物质条件使他们对生活的满意度较高；另一方面，与父母的空间分离使农村留守儿童获得的关爱减少，农村留守儿童更希望父母留在身边，尤其是随着年龄增长，农村留守儿童逐渐认识到家庭完整和父母关爱的重要性，他们对生活的满意度逐渐降低。[5]

因此，本研究建立第四个假设：农村留守儿童主观福利水平低于非留守儿童，他们的生活满意度水平较低。

三　农村留守儿童客观福利与主观福利的关系假设

对于影响儿童生活满意度的因素，学术界主要关注个体层面和家庭层面。从个体层面来说，心理资本可以在一定程度上缓冲

---

[1]　Murphy, R., Zhou, M. and Tao, R., "Parents' Migration and Children's Subjective Well-being and Health: Evidence from Rural China", *Population, Space and Place*, Vol. 22, No. 8, 2016, pp. 766–780.

[2]　Xu, H., and Xie, Y., "The Causal Effects of Rural-to-Urban Migration on Children's Well-being in China", *European Sociological Review*, Vol. 31, No. 4, 2015, pp. 502–519.

[3]　张丽芳、唐日新、胡燕等：《留守儿童主观幸福感与教养方式的关系研究》，《中国健康心理学杂志》2006 年第 4 期。

[4]　Wen, M., Lin, D., "Child Development in Rural China: Children Left Behind by their Migrant Parents and Children of Nonmigrant Families", *Child Development*, Vol. 83, No. 1, 2012, pp. 120–136.

[5]　吴霓等：《农村留守儿童问题调研报告》，《教育研究》2004 年第 10 期。

生活压力对农村留守儿童幸福感的不利影响。[①] 心理弹性也是提升有留守经历的中学生主观幸福感的一种非常重要的保护性因素。[②] 从家庭层面来说，学术界主要关注家庭功能对生活满意度的影响，家庭功能指的是家庭成员之间的情感联系、家庭规则、家庭沟通及应对外部事件的有效性。[③] 功能良好的家庭因其家庭成员之间的良好沟通和相互支持，可以提升青少年的总体生活满意度[④]和主观幸福感。[⑤]

同时有研究发现，社会支持与生活满意度存在显著正相关。[⑥] 孙远太对农民工的福利获得与主观幸福感的关系进行研究，结果发现，农民工的社会保险和工作福利获得可以提升他们的幸福感。[⑦] 彭华民等针对收入安全福利制度（养老保险）和健康安全福利制度（医疗保险），验证了福利获得（社会成员个体的享受程度）与幸福感的关系，发现国民的福利获得存在显著的城乡差异，并且国家提供的收入安全福利和健康安全福利对幸福感具有显著影响。[⑧]

---

① 范兴华、余思、彭佳等：《留守儿童生活压力与孤独感、幸福感的关系：心理资本的中介与调节作用》，《心理科学》2017 年第 2 期。

② 宋广文、何云凤、丁琳等：《有留守经历的中学生心理健康、心理弹性与主观幸福感的关系》，《中国特殊教育》2013 年第 2 期。

③ Olson, D. H., *Circumplex Model of Marital and Family Systems: Assessing Family Functioning*, In F. Walsh (Ed.), *Normal family process*, New York: The Guilford Press, 1993, pp. 109 – 133.

④ 侯娟、邹泓、李晓巍：《流动儿童家庭环境的特点及其对生活满意度的影响》，《心理发展与教育》2009 年第 2 期。

⑤ 王娟、邹泓、侯珂等：《青少年家庭功能对其主观幸福感的影响：同伴依恋和亲社会行为的序列中介效应》，《心理科学》2016 年第 6 期。

⑥ Lu, L., "Personal and Environmental Causes of Happiness: A Longitudinal Analysis", *Journal of Social Psychology*, Vol. 139, No. 1, 1999, pp. 79 – 90.

⑦ 孙远太：《基于福利获得的城市农民工幸福感研究——以河南 875 个样本为例》，《西北人口》2015 年第 3 期。

⑧ 彭华民、孙维颖：《福利制度因素对国民幸福感影响的研究——基于四个年度 CGSS 数据库的分析》，《社会建设》2016 年第 3 期。

因此，本研究建立第五个假设：农村留守儿童的客观福利会影响其主观福利，同时会通过农村留守儿童的福利获取影响其主观福利。

四　资料收集与处理过程

（一）资料收集过程

第一阶段：研究变量和调查问卷设计阶段。本研究借鉴已有研究成果中涉及的调查问卷和研究变量，根据本研究的主题确定所使用的问卷，并对问卷中所涉及的概念及概念操作化提供理论和实践依据，同时根据研究需要设计访谈提纲。第二阶段：问卷预调查阶段。运用借鉴的问卷进行预调查，对问卷中部分内容进行调整，为正式调查做好准备。第三阶段：大规模问卷调查阶段。在展开大规模问卷调查之前，先对调查员进行培训。本次调查主要利用在校研究生作为调查员，经过培训，使调查员掌握问卷调查的基本操作流程和调查中需要注意的问题。在各学校校长和班主任的配合下，调查员顺利进入班级对学生进行施测，问卷完成时间在20—30分钟。

（二）数据处理过程

对问卷调查所获取的数据通过 SPSS17.0 统计软件进行量化分析。首先，对被调查对象的人口学特征进行描述统计分析，目的是了解被调查对象的基本情况。其次，对被调查对象的福利获取情况进行描述统计和推论统计分析，主要是采取均值分析、相关分析和回归分析，均值分析主要用于对农村留守儿童和非留守儿童的客观福利获取和主观福利状况进行对比，同时对农村留守儿童从不同福利供给主体获取的客观福利状况进行比较；相关分析主要分析不同主体提供的福利与农村留守儿童福利获取内容和福利获取方式之间的关系；回归分析主要用于农村留守儿童获取的客观福利对主观福利的影响分析，以及不同福利供给主体提供的福利如何通过农村留守儿童的福利获取影响其主观福利。

（三）样本描述

本研究的分析数据来源于 2017 年在山东省 LY 县所做的"关于农村留守儿童福利状况调查"的数据。LY 县位于山东省西北部，西距德州 50 千米，南距济南 40 千米，北距北京 300 千米、天津 200 千米。全县辖 8 个镇 1 个乡 3 个街道办事处，1 个省级经济技术开发区，包含 831 个村（居）委会，人口 55.07 万人，其中城镇常住人口 20.16 万人。[①] 本研究之所以选择该县作为调查地点，是基于三个原因：一是该县以农业生产为主，农业富余劳动力充足，外出打工人数较多；二是该县 GDP 在山东省内所有县域内排名处于中间偏下位置，总体经济发展水平较低；三是笔者对该县情况比较了解，与该县民政局和教育局等政府部门有着比较密切的合作关系，使调研可以顺利开展。

该县拥有普通初级中学 10 个，每个镇都有一所初级中学（除 MS 镇和 SA 乡），每个镇都有一所中心小学。本研究根据各（乡）镇经济发展水平和距离县政府所在地的远近两个方面进行抽样，选定 LY 镇、LN 镇、ZJ 镇和 DP 镇四个镇作为调研地点。其中，LY 镇在县城北邻，经济发展水平较好；LN 镇是 LY 县南大门，经济发展水平也较好；ZJ 镇距离县城 25 千米，在全县经济发展中处于中等水平；DP 镇在全县最北端，离县城最远，经济发展水平较差。

---

① LY 县统计局：《LY 统计年鉴 2016》，2017 年。

表 3 - 1　　　　　　调查样本的人口学特征（N = 2016）

儿童类型		性别		受教育阶段	
		男	女	小学	初中
农村留守儿童	双亲外出	94	107	54	147
	父亲外出	285	250	141	394
	母亲外出	44	38	22	60
非留守儿童		617	581	316	882
合计		1040	976	533	1483

在选定乡镇的基础上，本研究又从中学和小学进一步选择班级，对选定的班级采取整班施测的方式，共发放问卷 2112 份，其中有效问卷 2016 份，有效率为 95.45%（具体样本信息见表 3 - 1）。其中农村留守儿童 818 人（双亲外出儿童 201 人，父亲外出儿童 535 人，母亲外出儿童 82 人；男生 423 人，女生 395 人；小学阶段儿童 217 人，初中阶段儿童 601 人），非留守儿童 1198 人（男生 617 人，女生 581人；小学阶段儿童 316 人，初中阶段儿童 882 人）。

第三节　农村留守儿童福利的量化研究结果

本研究通过与非留守儿童进行群体间比较的方式来分析农村留守儿童的福利，同时对农村留守儿童福利进行群体内比较，从而更全面地了解农村留守儿童的实际福利状况。

一　农村留守儿童与非留守儿童福利的比较研究

（一）农村留守儿童与非留守儿童客观福利获取的群体间比较

农村留守儿童与非留守儿童客观福利获取的群体间比较，从福利获取内容、福利获取方式、从不同福利供给主体获取福利三个方面进行研究。

1. 农村留守儿童与非留守儿童福利获取内容的群体间比较

为了比较农村留守儿童和非留守儿童获取的福利内容是否存在群体间差异，本研究以儿童类型（农村留守儿童和非留守儿童）作为自变量，以他们所获取的不同福利内容（包括生活福利、健康福利和教育福利）为因变量进行方差分析，结果发现，农村留守儿童和非留守儿童在他们所获取的生活福利（$F_{(1,2014)}$ = 3.85，$p < 0.05$）和健康福利（$F_{(1,2014)} = 6.87$，$p < 0.01$）方面存在显著差异，在教育福利（$F_{(1,2014)} = 2.85$，$p > 0.05$）方面则不存在显著差异（见表3-2）。

表3-2 不同类型儿童福利获取内容的群体间比较 M（SD）

	生活福利	健康福利	教育福利
农村留守儿童	16.89（2.99）	15.76（2.98）	14.18（2.85）
非留守儿童	18.09（2.83）	17.01（3.29）	14.41（2.60）
F	3.85*	6.87**	2.85

注：* $p < 0.05$，** $p < 0.01$。

从农村留守儿童与非留守儿童在福利获取内容的得分来看，农村留守儿童获取的生活福利和健康福利得分显著低于非留守儿童。

2. 农村留守儿童与非留守儿童福利获取方式的群体间比较

为了比较农村留守儿童和非留守儿童在福利获取方式上是否存在显著差异，本研究以儿童类型（农村留守儿童和非留守儿童）作为自变量，以通过不同福利提供方式获取的福利为因变量进行方差分析，结果发现，农村留守儿童和非留守儿童获取的资金福利（$F_{(1,2014)} = 6.97$，$p < 0.01$）、保护性服务福利（$F_{(1,2014)} = 18.75$，$p < 0.01$）和照顾性服务福利（$F_{(1,2014)} = 8.15$，$p < 0.01$）均存在显著差异（见表3-3）。

表3-3　　　不同类型儿童福利获取方式的群体间比较 M（SD）

	资金福利	照顾性服务福利	保护性服务福利
农村留守儿童	15.52（3.23）	14.33（3.43）	15.96（2.73）
非留守儿童	16.48（3.13）	15.15（3.42）	16.96（2.38）
F	6.97**	8.15**	18.75**

注：** p < 0.01。

从农村留守儿童与非留守儿童福利获取方式的得分来看，农村留守儿童在资金福利、照顾性服务福利和保护性服务福利方面均低于非留守儿童。

3. 农村留守儿童与非留守儿童从不同福利供给主体获取福利的群体间比较

为了比较农村留守儿童与非留守儿童从不同福利供给主体获取的福利是否存在群体间差异，本研究以儿童类型（农村留守儿童和非留守儿童）为自变量，以他们从各福利供给主体获取的总福利为因变量进行方差分析，结果显示，农村留守儿童和非留守儿童从核心家庭（$F_{(1,2014)} = 34.23$，$p < 0.01$）、扩展家庭（$F_{(1,2014)} = 17.23$，$p < 0.01$）和社区（$F_{(1,2014)} = 7.42$，$p < 0.01$）获取的总福利得分存在显著差异，从国家（$F_{(1,2014)} = 1.05$，$p > 0.05$）和志愿组织（$F_{(1,2014)} = 1.92$，$p > 0.05$）获取的总福利得分差异不显著（见表3-4）。

表3－4 不同类型儿童从不同福利供给主体获取福利的

群体间比较 M（SD）

	核心家庭福利	扩展家庭福利	国家福利	社区福利	志愿组织福利
农村留守 儿童	26.19 （5.29）	21.44 （6.41）	13.01 （4.78）	18.05 （4.78）	5.99 （7.19）
非留守 儿童	29.38 （4.25）	23.78 （6.21）	13.42 （4.69）	19.47 （5.26）	5.13 （6.75）
F	34.23 **	17.23 **	1.05	7.42 **	1.92

注：** $p < 0.01$。

从农村留守儿童和非留守儿童从不同福利供给主体获取福利的总得分来看，农村留守儿童从核心家庭、扩展家庭和社区获取的总福利得分显著低于非留守儿童。

（二）农村留守儿童客观福利获取的群体内比较

为了了解农村留守儿童内部在福利获取各方面是否存在差异，本研究分别以农村留守儿童的人口学特征为自变量，以福利获取内容、福利获取方式和从不同福利供给主体获取的福利为因变量进行方差分析。

1. 农村留守儿童福利获取内容的群体内比较

为了比较农村留守儿童内部在福利获取内容方面是否存在差异，本研究分别以性别、受教育阶段、留守类型（双亲外出、父亲外出、母亲外出）为自变量，以生活福利、健康福利、教育福利三个方面的福利获取内容为因变量进行方差分析，结果发现（见表3－5）：农村留守儿童所获取的生活福利（$F_{(1,816)} = 0.35$，$p > 0.05$）、健康福利（$F_{(1,816)} = 2.49$，$p > 0.05$）和教育福利（$F_{(1,816)} = 0.65$，$p > 0.05$）在性别方面均不存在显著差异；不同受教育阶段的儿童在生活福利（$F_{(1,816)} = 0.50$，$p > 0.05$）、健康福利（$F_{(1,816)} = 1.42$，$p > 0.05$）和教育福利（$F_{(1,816)} = 2.53$，$p > 0.05$）方面也不存在显著差异；研究同时发现，不同留守类型的儿童在生活福利（$F_{(2,815)} = 0.87$，$p > 0.05$）、健康福利（$F_{(2,815)} = 2.13$，$p > 0.05$）和教育福利（$F_{(2,815)} = 1.42$，$p > 0.05$）方面也不存在显著差异。

表3-5　　农村留守儿童福利获取内容的群体内比较 M（SD）

		生活福利	F 值	健康福利	F 值	教育福利	F 值
性别	男	17.09 (3.42)	0.35	16.35 (2.66)	2.49	14.21 (2.26)	0.65
	女	16.57 (2.54)		15.02 (3.18)		13.54 (3.35)	
受教育阶段	小学	17.24 (2.79)	0.50	15.22 (2.95)	1.42	13.17 (3.31)	2.53
	初中	16.62 (3.18)		16.23 (2.99)		14.44 (2.22)	
留守类型	双亲外出	16.89 (2.99)	0.87	15.76 (2.98)	2.13	13.82 (2.85)	1.42
	父亲外出	17.82 (3.03)		16.03 (3.50)		13.32 (2.46)	
	母亲外出	17.11 (2.83)		14.95 (3.69)		12.25 (2.40)	

2. 农村留守儿童福利获取方式的群体内比较

为了比较农村留守儿童内部在福利获取方式方面是否存在差异，本研究分别以性别、受教育阶段、留守类型（双亲外出、父亲外出、母亲外出）为自变量，以资金福利、照顾性服务福利、保护性服务福利三个方面的福利获取方式为因变量进行方差分析，结果发现（见表 3 - 6）：农村留守儿童所获取的资金福利（$F_{(1,816)} = 1.57$，$p > 0.05$）、保护性服务福利（$F_{(1,816)} = 0.17$，$p > 0.05$）和照顾性服务福利（$F_{(1,816)} = 2.01$，$p > 0.05$）在性别方面不存在显著差异；不同受教育阶段的儿童在资金福利（$F_{(1,816)} = 0.01$，$p > 0.05$）、保护性服务福利（$F_{(1,816)} = 1.84$，$p > 0.05$）和照顾性服务福利（$F_{(1,816)} = 0.05$，$p > 0.05$）方面也不存在显著差异，且资金福利（$F_{(2,815)} = 0.92$，$p > 0.05$）和保护性服务福利（$F_{(2,815)} = 0.67$，$p > 0.05$）在留守类型方面也不存在差异。但照顾性服务福利在留守类型方面存在显著差异（$F_{(2,815)} = 4.33$，$p < 0.05$），事后比较发现，母亲外出的儿童其照顾性服务福利得分显著低于父亲外出（$MD_{母亲外出-父亲外出} = -1.85$，$p < 0.01$）和双亲外出（$MD_{母亲外出-双亲外出} = -1.93$，$p < 0.01$）的儿童。

表 3 - 6　　农村留守儿童福利获取方式的群体内比较 M（SD）

		资金福利	F 值	照顾性服务福利	F 值	保护性服务福利	F 值
性别	男	15.73 (3.37)	1.57	16.08 (3.05)	2.01	16.13 (2.64)	0.17
	女	14.57 (2.98)		14.67 (3.83)		15.79 (2.96)	
受教育阶段	小学	15.30 (3.10)	0.01	14.67 (3.57)	0.05	15.91 (2.76)	1.84
	初中	15.23 (3.42)		16.00 (3.30)		16.00 (2.80)	

续表

		资金福利	F 值	照顾性服务福利	F 值	保护性服务福利	F 值
留守类型	双亲外出	15.26 (3.25)	0.92	15.35 (3.47)	4.33*	15.96 (2.75)	0.67
	父亲外出	15.94 (3.09)		15.27 (3.38)		15.99 (2.73)	
	母亲外出	15.00 (3.93)		13.42 (3.34)		15.75 (2.43)	

注：* p < 0.05。

3. 农村留守儿童从不同福利供给主体获取福利的群体内比较

为了比较农村留守儿童内部从不同福利供给主体获取的福利是否存在差异，本研究分别以性别、受教育阶段、留守类型（双亲外出、父亲外出、母亲外出）为自变量，以核心家庭福利、扩展家庭福利、国家福利、社区福利、志愿组织福利五个方面为因变量进行方差分析，结果发现（见表 3 – 7）：农村留守儿童从志愿组织获取的福利存在显著的性别差异（$F_{(1,816)} = 5.94$，$p < 0.05$），农村留守儿童从核心家庭（$F_{(1,816)} = 0.32$，$p > 0.05$）、扩展家庭（$F_{(1,816)} = 0.79$，$p > 0.05$）、国家（$F_{(1,816)} = 0.54$，$p > 0.05$）和社区（$F_{(1,816)} = 2.14$，$p > 0.05$）获取的福利则不存在性别差异；农村留守儿童从核心家庭（$F_{(1,816)} = 0.63$，$p > 0.05$）、扩展家庭（$F_{(1,816)} = 0.53$，$p > 0.05$）、国家（$F_{(1,816)} = 0.01$，$p > 0.05$）、社区（$F_{(1,816)} = 1.97$，$p > 0.05$）和志愿组织（$F_{(1,816)} = 1.02$，$p > 0.05$）获取的福利不因受教育阶段不同而存在差异；农村留守儿童从核心家庭（$F_{(2,815)} = 2.12$，$p > 0.05$）、扩展家庭（$F_{(2,815)} = 1.62$，$p > 0.05$）、国家（$F_{(2,815)} = 1.16$，$p > 0.05$）、社区（$F_{(2,815)} = 0.14$，$p > 0.05$）和志愿组织（$F_{(2,815)} = 1.33$，$p > 0.05$）获取的福利在留守类型方面也不存在显著差异。

表3-7　　　农村留守儿童从不同福利供给主体获取福利的

群体内比较 M（SD）

		核心家庭福利	F 值	扩展家庭福利	F 值	国家福利	F 值	社区福利	F 值	志愿组织福利	F 值
性别	男	25.72 (5.10)	0.32	22.88 (5.74)	0.79	13.85 (5.58)	0.54	18.92 (4.83)	2.14	8.68 (8.94)	5.94*
	女	24.83 (5.83)		21.25 (6.87)		12.72 (4.86)		16.92 (4.76)		3.46 (5.62)	
受教育阶段	小学	25.92 (5.50)	0.63	21.35 (5.58)	0.53	13.07 (3.76)	0.01	16.92 (2.96)	1.97	4.83 (6.17)	1.02
	初中	24.68 (5.40)		22.65 (6.84)		13.19 (6.26)		18.81 (5.96)		7.08 (9.11)	
留守类型	双亲外出	25.29 (5.43)	2.12	22.04 (6.25)	1.62	13.14 (5.24)	1.16	17.90 (4.81)	0.14	6.00 (7.84)	1.33
	父亲外出	27.25 (5.01)		20.81 (6.71)		12.70 (4.36)		18.19 (4.79)		5.60 (6.32)	
	母亲外出	26.00 (5.95)		21.00 (5.66)		14.63 (3.56)		18.15 (4.48)		8.35 (7.55)	

注：* $p < 0.05$。

从不同性别农村留守儿童从志愿组织获取福利的得分来看，女生从志愿组织所获取的福利显著低于男生所获取的福利。

（三）农村留守儿童与非留守儿童主观福利的群体间比较

以往研究发现，农村留守儿童与非留守儿童两个群体之间在主观福利方面存在差异。为了进一步对此进行验证，本研究以农村留守儿童和非留守儿童两个类型为自变量，以主观福利（生活满意度）为因变量进行方差分析（见表 3 - 8），统计结果显示，农村留守儿童和非留守儿童在生活满意度方面存在显著差异（$F_{(1,2014)} = 4.65$，$p < 0.05$）。

表 3 - 8　农村留守儿童与非留守儿童主观福利群体间比较 M（SD）

	农村留守儿童	非留守儿童
生活满意度	21.52（4.11）	22.97（4.52）
F	4.65 *	

注：* p < 0.05。

从农村留守儿童和非留守儿童生活满意度得分来看，农村留守儿童的生活满意度得分显著低于非留守儿童。

（四）农村留守儿童主观福利的群体内比较

为了探讨农村留守儿童内部在主观福利方面是否存在差异，本研究分别以性别、受教育阶段、留守类型（双亲外出、父亲外出、母亲外出）为自变量，以生活满意度为因变量进行方差分析，结果发现，农村留守儿童的生活满意度在性别（$F_{(1,816)} = 1.35$，$p > 0.05$）、受教育阶段（$F_{(1,816)} = 1.62$，$p > 0.05$）以及留守类型（$F_{(2,815)} = 1.72$，$p > 0.05$）等方面均不存在显著差异（见表 3 - 9）。

表 3 - 9　　农村留守儿童主观福利群体内比较 M（SD）

	性别		受教育阶段		留守类型		
	男	女	小学	初中	双亲外出	父亲外出	母亲外出
生活满意度	21.83	20.46	20.43	21.92	21.39	21.53	21.32
	(4.18)	(4.03)	(3.99)	(4.18)	(4.11)	(4.09)	(3.62)
F	1.35		1.62		1.72		

二 农村留守儿童客观福利与主观福利的关系研究

为了探讨农村留守儿童客观福利与主观福利的关系，本研究以农村留守儿童客观福利获取对主观福利的影响、不同主体的福利供给对农村留守儿童客观福利获取的影响为基础，揭示不同主体的福利供给对农村留守儿童主观福利的影响机制。

（一）农村留守儿童客观福利获取对主观福利的影响

1. 农村留守儿童福利获取内容对其主观福利的影响

为了探讨农村留守儿童福利获取内容与其主观福利之间的关系，本研究将农村留守儿童获取的生活福利、健康福利、教育福利与其主观福利进行相关分析，结果发现，农村留守儿童获取的生活福利（$r = 0.27$，$p < 0.05$）、健康福利（$r = 0.38$，$p < 0.01$）和教育福利（$r = 0.25$，$p < 0.05$）与其生活满意度均显著正相关，这说明农村留守儿童获取的生活福利、健康福利和教育福利越多，其生活满意度越高。

为了进一步分析农村留守儿童获取的不同福利内容对其主观福利的影响，本研究分别以生活福利、健康福利和教育福利为自变量，以生活满意度为因变量进行回归分析（见表3-10）。

表3-10　农村留守儿童福利获取内容对主观福利的回归分析

	β	p
生活福利	0.047	0.549
健康福利	0.246 **	0.003
教育福利	0.035	0.649
R^2	0.082	

注：** $p < 0.01$。

结果发现，农村留守儿童获取的健康福利可以正向预测其生活满意度，可以解释生活满意度变异的8.2%，这说明强化农村留守儿童的健康福利可以提升其生活满意度。总体来看，农村留守儿童所获取的福利内容对其主观福利具有一定的预测效果，可以据此说明，农村留守儿童获取的福利内容是影响其主观福利的一个重要外部因素。

2. 农村留守儿童福利获取方式对其主观福利的影响

为了探讨农村留守儿童福利获取方式与其主观福利之间的关系，本研究将农村留守儿童获取的资金福利、照顾性服务福利、保护性服务福利与其主观福利进行相关分析，结果发现，资金福利（$r = 0.28$，$p < 0.05$）、照顾性服务福利（$r = 0.36$，$p < 0.01$）和保护性服务福利（$r = 0.26$，$p < 0.05$）与生活满意度均显著正相关，这说明农村留守儿童获取的资金福利、照顾性服务福利和保护性服务福利越多，其生活满意度越高。

为了进一步分析农村留守儿童通过不同福利提供方式获取的福利对其主观福利的影响，本研究分别以资金福利、照顾性服务福利和保护性服务福利为自变量，以生活满意度为因变量进行回归分析（见表3－11）。

表3－11　　农村留守儿童福利获取方式对主观福利的回归分析

	β	p
资金福利	0.100	0.117
照顾性服务福利	0.209 **	0.007
保护性服务福利	0.042	0.589
R^2	0.078	

注：** $p < 0.01$。

结果发现，农村留守儿童获取的照顾性服务福利可以正向预测其生活满意度，可以解释生活满意度变异的7.8%，这说明加强农村留守儿童的照顾性服务福利供给可以提升其生活满意度。总体来看，农村留守儿童通过不同方式获取的福利对其主观福利具有一定的预测效果，可以据此说明，农村留守儿童通过不同福利提供方式获取的福利是影响其主观福利的一个重要外部因素。

3. 农村留守儿童从不同福利供给主体获取的福利对其主观福利的影响

为了探讨农村留守儿童从不同福利供给主体获取的福利与其主观福利之间的关系，本研究将农村留守儿童从核心家庭、扩展家庭、国家、社区、志愿组织获取的福利与其主观福利进行相关分析。结果发现，农村留守儿童从核心家庭（$r = 0.32$，$p < 0.01$）、扩展家庭（$r = 0.35$，$p < 0.01$）、国家（$r = 0.26$，$p < 0.01$）、社区（$r = 0.31$，$p < 0.01$）和志愿组织（$r = 0.27$，$p < 0.01$）所获取的福利与其生活满意度均呈显著正相关，这说明农村留守儿童从核心家庭、扩展家庭、国家、社区、志愿组织获取的福利越多，其生活满意度越高。

为了进一步分析农村留守儿童从不同福利供给主体所获取的福利对其主观福利的影响，本研究以农村留守儿童从核心家庭、扩展家庭、国家、社区和志愿组织获取的福利为自变量，以农村留守儿童的生活满意度为因变量进行回归分析（见表3-12）。

结果发现，农村留守儿童从核心家庭、扩展家庭、志愿组织获取的福利可以正向预测其生活满意度，从以上三个福利供给主体获取的福利可以共同解释生活满意度变异的18.6%，这说明农村留守儿童从核心家庭、扩展家庭、志愿组织获取的福利可以提升其生活满意度。

表 3 – 12　　　农村留守儿童从不同福利供给主体获取的福利

对主观福利的回归分析

	β	p
核心家庭	0.157 *	0.027
扩展家庭	0.172 *	0.049
国家	0.052	0.515
社区	0.085	0.411
志愿组织	0.188 *	0.019
R²	0.186	

注：* p < 0.05。

总体来看，农村留守儿童从不同福利供给主体获取的福利对其主观福利具有一定的预测效果，可以据此说明，不同福利供给主体提供的福利是影响其主观福利的一个重要外部因素。

（二）不同主体的福利供给对农村留守儿童客观福利获取的影响

1. 不同主体的福利供给对农村留守儿童客观福利获取内容的影响

为了探讨不同主体的福利供给与农村留守儿童福利获取内容之间的关系，本研究将核心家庭、扩展家庭、国家、社区和志愿组织提供的福利与农村留守儿童的福利获取内容（生活福利、健康福利、教育福利）进行相关分析（见表 3 – 13）。

表 3 – 13　　　不同主体的福利供给与农村留守儿童福利

获取内容的相关分析

	核心家庭	扩展家庭	国家	社区	志愿组织
生活福利	0.516 **	0.298 **	0.056	0.208 **	0.099
健康福利	0.394 **	0.488 **	0.103	0.325 **	0.036
教育福利	0.426 **	0.322 **	0.138 *	0.195 **	0.027

注：* p < 0.05，** p < 0.01。

结果发现，核心家庭、扩展家庭和社区提供的福利与农村留守儿童获取的生活福利均呈显著正相关，这说明，核心家庭、扩展家庭和社区提供的福利越多，农村留守儿童获取的生活福利越多。研究同时发现，核心家庭、扩展家庭、社区提供的福利与农村留守儿童获取的健康福利均呈显著正相关，这说明，核心家庭、扩展家庭、社区提供的福利越多，农村留守儿童获取的健康福利越多。研究还发现，核心家庭、扩展家庭、国家和社区提供的福利与农村留守儿童获取的教育福利均呈显著正相关，这说明，核心家庭、扩展家庭、国家和社区提供的福利越多，农村留守儿童获取的教育福利越多。

为了进一步探讨不同福利供给主体提供的福利对农村留守儿童福利获取内容的影响，本研究分别以核心家庭、扩展家庭、国家、社区、志愿组织提供的福利为自变量，以生活福利、健康福利、教育福利为因变量进行回归分析（见表 3 – 14）。

表 3 – 14   不同主体的福利供给对农村留守儿童福利
获取内容的回归分析

	模型1：y = 生活福利		模型2：y = 健康福利		模型3：y = 教育福利	
	β	p	β	p	β	p
核心家庭总福利	0.462 **	0.000	0.266 **	0.000	0.315 **	0.000
扩展家庭总福利	0.120 **	0.005	0.410 **	0.000	0.307 **	0.001
国家总福利	0.016	0.823	0.002	0.982	0.016	0.840
社区总福利	0.078	0.420	0.001	0.987	0.076	0.452
志愿组织总福利	0.168	0.165	0.010	0.887	0.017	0.825
R^2	0.307		0.307		0.219	

注：** $p < 0.01$。

结果发现，核心家庭和扩展家庭提供的福利可以正向预测农村留守儿童的生活福利获取，两个福利供给主体提供的福利可以共同解释生活福利获取变异的 30.7% ；研究同时发现，核心家庭和扩展家庭提供的福利可以正向预测农村留守儿童的健康福利获取，两个福利供给主体提供的福利可以共同解释健康福利获取变异的 30.7% ；研究还发现，核心家庭和扩展家庭提供的福利可以正向预测农村留守儿童的教育福利获取，两个福利供给主体提供的福利可以共同解释教育福利获取变异的 21.9% 。总体来看，不同福利供给主体提供的福利对于农村留守儿童各方面福利内容的获取均有一定的预测效果，这可以说明，不同福利供给主体提供的福利是影响农村留守儿童福利获取内容的一个重要因素。

2. 不同主体的福利供给对农村留守儿童福利获取方式的影响

为了探讨不同主体的福利供给与农村留守儿童的福利获取方式之间的关系，本研究将核心家庭、扩展家庭、国家、社区和志愿组织提供的福利与农村留守儿童的福利获取方式（资金福利、照顾性服务福利、保护性服务福利）进行相关分析（见表 3 - 15）。

表 3 - 15　　　不同主体的福利供给与农村留守儿童福利
获取方式的相关分析

	核心家庭	扩展家庭	国家	社区	志愿组织
资金福利	0.366 **	0.320 **	0.138 *	0.238 **	0.005
照顾性服务福利	0.481 **	0.395 **	0.002	0.227 **	0.037
保护性服务福利	0.462 **	0.377 **	0.063	0.250 **	0.044

注：* p < 0.05, ** p < 0.01。

结果发现，核心家庭、扩展家庭、国家和社区提供的福利与农村留守儿童获取的资金福利均呈显著正相关，这说明，核心家庭、扩展家庭、国家和社区提供的福利越多，农村留守儿童获取的资金福利越多；研究同时发现，核心家庭、扩展家庭、社区提供的福利与农村留守儿童获取的照顾性服务福利均呈显著正相关，这说明，核心家庭、扩展家庭、社区提供的福利越多，农村留守儿童获取的照顾性服务福利越多；研究还发现，核心家庭、扩展家庭和社区提供的福利与农村留守儿童获取的保护性服务福利均呈显著正相关，这说明，核心家庭、扩展家庭和社区提供的福利越多，农村留守儿童获取的保护性服务福利越多。

为了进一步探讨不同福利供给主体提供的福利对农村留守儿童福利获取方式的影响，本研究分别以核心家庭、扩展家庭、国家、社区、志愿组织提供的福利为自变量，以资金福利、照顾性服务福利、保护性服务福利为因变量进行回归分析（见表3－16）。

表3－16　　　　不同主体的福利供给对农村留守儿童福利
获取方式的回归分析

	模型1：y＝资金福利		模型2：y＝照顾性服务福利		模型3：y＝保护性服务福利	
	β	p	β	p	β	p
核心家庭总福利	0.286 **	0.000	0.374 **	0.000	0.361 **	0.000
扩展家庭总福利	0.206 *	0.024	0.303 **	0.001	0.300 **	0.001
国家总福利	0.096	0.225	0.116	0.128	0.003	0.972
社区总福利	0.039	0.750	0.006	0.950	0.003	0.975
志愿组织总福利	0.092	0.245	0.019	0.804	0.082	0.270
R^2	0.198		0.289		0.286	

注：* $p < 0.05$，** $p < 0.01$。

结果发现，核心家庭和扩展家庭提供的福利可以正向预测农村留守儿童的资金福利获取，两个福利供给主体提供的福利可以共同解释资金福利获取变异的 19.8%；研究同时发现，核心家庭和扩展家庭提供的福利可以正向预测农村留守儿童的照顾性服务福利获取，两个福利供给主体提供的福利可以共同解释照顾性服务福利获取变异的 28.9%；研究还发现，核心家庭和扩展家庭提供的福利可以正向预测农村留守儿童的保护性服务福利获取，两个福利供给主体提供的福利可以共同解释保护性服务福利获取变异的 28.6%。总体来看，不同福利供给主体提供的福利对农村留守儿童各种福利获取方式均有一定的预测效果。这可以说明，不同福利供给主体提供的福利是影响农村留守儿童福利获取方式的一个重要因素。

（三）　不同主体的福利供给对农村留守儿童主观福利的影响机制

通过进行以上客观福利对主观福利的影响研究，结果发现，福利获取内容、福利获取方式以及不同福利供给主体提供的福利均是影响农村留守儿童主观福利的重要外部因素。同时，通过对不同主体的福利供给与农村留守儿童的客观福利获取之间的关系进行研究，结果发现，不同主体的福利供给是农村留守儿童福利获取内容和福利获取方式的重要影响因素。为了进一步探讨不同福利供给主体提供的福利对农村留守儿童主观福利的影响机制，需要寻找二者之间的中介效应。对中介效应的传统做法是对回归系数依次进行检验，如果满足下面两个条件则认为存在中介效应：一是自变量对因变量具有显著影响效应；二是对于因果链中的任一变量，如果控制了前面的变量（包括自变量），它会显著影响因变量。[1]

---

① 温忠麟、张雷、侯杰泰等：《中介效应检验程序及其应用》，《心理学报》2004 年第 5 期。

1. 不同主体的福利供给对农村留守儿童主观福利的影响：福利获取内容的中介作用

从前面的分析结果来看，核心家庭、扩展家庭和志愿组织提供的福利可以正向预测农村留守儿童的生活满意度，核心家庭和扩展家庭提供的福利又可以正向预测农村留守儿童的生活福利、健康福利和教育福利，同时健康福利又可以预测农村留守儿童的生活满意度。因此，本研究对不同福利供给主体（核心家庭、扩展家庭和志愿组织）提供的福利、健康福利获取和生活满意度三个变量之间进行逐步多元回归。第一步，以生活满意度为因变量，以核心家庭、扩展家庭和志愿组织提供的福利为自变量建立多元线性回归模型；第二步，以健康福利为因变量，以核心家庭、扩展家庭和志愿组织提供的福利为自变量建立多元线性回归模型；第三步，在第一步的基础上，在回归模型中加入健康福利这个自变量。由于核心家庭和扩展家庭的回归系数在加入健康福利后变小且依然显著（$\beta = 0.181$，$p < 0.05$；$\beta = 0.156$，$p < 0.05$），模型的 R^2 相比第一步从 0.132 变成了 0.166（$\Delta R^2 = 0.034$，$p < 0.05$），因此可以说明健康福利在核心家庭和扩展家庭福利供给与生活满意度之间起部分中介作用（见表 3 - 17）。

表 3 - 17　　健康福利在不同主体的福利供给和生活满意度之间
中介效应的多元回归分析

	生活满意度（β）	健康福利（β）	生活满意度（β）
核心家庭	0.261 *	0.394 *	0.181 *
扩展家庭	0.257 *	0.124 *	0.156 *
志愿组织	0.253 *	0.039	0.245 *

	生活满意度（β）	健康福利（β）	生活满意度（β）
健康福利			0.201*
R^2	0.132	0.157	0.166

注：*$p < 0.05$。

2. 不同主体的福利供给对农村留守儿童主观福利的影响：福利获取方式的中介作用

本研究前面的统计结果显示，核心家庭、扩展家庭和志愿组织提供的福利可以正向预测农村留守儿童的生活满意度，核心家庭和扩展家庭提供的福利又可以正向预测农村留守儿童的资金福利、照顾性服务福利和保护性服务福利，同时，农村留守儿童获取的照顾性服务福利又可以预测其生活满意度。因此，本研究对不同福利供给主体（核心家庭、扩展家庭和志愿组织）提供的福利、照顾性服务福利和生活满意度三个变量之间进行逐步多元回归。第一步，以生活满意度为因变量，以核心家庭、扩展家庭和志愿组织提供的福利为自变量建立多元线性回归模型；第二步，以照顾性服务福利为因变量，以核心家庭、扩展家庭提供的福利为自变量建立多元线性回归模型；第三步，在第一步的基础上，在回归模型中加入照顾性服务福利这一自变量。由于核心家庭和扩展家庭的回归系数在加入照顾性服务福利后变小且依然显著（$\beta = 0.181$，$p < 0.05$；$\beta = 0.161$，$p < 0.05$），模型的 R^2 相比第一步从 0.132 变成了 0.159（$\Delta R^2 = 0.027$，$p < 0.05$），因此可以说明照顾性服务福利在核心家庭和扩展家庭福利供给与生活满意度之间起部分中介作用（见表3－18）。

表3-18   照顾性服务福利在不同主体的福利供给和生活
满意度之间中介效应的多元回归分析

	生活满意度	照顾性服务福利（β）	生活满意度（β）
核心家庭	0.261*	0.394*	0.181*
扩展家庭	0.257*	0.224*	0.161*
志愿组织	0.253*	0.039	0.256*
照顾性服务福利			0.180*
R^2	0.132	0.233	0.159

注：$*p < 0.05$。

第四节   农村留守儿童福利量化结果的讨论

一   农村留守儿童主观福利的特点

本研究对农村留守儿童的主观福利通过生活满意度来测量。对农村留守儿童主观福利现状的分析，本研究从农村留守儿童与非留守儿童的群体间比较以及农村留守儿童群体内比较两个方面来展开。

（一）农村留守儿童与非留守儿童的主观福利存在差异

本研究通过对农村留守儿童和非留守儿童的主观福利进行群体间比较，结果发现，农村留守儿童的生活满意度得分显著低于非留守儿童，这与研究假设四是一致的。这个结果表明，农村留守儿童由于父母双方或一方外出打工，家庭结构的完整性受到破坏，相对于父母双方都在身边的家庭结构完整的非留守儿童来说，他们的生活满意度有所下降。资源保存理论（Conservation of Resources，COR）认为，个体对于有价值的资源总是倾向于去获取并对其进行保存和维持，但当其所拥有的资源（如条件资源、能源资源等）受到了损失或面临受损失的威胁时，个体就会产生焦虑等消极情绪。[1] 据此推论，农村留守儿童的生活满意度较低，可能是由于其拥有较少的资源，如亲子关系缺失（条件资源）。

（二）农村留守儿童群体内不存在主观福利差异

本研究从性别、受教育阶段、留守类型三个方面分别比较了农村留守儿童的主观福利，结果发现，农村留守儿童的生活满意度并没有因性别、受教育阶段、留守类型不同而存在差异。这说明，在农村留守儿童内部，无论是男生还是女生，他们对生活满意度的认知体验是大致相当的。本研究把农村留守儿童分为小学和初中两个组别，小学和初中对应不同年龄段，从研究结果来看，农村留守儿童对生活满意度的感知并没有因年龄增长而有所变化。从留守类型来看，无论是父母双方同时外出还是父亲或母亲一方外出，农村留守儿童的生活满意度均不存在显著性差异。这说明，只要儿童没有与父母双方共同生活在一起，他们家庭结构的完整性均受到了影响，这也说明家庭结构的不完整对儿童的影响确实是存在的。上述结论在关于农村留守儿童主观福利的访谈中也得到证实。当被问及对目前的生活状态是否满意时，多数农村留守儿童表示还是比较满意的，认为目前所获取的福利基本能满足自己的需求。如女童 2 表示，"我的生活状态还算可以吧"；男童 1 表示，"我对我目前的生活还算满意吧"；男童 3 表示，"总体来说，我对目前的生活还是比较满意的"。

同时，从访谈到的农村留守儿童来看，他们对自己父母外出多数表示支持和赞同，但也有个别农村留守儿童因为父母长期不在家有过怨言，主要是埋怨父母不能经常回来，对自己关心

---

[1] Hobfoll, S. E., "The Influence of Culture, Community, and the Nested-self in the Stress Process: Advancing Conservations of Resources Theory", *Applied Psychology: An International Review*, Vol. 50, No. 3, 2001, pp. 337 - 370.

不够。

女童5：爸爸妈妈在河北唐山打工，他们外出打工已经2年了。我跟着爷爷奶奶生活。爸爸妈妈平时对我很关心，奶奶平时把我照顾得也很好，我也很喜欢奶奶。我对爸爸妈妈外出打工从来没有埋怨过。

女童3：爸爸妈妈在广东打工，已经9年时间了。平时和弟弟妹妹与爷爷奶奶生活在一起。爸爸妈妈很关心我们，心里总是盼着他们回来，但我对爸爸妈妈有过抱怨，他们为什么不能在离家近的地方干活呢。每次他们刚回来时跟他们见面都觉得有点不好意思，不知道说什么好。

女童4：爸爸妈妈在自己七八岁时到德州做生意，自己平时住校，周末回家由爷爷奶奶照顾。跟爸爸妈妈关系很好，会像朋友一样沟通，但有时会对爸爸妈妈有抱怨，主要是对自己关心不够，但总体还可以吧。

上述研究表明，我们所调研的农村留守儿童中，他们的生活满意度具有较强的一致性，但父母外出务工确实会在一定程度上影响他们的主观福利。

二 农村留守儿童客观福利的特点

（一）农村留守儿童福利获取内容的特点

本研究在对农村留守儿童福利获取内容进行统计分析时，一方面是将农村留守儿童与非留守儿童的福利获取内容进行对比；另一方面是对农村留守儿童内部的福利获取内容进行对比。

本研究通过对农村留守儿童和非留守儿童福利获取内容进行对比分析，发现农村留守儿童的生活福利得分显著低于非留守儿童，这与研究假设一是一致的，据此认为农村留守儿童的生活福利衰减是比较明显的。这说明，父母双方或一方外出务工确实使农村留守儿童在保护、照顾等方面的福利受到了负面影响。在健康福利方面，农村留守儿童的得分显著低于非留守儿童，这与研究假设一是一致的。这种情况说明，父母外出使农村留守儿童在健康维护和健康照顾等方面的福利得不到很好的保障。但在教育福利获取方面，农村留守儿童与非留守儿童并不存在差异，这应该得益于当前义务教育的普惠型福利，这与研究假设一的预想是一致的。总体来看，农村留守儿童的生活福利和健康福利与非留守儿童相比处于劣势，但两个群体在教育福利方面不存在显著差异。

本研究对农村留守儿童福利获取内容的群体内特点进行分析发现，农村留守儿童获取的福利内容不会因为性别、受教育阶段以及留守类型不同而不同，这说明农村留守儿童获取的各方面福利具有较强的内部一致性。我们据此可以认为，农村留守儿童所处的不完整的家庭结构对农村留守儿童造成的负面影响确实是存在的。

（二）农村留守儿童福利获取方式的特点

本研究在对农村留守儿童福利获取方式进行统计分析时，一方面是将农村留守儿童与非留守儿童的福利获取方式进行对比；另一方面是对农村留守儿童内部福利获取方式进行对比。

在资金福利获取方面，农村留守儿童的得分显著低于非留守儿童，这与研究假设二是不相符的。这可能是出于不同的农村留守儿童家庭经济基础不同、家庭中需要照顾的人数不同等原因，尤其是当父母外出打工收入水平不是很高的情况下，父母对农村留守儿童资金方面的支持也会非常有限。在保护性服务福利方面，农村留守儿童的得分显著低于非留守儿童，这与研究假设二是一致的，这可能是由于父母外出务工导致农村留守儿童在营养摄入、身心保护等方面的福利相对于非留守儿童出现了衰减。在照顾性服务福利方面，农村留守儿童的得分显著低于非留守儿童，这与研究假设二是一致的。这可能是由于父母外出务工后，由祖辈形成的隔代照料会由于祖辈身体、年龄等原因，他们对农村留守儿童的照顾仅限于最基本的物质层面，很难照顾到农村留守儿童的精神层面和娱乐层面。非留守儿童的父母对儿童的照顾不仅停留在物质层面，也可以兼顾到儿童的精神层面和娱乐层面，因此，相对于非留守儿童而言，农村留守儿童的照顾性服务福利较低。总体来看，农村留守儿童的资金福利、保护性服务福利和照顾性服务福利与非留守儿童相比均处于劣势。

从农村留守儿童福利获取方式的群体内特点来看，农村留守儿童在资金福利、保护性服务福利和照顾性服务福利方面没有因为性别、受教育阶段不同而有所不同，这说明农村留守儿童群体的福利获取方式在性别、受教育阶段方面具有内部一致性。但在留守类型方面，母亲外出使儿童的照顾性服务福利明显差于双亲外出、父亲单独外出的儿童，这说明，父亲外出随母亲留守的儿童，来自母亲的照顾更细致一些，因此农村留守儿童获得的照顾性服务福利更多一些。母亲外出随父亲留守的儿童，来自祖辈的照顾可能存在缺失，父亲可能由于处于工作状态而又缺乏照顾子女的经验，从而使农村留守儿童获得的照顾减少。父母双方同时外出的农村留守儿童，其照顾性福利主要来自祖辈亲属，而祖辈亲属由于年龄、精力等方面的因素会使农村留守儿童获取的照顾减弱。

（三）农村留守儿童从不同福利供给主体获取福利的特点

为了考察农村留守儿童父母外出过程中，其他福利供给主体为农村留守儿童提供的福利是否可以起到替代或补充作用，本研究对农村留守儿童从不同福利供给主体获取的福利进行了群体间和群体内比较。

通过对农村留守儿童和非留守儿童从不同福利供给主体获取的福利进行比较来看，农村留守儿童从核心家庭获取的福利显著低于非留守儿童，这与研究假设三是一致的。这说明农村留守儿童从核心家庭获取的福利有所缺失和衰减，因此需要其他福利供给主体予以补充。本研究统计结果显示，农村留守儿童从扩展家庭获取的福利同样也低于非留守儿童，这说明尽管在父母外出务工后，农村留守儿童多由祖辈隔代照料，由祖辈形成的扩展家庭在一定程度上可以对农村留守儿童核心家庭的福利缺失进行弥补，但只是起到一种补充作用，并不能完全替代。相关研究表明，尽管由祖父母隔代照料或由其他亲属照料的农村留守儿童比例不断提高，但祖辈的受教育程度、健康状况等对于满足农村留守儿童在成长过程中的各种需要往往显得力不从心，由其他亲属照料的儿童虽然可能在学习方面可以获得一定的帮助，但其他亲属难以尽到监管责任使其很难对儿童成长提供各种福利。[①] 本研究还发现，农村留守儿童从国家、社区和志愿组织获取的福利与非留守儿童不存在显著差异，这与研究假设三是一致的，这可能是因为国家、社区和志愿组织在整个儿童群体福利供给中的作用并没有很好地体现。

本研究通过对农村留守儿童从不同福利供给主体获取的福利进行群体内比较来看，农村留守儿童从志愿组织获取的福利方

---

① 段成荣、赖妙华、秦敏：《21 世纪以来我国农村留守儿童变动趋势研究》，《中国青年研究》2017 年第 6 期。

面，女生从志愿组织获取的福利显著低于男生。这可能是由于留守女童对陌生的社会组织或志愿者戒备心理比较强，父母对留守女童自我保护的教育和引导较多，留守男童在这方面的顾虑可能少一些，因此女生从志愿组织获取的福利相对较少。同时研究发现，农村留守儿童从核心家庭、扩展家庭、国家、社区和志愿组织获取的福利在受教育阶段和留守类型方面不存在群体内差异，这可能是因为农村留守儿童从不同主体获取的福利都是一致的。

三 农村留守儿童客观福利与主观福利的关系分析

（一）农村留守儿童的客观福利获取影响其主观福利

在本研究中，农村留守儿童的生活福利、健康福利和教育福利均与其生活满意度呈显著正相关，这说明农村留守儿童获取的各种福利越多，其生活满意度也就越高。尤其是从回归结果来看，农村留守儿童的健康福利获取可以正向预测其生活满意度，说明福利获取内容确实会影响其生活满意度。健康福利获取主要涉及健康资金、健康维护和健康照顾等内容，这说明如果农村留守儿童能在营养摄入、营养支持等方面获取充足的福利，他们的生活满意度将会有所提升。

本研究发现，农村留守儿童获取的资金福利、保护性服务福利和照顾性服务福利与其生活满意度均呈显著正相关，说明农村留守儿童通过这些方式获取的福利越多，他们的生活满意度就越高。从回归结果来看，农村留守儿童获取的照顾性服务福利可以正向预测其生活满意度。照顾性服务福利主要体现在农村留守儿童从日常生活、健康看护和提醒、学校教育和家庭教育方面接受照顾的充裕程度。农村留守儿童由于父母双方或一方外出，他们更注重获取来自父母或其他监护人的关爱和照顾，如果这方面的需要能获得一定程度的满足，他们的生活满意度就会提高。

在本研究中，农村留守儿童从核心家庭、扩展家庭、国家、社区和志愿组织获取的福利与其生活满意度均呈显著正相关，这意味着来自不同主体的福利供给越多，其生活满意度就会越高，这也充分说明构建多元主体的福利供给体系对于提升农村留守儿童的生活满意度是必要的也是有意义的。从回归结果来看，农村留守儿童从核心家庭、扩展家庭和志愿组织获取的福利可以共同正向预测其生活满意度，这说明核心家庭、扩展家庭和志愿组织在当前农村留守儿童的关爱服务体系中处于较重要的位置。核心家庭仍然是农村留守儿童福利治理体系中最重要的主体，但由于父母外出务工导致农村留守儿童来自核心家庭的福利衰减比较明显，因此需要进一步强化核心家庭在农村留守儿童关爱和保护方面的首要责任。[①] 扩展家庭作为对农村留守儿童核心家庭功能的补充，在农村留守儿童关爱和保护体系中的作用也是必要的，但需要社会力量的进一步帮扶才能使其更好地发挥作用。志愿组织在农村留守儿童关爱和保护体系中也是一支不可或缺的重要力量，可以发挥其资源整合能力为农村留守儿童提供精准化和专业化的服务。[②] 国家和社区两个福利供给主体所提供的福利虽然也可以提升农村留守儿童的生活满意度，但其作用还没有充分发挥出来。

为了进一步探讨影响农村留守儿童主观福利的因素，本研究针对农村留守儿童主观福利的总体状况进行了访谈。当被问到

---

① 黄君：《农村留守儿童社会保护体系建构：福利治理视角》，《社会工作》2017 年第 2 期。

② 陈玲、黄君：《福利资源整合与服务供给——基于 T 小学留守儿童服务项目的研究》，《社会建设》2016 年第 3 期。

"生活中哪些方面使你生活满意度更高？""生活中哪些不足会影响你的生活满意度？"时，多数农村留守儿童表示，学校、家长提供的福利会使自己对生活更满意，尤其是父母的陪伴和照顾会使自己更满意；相反，缺少父母陪伴和父母的爱会使自己对生活不满意。这也充分说明父母陪伴对于儿童成长和提升儿童主观福利水平的重要性。

男童3：对我来说，家庭完整最重要，如果父母能陪在我身边会使我更加满意，很希望父母能多些照顾和保护。学校在我的生活中也很重要，老师、同学的陪伴我也很满意。花钱不受限制当然更好，但是比起父母陪在身边我还是觉得钱少点儿也无所谓。长期见不到父母会使我的满意度打折扣。

女童4：学习环境和生活水平会影响我的满意度。家长的关心照顾和保护最重要，只要父母在身边，其实不用做什么只要陪伴就会感觉很好，就会感觉很满意。但是现在父母不能陪在身边，这会给我的满意度减分。

男童1：家庭在我生活方面的照顾会使我更加满意，学校的教育和环境会使我更加满意。但是如果没有很好的玩伴、家人也不能陪伴的话会使我感到不满意。

（二）不同主体的福利供给影响农村留守儿童的客观福利

本研究发现，核心家庭、扩展家庭和社区提供的福利与农村留守儿童获取的生活福利、健康福利和教育福利均呈显著正相关，这说明，目前核心家庭、扩展家庭和社区提供的福利在农村留守儿童的各方面福利获取中均有所体现，是农村留守儿童福利获取的主要源泉。研究同时发现，国家提供的福利与农村留守儿童的教育福利显著正相关，说明国家在儿童教育方面的福利提供是充裕和均衡的。本研究通过回归分析发现，核心家庭和扩展家庭仍是农村留守儿童生活福利、健康福利和教育福利的主要供给主体，志愿组织为农村留守儿童提供的福利则没有体现出来。

在不同福利供给主体所提供的福利对农村留守儿童福利获取方式的影响分析中，核心家庭、扩展家庭和社区为农村留守儿童所提供的资金福利、照顾性服务福利、保护性服务福利均呈显著正相关，说明农村留守儿童可以从这些福利供给主体获取资金福利、照顾性服务福利和保护性服务福利。研究同时发现，国家提供的福利与农村留守儿童的资金福利获取显著正相关，说明国家为农村留守儿童提供的资金福利是有所体现的。从回归分析结果来看，核心家庭和扩展家庭提供的福利可以同时正向预测农村留守儿童的资金福利、照顾性服务福利和保护性服务福利，说明核心家庭和扩展家庭仍是农村留守儿童从不同方式获取福利的最主要源泉，志愿组织在农村留守儿童的福利获取方式中还没有体现出来。

我们的访谈结果在一定程度上也验证了上述结论。在访谈中，多数农村留守儿童表示，当前来自学校的教育福利、来自父母的资金和祖辈的照顾福利还是比较充裕的。

女童2：在我的生活中，我感觉学校做得是最好的，在学校，老师会把我们当作自己的孩子一样，很照顾我们，不管是在学习上还是在生活上，老师都会很关心我们。教育我们要自立自强、要自信。自己有心事儿不会跟父母说，跟父母有一种熟悉的陌生感，跟爷爷奶奶说也解决不了问题，所以主要是跟同学说，有时也会跟老师交流，实在没人说的时候就自己记日记。在家里，因为爸妈平时不在家，所以周末回到家，我的生活主要由爷爷奶奶照顾，他们也会很关心我生活。爸爸妈妈周末也会跟我视频，花钱也会尽量满足我。

男童1：我觉得学校是我生活的主要部分，学校当然主要是教育方面的，有老师的关心和好同学一起玩。老师对我们每个同学的情况都很了解，对我们也很用心，虽然有时候会吐槽老师，但是说实话感觉老师是除了家人对我最好的人了。在家里爷爷奶奶很照顾我和妹妹，生怕我们会想爸爸妈妈不高兴，爸爸妈妈也经常跟我们视频，说只要好好学习，需要买什么都会尽量满足我们。

男童3：对我来说，学校在我的生活中很重要，在学校里老师会很关心我们，包括学习和生活方面的，还有好几个要好的同学，感觉在学校还是很充实的。在家里，姥姥姥爷也很关心我，他们在我的生活中也是很重要的部分。至于父母，关心肯定是关心我，但是主要还是给一些钱，平时也很难见上面。

由于父母外出务工，农村留守儿童从父母处获取的各种福利均有所衰减。尤其是父母不能陪在身边，父母对农村留守儿童饮食起居的照顾都是缺位的。这种缺位往往由农村留守儿童家庭内部的其他成员进行替代和补位，在农村传统的父系观念中，如果父母不能对儿童尽到照顾义务，祖父母是理所当然的第一替代者。这种"跨代际家庭"仍是以家庭为单位的合作互助，而这种家庭内部的代际合作在父辈与子辈之间保持着一种"不在一起的共同生活"。[1] 这表明农村留守儿童家庭结构中存在亲代在位，亲代在位是一种习以为常、理所当然的心理认知，它不依赖于任何一种家庭结构。因此，即使农村留守儿童面对父母陪伴缺失，一

---

[1] 戚务念：《农村留守儿童的学校关爱模式及其讨论》，《当代教育科学》2017年第2期。

定程度上也可以依赖其他方式进行补偿从而发展亲代在位的心理认知。[1] 只有当（外）祖父母也不能对儿童尽到照顾责任时，父母才会考虑将子女委托给其他亲属进行照顾，而这种情况属于少数。姜又春通过调查研究发现，父母外出务工与未成年子女的"时—空"隔离虽然会给儿童心理和情感上带来一些负面影响，但农村固有的亲属网络可以通过提供可利用的社会资本一定程度上弥补这种情感缺失。[2] 在我们调研的学生中，他们都被要求住校，因此他们的主要生活场域是学校，老师和同学是他们生活中的重要他人。在学校中，农村留守儿童和非留守儿童都是远离父母的，对父母不在身边的陪伴感受可能不那么敏感。在家庭中，祖父母的照顾和陪伴一定程度上可以弥补来自父母亲情陪伴的缺失。我们也可以理解为，学生住校的集体生活在一定程度上稀释了父母陪伴缺失所带来的消极影响。

（三）不同主体的福利供给通过福利获取影响农村留守儿童的主观福利

对不同主体的福利供给、农村留守儿童的福利获取和生活满意度的关系进行中介模型分析后发现，不同主体的福利供给对农村留守儿童的生活满意度具有正向影响，农村留守儿童的福利获取在不同主体的福利供给与生活满意度之间存在部分中介作用。该结果具有以下两点启示。一是多元主体福利供给在一定程度上能提高农村留守儿童的生活满意度，但这种影响较弱。有研究发现，家庭支持、家庭亲密性均能影响农村留守儿童的生

---

① 吴重涵、戚务念：《留守儿童家庭结构中的亲代在位》，《华东师范大学学报》（教育科学版）2020 年第 6 期。

② 姜又春：《家庭社会资本与"留守儿童"养育的亲属网络——对湖南潭村的民族志调查》，《南方人口》2007 年第 3 期。

活满意度。[①] 因此，本研究推断，家庭作为最重要的福利供给主体，对农村留守儿童的生活满意度起到决定性作用，国家、社区和志愿组织的福利起到辅助性作用。二是福利获取的中介作用相对较小，不同主体的福利供给和生活满意度之间还存在其他中介变量。从理论上来说，农村留守儿童实际获取的福利是福利供给的目标和结果，是连接福利供给和生活满意度最直接的桥梁。但本研究的结果说明，不同主体的福利供给在提高农村留守儿童生活满意度方面还存在更复杂、尚未明晰的作用机制，需要未来进一步探索研究。

---

① 袁宋云、陈锋菊、谢礼等：《农村留守儿童家庭功能与心理适应的关系》，《中国健康心理学杂志》2016 年第 2 期。

第 四 章
农村留守儿童福利获取与供给的质性研究

上一章量化研究部分对比了农村留守儿童和非留守儿童客观福利和主观福利水平，同时揭示了不同主体为农村留守儿童提供的福利对主观福利的影响机制，结果发现，福利获取在不同主体福利供给和主观福利之间起部分中介作用。为了对量化研究结果进一步解释和深化，本章在量化分析的基础上通过深度访谈，详细了解农村留守儿童客观福利的供需现状，通过农村留守儿童的福利获取情况反观不同主体的福利供给情况，从而掌握不同主体福利供给与农村留守儿童福利获取方面存在的差距，对不同主体的福利供给困境及深层次原因进行剖析，为儿童福利政策调整提供参考依据。本研究借鉴布拉德肖对社会需要划分的类型，即当事人"感觉到的需要"和旁观者"感觉到的需要"，把农村留守儿童的福利获取情况分为农村留守儿童"实际感觉到的福利获取"和福利提供者"对农村留守儿童福利供给和获取的感觉"两个方面。

第一节　访谈方法及对象

一　访谈方法

本研究访谈采用滚雪球抽样的方式，由 LY 县民政局工作人员帮忙联系乡镇分管文教的工作人员，在分管文教的工作人员的带领下前往所调研的学校，学校老师按照校长的要求，从班里选取部分农村留守儿童进行访谈。同时本研究又通过熟人联系所调研的县政府相关职能部门工作人员进行访谈。访谈采取一对一面谈、电话访谈和书面访谈的方式展开。

二　访谈对象

本研究共访谈34人，其中政府层面5人，社区层面5人，志愿组织层面2人，学校层面7人，农村留守儿童家庭成员3人，农村留守儿童12人（访谈对象具体信息见附录3：访谈人员一览表）。访谈对象简要情况如下。

本研究针对政府层面的访谈对象涉及县民政局工作人员、县教体局工作人员、镇分管文教工作的人员、镇妇联工作人员和镇民政工作人员，访谈对象主要从事儿童教育、福利有关的工作，他们熟悉农村留守儿童相关政策和现状。对他们进行访谈主要了解目前针对农村留守儿童出台的相关福利政策及其主要内容、政策执行效果及其政策执行过程中面临的问题、将来儿童福利政策改革的方向等，目的是从政策供给者和执行者角度了解他们对农村留守儿童福利供给现状的认识和评价。

本研究针对社区层面的访谈对象主要涉及村支书、儿童主任和农村留守儿童的邻居等，对他们进行访谈主要是了解社区层面为农村留守儿童提供的福利现状及其上级福利政策的落实情况，同时了解他们对农村留守儿童福利现状的认知情况。

本研究针对志愿组织层面的访谈对象主要涉及志愿组织负责人和具体工作人员，对他们进行访谈主要是了解志愿组织当前为农村留守儿童提供福利的现状及其存在的困境。

本研究针对学校层面的访谈对象主要涉及校长和任课教师，对他们进行访谈主要是了解学校有哪些针对农村留守儿童的政策、上级有关政策在学校的落实和执行情况，同时了解农村留守儿童在学校的学习和生活情况等。

本研究针对家庭层面的访谈对象主要涉及农村留守儿童的监护人和代理监护人，对他们进行访谈的目的是了解家庭层面为农村留守儿童提供的福利现状及其存在的问题，同时了解家庭以外的其他主体为农村留守儿童提供的福利和农村留守儿童的福利获取情况。

本研究访谈的农村留守儿童主要涉及 6 名男童和 6 名女童，目的是从福利接受者的角度了解农村留守儿童的福利获取情况及真实感受。

第二节　农村留守儿童从不同主体
获取福利的质性分析

关于农村留守儿童客观福利供需现状的质性研究，本研究主要是通过对农村留守儿童和相关人员的访谈，掌握农村留守儿童在生活福利、健康福利和教育福利方面的福利获取情况，同时了解家庭、国家、社区、志愿组织等主体为农村留守儿童提供福利的情况，目的是分析不同主体的福利供给与农村留守儿童福利获取之间的差距。

一　农村留守儿童从家庭获取福利的质性分析

（一）农村留守儿童对家庭福利的评价

1. 农村留守儿童对家庭生活福利的认知

对于日常生活方面的福利，农村留守儿童主要是由父母和

（外）祖父母共同提供。父母所在的核心家庭主要为子女提供日常生活开支等资金支持，保护和照顾责任则主要由（外）祖父母所在的扩展家庭承担，在家庭内部基本形成了一种比较明确的福利责任分工。在农村留守儿童获取的资金福利方面，他们普遍表示主要由父母提供，有时生活费也会由祖父母提供。对于来自家庭的照顾福利，多数农村留守儿童表示，平时与（外）祖父母生活在一起，（外）祖父母主要负责给他们洗衣服、做饭等基本的生活照顾。与（外）祖父母生活在一起时，（外）祖父母对农村留守儿童都比较宠爱，偶尔也会出现因为学习成绩不理想或不听话以打或骂的方式来教育他们的情况。其实，这也是（外）祖父母作为临时监护人担心照顾不好这些留守子女所做出的一些不得已的举动。当父母回家时，父母对他们的生活照顾得很好，平时主要是通过电话或视频的方式与父母进行沟通，父母主要是进行一些口头上的关心，偶尔也会因为一些事情遭到父母批评。

男童5：爸爸在寿光打工已经3年了，半年回来一次，平时一个星期打一次电话。爸爸很关心我的生活，生活费应该是爸爸给奶奶，我平时花钱主要是奶奶给。爸爸有时候也会因为我考试考得不好大声凶我。只要他回来，他都会对我很好，给我买好吃的、带我出去玩。不上学的时候我跟奶奶（生活）在一起，我吃饭、洗衣服都是奶奶管，奶奶从来没有打骂过我，一直很亲我。如果我有什么问题，我会和奶奶说一说，她有时会给我讲一些道理。

女童6：爸爸妈妈外出10年了，老是换地方，已经很长时间没有见着他们了。平时跟爸爸妈妈经常联系，他们对我也很关心，也对我大声凶过。平时住校，周末和假期爷爷奶奶会照顾我的生活，我跟爷爷很亲，有时爷爷也会骂我。

男童3：我很小的时候爸爸妈妈就出去打工了，爸爸在淮南，妈妈在济南。我平时跟着姥姥姥爷一起生活。爸爸妈妈很少回来，有时一年回来一次，有时半年回来一次。平时爸爸会给我打电话，妈妈因为当月嫂时间不自由，所以很少给我打电话。爸爸对我其实关心不够细致，但他也不会打骂我，我感觉很好。平时花钱都是姥爷给，周末回家姥姥姥爷也会很好地照顾我。

从以上对农村留守儿童生活福利的访谈得知，农村留守儿童的生活性抚育主要通过物质资源来满足，其社会性抚育则常被忽视和弱化。

2. 农村留守儿童对家庭健康福利的认知

由于父母平时不在身边，农村留守儿童的健康福利主要也是由父母所在的核心家庭和（外）祖父母所在的扩展家庭联合提供。具体来说，农村留守儿童的健康福利资金主要由父母提供，基本都包含在生活费里，如果有更大的开支可能需要父母额外再给（外）祖父母提供资金。由于父母平时不能陪在孩子身边，所以营养改善和生病照顾主要还是由（外）祖父母所在的扩展家庭提供。尤其是当农村留守儿童来自核心家庭的营养和健康照顾缺失时，扩展家庭所发挥的替代作用会凸显出来。营养改善方面，几乎所有被访谈的农村留守儿童都表示（外）祖父母会经常给自己改善伙食。当农村留守儿童生病时，（外）祖父母都会及时带孩子去就医，也会尽心尽力地去照顾，这也是（外）祖父母对农村留守儿童抚育中的一部分重要内容，当然（外）祖父母在隔代照料过程中也存在自己尽不好照顾责任的担忧。

女童6：爸爸妈妈对我的身体状况是很关心的，他们虽然长时间不回来，但是每到周末都会打电话给我，对我的身高和体重都是了解的，也经常提醒我要注意营养和身体健康。周末我从学校回到家后，爷爷奶奶会给我改善伙食，经常给我包饺子。爷爷奶奶也很关心我的身体，如果我生病的话，他们会及时带我去村里诊所或镇上医院看病，对我照顾得很细致。

女童4：爸爸妈妈平时很关心我的营养和身体，经常问我长高了没有、平时吃得怎么样之类的。不过如果自己不舒服，我也不会告诉他们，怕他们担心。如果我生病，费用都是爷爷奶奶出，他们会很贴心地照顾我，但是我很希望生病的时候爸妈能在身边照顾我。我平时住校，周末回家时爷爷奶奶会给我改善伙食，如包饺子、炖肉等。

男童1：我爸爸妈妈在青岛打工，已经10年了，平时1年回来1次，每个周末我们都会视频。爸爸妈妈经常关心我的营养和健康，经常问我长多高了、吃得怎么样，也会经常提醒爷爷奶奶给我改善伙食。我平时住校，周末回家爷爷奶奶都会给我改善伙食，怕我在学校吃得不好。如果我生病了，我不会跟父母说，因为爷爷奶奶会照顾我。看病的钱都是爷爷奶奶出。

从对农村留守儿童的访谈我们可以得知，农村留守儿童能感受到父母和（外）祖父母对他们的营养和健康都很重视，家庭给予农村留守儿童的健康照顾也比较充裕。

3. 农村留守儿童对家庭教育福利的认知

对于农村留守儿童的教育福利，他们的教育机会是可以得到保障的，来自父母的教育资金也很充裕。外出务工的父母对子女的教育是比较重视的，他们很希望子女通过学习能有一个好的前途。在跟留守子女平时的交流中，父母会时常就孩子的教育问题与孩子进行沟通，并时常进行督促，但督促也主要是限于口头上的叮嘱，如经常在电话里问"最近学习怎么样呀？""在学校要好好学习"等。

女童4：爸爸妈妈很关心我的学习，每次打电话都会主动问我成绩怎么样。但是因为爸爸妈妈学历水平有限，学习方面很难给我帮上忙，我不会主动跟爸爸妈妈提学习方面的事情，主要是把生活方面的事情说一说。我学习上有困难时会跟爷爷奶奶说，但也只是说一下而已，我知道他们也帮不上忙。

男童1：爸爸妈妈很关心我的学习，视频时经常会问我考得怎么样。他们也很支持我上学，只要是我学习方面的要求他们都会满足我。爷爷奶奶也很支持我上学，他们经常会给我买学习用品和书。我没有上过辅导班，爸爸妈妈和爷爷奶奶也没法给我辅导功课。

女童2：爸爸妈妈经常关心我的学习，也很支持我上学。他们经常问我考得怎么样，如果学习中遇到困难他们也会想办法帮我解决，爸妈也会经常给我买书。爷爷奶奶也很支持我学习，他们负责给我买学习用品，也会想办法给我辅导作业。

从对农村留守儿童的访谈得知，由于父母陪伴的缺失以及父母学历水平的限制，时空间隔使外出父母给予留守子女的教育辅导是非常乏力的。留守在家的（外）祖父母由于年龄、文化水平等方面的限制，也很少能对农村留守儿童进行教育辅导，只是从口头上对农村留守儿童的教育起到一种督促作用，因此农村留守儿童教育辅导缺失在教育福利供应中是面临的最主要问题。

（二）有关人员对农村留守儿童家庭福利的评价

农村留守儿童对核心家庭和扩展家庭提供福利的评价，是他们作为实际福利获得者的一种真实感受，也是他们实际获得感的一种真实体验。从我们访谈的农村留守儿童来看，关于家庭福利的总体评价中，核心家庭和扩展家庭基本形成了一种父母提供资金、（外）祖父母提供服务的福利资源组合。为了更进一步了解农村留守儿童从家庭获取福利的实际情况，我们也需要对一些与农村留守儿童有关的人员（如学校老师、邻居、政府部门相关工作人员等）进行访谈，通过他们对农村留守儿童的福利获取情况进行评价，从而对农村留守儿童的说法进行佐证。

1. 有关人员对农村留守儿童家庭生活福利的评价

首先，我们对有关人员就农村留守儿童在家庭中获取的资金福利进行访谈。被访谈者认为，农村留守儿童的资金福利是比较充裕的，甚至比非留守儿童还要充裕。这是因为，大多数在外打工的父母一方面通过打工获得了相对比较高的收入；另一方面主要是通过资金支持来弥补对子女的照顾和保护缺憾。但这与前面量化研究中得出的结论是不一致的，这可能是因为我们所调研的对象都是住校学生，在学校基本是封闭管理，农村留守儿童和非留守儿童在学校里的花费也没有明显区别，农村留守儿童反而可能认为因为家里条件不好父母才外出务工，因此在心理上有一种"弱势"感，也可能是因为农村留守儿童的生活开支基本都是由祖父母直接提供，父母偶尔回来给子女的资金最终会由祖父母保管，因此农村留守儿童并没有感受到资金方面的优越性。祖辈基本都是依靠农村留守儿童的父母来供养，他们自己基本也没有什么收入，祖辈在子女外出时照顾孙辈的生活起居，这也是他们力所能及为子女减轻负担的一种最好方式。

Z校长：留守儿童经济上比较富裕，父母外出打工经济上宽裕一些，父母回家尽量满足孩子吃方面的欲望。他们肯给孩子花钱，但是容易导致孩子乱花钱，容易使孩子在吃穿方面形成贪念、形成恶习，行为方面更容易出现问题，如果缺钱又挣不到钱时可能会走上邪路。父母都在身边的，家长一般是根据孩子需要给钱，需要多少钱给多少钱。但是留守儿童父母经常不回来，回来一次为了弥补孩子，一下子给不少钱，可能已经超出孩子需要了，所以会让孩子满足更多的欲望。

L老师：在生活方面的资金上，留守儿童和非留守儿童应该是没有多大区别的。学校小学四年级以上的学生基本都要求住校，一天三顿在学校吃，平时在学校也没有什么其他开支，所以也看不出他们之间在父母提供的资金方面有什么区别。除非家里有特殊情况的，比如父母出了车祸，生活不能自理，只能依靠老人来养家糊口的，这样的家庭就比较困难。

N老师：从我们学校留守儿童整体情况来看，他们总体物质比较丰富，这可能是由于他们父母在外出打工过程中能比守在家里获得更高的收入，有能力保证孩子较高的生活水平，起码在物质方面有所体现。

其次，我们针对有关人员就农村留守儿童生活保护福利进行了访谈。在访谈中我们发现，无论是学校老师还是镇上相关工作人员，以及农村留守儿童的邻居，他们普遍反映目前农村留守儿童被家庭保护得比较好。虽然之前针对农村留守儿童本人的访谈中有个别学生反映，父母有时会大声凶自己，或者（外）祖父母在日常生活中偶尔会凶自己或打自己，这可能是管教比较粗暴的一种方式，但是都不存在家庭暴力或虐待儿童的现象。这也反映出家庭越来越重视子女在家庭中的位置，对儿童的权益保护做得比较好。

J老师：现在家里孩子都少，孩子基本都是家里的宝。即使父母为了挣钱不得不外出打工，他们对孩子的关心和保护也是很多的。多数孩子都是留给了爷爷奶奶在家看着，爷爷奶奶对孩子以溺爱为主，因为他们也觉得孩子的父母长年不在家，孩子也怪可怜的。因为怕孩子受委屈，所以他们尽可能地去满足孩子的需要。偶尔孩子办了错事，或者不听话，他们可能也会大声凶两句，就是动手打应该也是做做样子。但是基本的是非观念应该还是会教给孩子的。

H主任：我是做妇联工作的，对于儿童家庭保护这一块儿，我们也是很重视的。我们经常会通过一些形式进行宣传，让家庭认识到子女的权益是应该受到保护的。目前来看，农村家庭对孩子疼爱有加，家庭暴力或虐待儿童的现象基本是不会出现的。

最后，我们针对农村留守儿童的生活照顾福利对有关人员进行了访谈。结果发现，农村留守儿童的父母由于常年在外地务工，对留守在家的子女照顾基本是空白的。即使现在通信手段发达，他们可以经常跟孩子联系，但也主要是限于口头上的关心。对孩子进行实际监护的（外）祖父母，由于年龄、身体状况等，对孩子的照顾也只是限于基本的吃饭穿衣，对于情感交流或行为习惯的养成等方面，通常很难满足农村留守儿童的实际需要。

Z校长：照顾留守儿童的主要是爷爷奶奶，一般都在60岁以上。尤其是现在二胎多了，如果是二胎，其爷爷奶奶年龄会更大。每个家庭都会根据实际情况来安排家里谁适合外出，如果爷爷奶奶年龄不大，还可以去外面打工，一般会让孩子妈妈留在家里。所以凡是留在家里由爷爷奶奶带的孩子，往往爷爷奶奶年龄都比较大，他们文化水平比较低，对留守儿童的照顾也仅限于生活方面的照顾，让他们吃饱穿暖不生病就行了。其实，留守儿童更需要关爱和监管。尤其是上了初中的孩子，处于青春叛逆期，如果从学校走了又没有回家，父母不在家监管不到位，实际监护人（爷爷奶奶、姥姥姥爷）又管不了，就可能逃学。甚至可能会有些不良的行为，如打架、混社会等。父母都在家的孩子一般不会出现这种情况，家长对孩子的监管都比较到位。

N老师：我在教课之余还分管我们学校留守儿童工作，留守儿童的档案我这里都有。总体来看，留守在家的孩子表现出更强的自理能力，这可能是由于在家里有时爷爷奶奶也会让他们干一些力所能及的事情，他们也是因为父母不在跟前有一种要自己撑门面的感觉。这一点跟父母都在家的学生好像也没有什么区别。

在我们的访谈中，相关人员对农村留守儿童的性格和行为问题表示担忧，他们认为，农村留守儿童在父母外出务工后，生活方面由祖辈隔代监护容易因为溺爱而忽略精神和道德上的约束，教育方面可能会导致家庭社会化不足，性格和行为方面容易出现偏差，安全问题容易被忽视。

2. 有关人员对农村留守儿童家庭健康福利的评价

对于农村留守儿童的健康福利，无论是学校的老师还是周围的邻居，普遍认为当前父母对子女的营养和健康问题关注度很高。对发展中国家进行的实证研究表明，儿童期出现营养不良将使其成年阶段的劳动收入和创造能力大大降低，同时不利于其形成社会人力资本，[1] 可能还会使其陷入"营养—贫困"陷阱。[2]农村留守儿童父母在留给自己父母的生活费中，除了日常生活开支，都会考虑到老人及子女健康消费等一些额外的开支。对于农村留守儿童的营养健康状况，父母普遍表现出极大关心。实际承担照顾责任的祖辈亲属由于子女把照顾孙辈的责任委托给自己，他们尤为关注留守在家的孙辈的营养和健康。

H先生：留守在家的孩子平时的抚养费主要包括日常生活花

---

[1]　Alderman, H., "The Response of Child Nutrition to Changes in Income: Linking Biology with Economics", *CESifo Economic Studies*, Vol. 58, No. 2, 2012, pp. 256–273.

[2]　Dasgupta, P., Ray, D., "Inequality as a Determinant of Malnutrition and Unemployment: Theory", *The Economic Journal*, Vol. 96, No. 384, 1986, pp. 1011–1034.

销、生病吃药打针什么的。父母一般会把钱留给孩子的爷爷奶奶，或者平时往回寄钱，保证家里老的小的基本生活花费。如果孩子有发烧感冒的，他们的爷爷奶奶会带他们到村里的诊所去看看，再不行就到外村大一点的专业医院去看看，绝对不敢耽搁的。

J老师：学生中午都在学校吃饭，学校是从外面餐饮公司订的配餐。不住宿的学生只有中午在学校吃饭，一般4—5块钱，4年级以上一般要求住校，一天三顿8—9块钱。家长一般会提前把一个学期的餐费交上来。总体来看，留守儿童和非留守儿童在学校餐饮方面是没有区别的。

本研究我们所调研的整个县要求四年级以上学生住校，四年级及以下学生午餐也由学校统一提供。学校基本都是从外面找餐饮公司统一配餐，所有学生的伙食标准都是一样的，所以在学校里食品营养是可以保证的。当学生回到家时（尤其是住校的学生周末回到家时），爷爷奶奶出于疼爱都会给他们改善伙食。所以健康照顾方面，农村留守儿童从家庭所获取的福利还是很充裕的。

Y女士：邻居家的小两口出去打工已经有两三年时间了，把孩子留给了爷爷奶奶，爷爷奶奶身体还算可以，平时也能干些庄稼活。孩子平时住校，周末回家时，奶奶基本什么都不干了，专门在家陪着孩子。老两口虽然平时自己生活上省吃俭用的，但孩子只要回来了，就会想办法给孩子做各种好吃的，生怕孩子在学校营养跟不上。邻居家的孩子从小身体不错，平时也很少生病。如果有个头疼脑热的小毛病，他爷爷奶奶带着到村里诊所看看，需要吃药就拿药，需要打针就打针，回到家也就是让孩子休息，给孩子做点好吃的补充点营养，也没有什么其他的好办法。说实在的，孩子一生病，他们心理压力还是挺大的，毕竟孩子的父母不在身边，有什么事情都需要老两口担着。其实父母在家的，孩子平时小病也都在村里诊所就看了。

L老师：孩子如果在学校生病，我们会带孩子到医务室去看看，如果不严重，我们会跟家长说一下，让他们来决定是否把孩子接回去。如果很严重，孩子没法上课了，我们一定会要求家长把孩子接回去，家长把孩子接回去之后，主要是带着到村里的卫生室看看，吃点药打个针什么的，也就是最基本的一些照顾。不严重的情况下，家长也就不会表现出特别担心，一般也就让孩子在学校先待一段时间再说。当然，不同的家庭有不同的观念，但在农村通常对一些小病也不会太放在心上。

在健康保护方面，有关人员表示，农村留守儿童从家庭所获取的健康保护相对来说比较有限。由于父母长期在外，对于农村留守儿童的健康保护基本是缺位的，农村留守儿童的健康保护主要是由留守在家的祖辈亲属来提供。但由于祖辈亲属年龄、思想观念等方面因素的限制，他们对农村留守儿童的健康保护主要限于从饮食等方面去关心。当孩子生病时，情感又比较脆弱，祖辈是很难替代父母对子女进行情感抚慰的。对于父母都在家的家庭来说，子女生病时父母的情感抚慰确实是优于外出打工的父母。这也进一步验证了量化研究部分健康福利在家庭福利供给与生活满意度之间可以起到中介作用的结论。

3. 有关人员对农村留守儿童家庭教育福利的评价

首先，关于农村留守儿童教育资金问题的访谈。被访谈的与农村留守儿童有关的人员普遍反映，农村留守儿童的教育资金主要是由父母提供，父母比较重视子女的教育，他们给予孩子祖辈亲属的资金中有很大一部分是用于孩子教育支出的。对于祖辈亲属来说，他们也很支持孙辈的教育，只要孩子在学习方面有需要，他们都会积极给予满足。这种现象在学校校长、班主任及农村留守儿童的邻居那里都得到了印证。

L校长：留守儿童的父母因为长期在外打工，他们在打工的过程中，对没有知识所带来的负面影响体验会很深刻，比如没有知识只能干一些体力活或技术含量低的工作，所以他们对孩子的教育问题普遍是比较重视的，在孩子教育方面花钱还是比较大方的。现在农村家长对孩子的教育整体是比较重视的。

L老师：现在我们跟家长联系都有微信群，有的学生好几个家长在里面，有爸爸妈妈、爷爷奶奶，对于学习问题父母很关心，在学习方面的开支父母不会亏着孩子。爷爷奶奶也很支持孩子，学习用品什么的，只要孩子需要，爷爷奶奶都会给孩子及时买上。

N先生：邻居家的小孩学习还不错，虽然爸爸妈妈常年不在家，但是他们对孩子的教育还是很支持的，上学方面的开支没有让孩子受过难，爷爷奶奶也是对孩子的学习很重视，学习方面的开销他们都会满足孩子。现在农村只要孩子想上学，家长都是很支持的，就是有时孩子自己学习不好，没劲儿上了，家长拗不过也就随他了。

其次，关于农村留守儿童教育机会的访谈。被访谈者普遍反映，目前不只是农村留守儿童，整个农村义务教育阶段学生出于经济或其他原因辍学的很少。这一方面是因为农村居民更加清楚地意识到教育对一个人发展的重要作用，也看到有的家庭因为教育改变经济状况的现实案例，因此对孩子的教育机会都是可以保证的；另一方面，也是更重要的一个方面，目前国家对于义务教育阶段实行"两免一补"的优惠政策，很大程度上减轻了家庭在义务教育阶段的支出，这对于保障义务教育阶段学生的在校率有很大促进作用。即便出于身体原因不能正常入学的儿童，学校也会通过"送教上门"的方式保证每一个学龄阶段的儿童有接受教育的机会。当然，在农村，也有个别村庄存在村风不健康，存在"读书无用论"的一些说法。

W 校长：村风对孩子的影响很大，很多时候不是智力问题和经济问题，是觉得学习没用。所以对孩子的教育要看父母的重视程度。绝大多数父母是非常重视孩子教育问题的，他们也会想办法保证孩子的教育机会。留守儿童的父母反倒可能更重视孩子的教育，千方百计要保证孩子接受良好的教育。

L 老师：义务教育阶段学生上学政府兜底，两免一补。义务教育的落实情况政府都会监督，市里、县里都会进行监督，所以绝对不会存在出于经济原因辍学的情况。而且针对残疾弱智儿童无法到学校上课的，我们还会送教上门。

N 先生：现在家长对孩子的教育都很重视，孩子上学又免费，没有家长会因为经济问题不让孩子上学。还有很多家长嫌农村当地的学校教得不好，放着免费的学校不上，花钱让孩子去上私立学校。在外打工的父母，能把孩子带在身边上学的就带走了，让他们在城里接受更好的教育，还能照顾得上。实在没有办法把孩子留在家里的，也会想办法让孩子上最好的学校。

最后，关于农村留守儿童教育辅导和家庭教育的访谈。被访谈者认为，目前主要存在两个方面的问题：一是对孩子的教育辅导，农村留守儿童由于父母不在身边，父母对他们的辅导只能是停留在口头上，祖父母由于文化水平低，对孩子的教育根本没有能力辅导，所以只能依靠学校老师对孩子进行教育辅导；二是对孩子的家庭教育，由于父母在外务工经商，他们平时对孩子的教育只能是在电话或视频里嘱咐和引导，父母并不一定能完全掌握孩子的动态，他们对孩子的教育未必及时。（外）祖父母在对孙辈的隔代抚养中，很容易对农村留守儿童进行溺爱和娇惯，容易使他们形成任性和偏激的性格。

W 老师：我们很注重进行家校沟通，我们会定期开家长会，父母在家的肯定是父母来，父母不在家的一般也就是爷爷或奶奶来，他们对孩子的学习情况也只是大体了解一下。平时我们通过微信群及时跟家长沟通，有的学生好几个家长在里面，有爸爸妈妈，也有爷爷奶奶。针对孩子学习的情况，在外打工的爸爸妈妈也有回应，但是鞭长莫及，只能口头上督促一下。说实在的，现在的课程都比较难，家长文化水平都不是很高，即使父母都在家也不一定能辅导。至于品行方面，学校很重视这一块儿，家长也很重视，但是父母离得远的，不一定能那么有效，就怕老人娇惯不当回事儿。

L 校长：现在学校有早晚自习，可以省去父母辅导孩子的时间。当然由父母教育孩子比较好，爷爷奶奶会溺爱，导致学生行为偏激、习惯差。所以，就怕孩子将来不务正业，走上歧途。

Z 校长：父母疼孩子不能溺爱孩子，对孩子的教育是长流水，是循序渐进的，家庭要对孩子负起教育责任，缺位肯定不利于孩子成长。等这些留守儿童初中毕业之后，他们早期的心灵创伤所造成的负面影响都会显现出来。比如电视上报道出来的青少年犯罪问题还是要引起重视的。父母对留守在家的孩子学习上只是简单嘱咐，但他们更需要父母关爱和监护，钱不代表爱，也弥补不了爱。爷爷奶奶即使关心学习也只是简单问问成绩，督促一下。

关于农村留守儿童的家庭福利，从以上对农村留守儿童及有关人员进行的访谈我们发现，农村留守儿童的资金支持主要来自父母，这些资金主要包括生活资金、健康资金和教育资金。农村留守儿童来自父母的资金支持与非留守儿童不存在差异，甚至农村留守儿童从父母处所获取的资金支持比非留守儿童还要多。这一方面是因为农村留守儿童父母在外出打工的过程中获得了比较高的经济收入，他们有能力为孩子提供更高水平的资金支持；另一方面是因为他们长期不能陪在孩子身边，出于对孩子的亏欠，只能通过物质的方式来弥补一下孩子，以获取自己内心的平衡。这种资金支持无论是对留守在家的子女还是在家留守的父母都是一种重要的福利支持。对于留守在家的老人来说，对孙辈的照顾也是对自己儿女的一种帮衬，其实也是自己在家庭地位的一种重新定位。同时我们也发现，农村留守儿童和有关人员对家庭提供的资金福利和保护性服务福利的认知并不一致。与农村留守儿童有关的人员普遍认为，外出打工的父母提供的资金支持比较充裕，由父母和（外）祖父母联合提供的保护性服务福利都是比较充裕的。然而，从上一章的量化研究结果和对农村留守儿童的访谈中，我们认为，农村留守儿童的福利需求并没有因为家长提供更多的资金支持和有关人员所认为的充足的保护性服务福利而得到满足。这说明，农村留守儿童实际感觉到的福利获取和有关人员感觉到的福利获取并不一致。

二 农村留守儿童从国家获取福利的质性分析

（一）农村留守儿童对国家福利的评价

首先，关于农村留守儿童的生活福利。关于农村留守儿童从国家获取的生活福利，在对农村留守儿童的访谈中，部分农村留守儿童在学校享受了生活补贴，但这种生活补贴并不是专门针对农村留守儿童的，主要是针对低保户家庭和建档立卡贫困户家庭的。这种补贴是国家针对义务教育所实施的"两免一补"政策的具体体现。从 2001 年开始，中央财政开始安排资金向国家扶贫开发工作重点县的农村贫困中小学生免费提供教科书，目的是推进义务教育的普及。2003 年，农村义务教育"两免一补"（免除学杂费、免费提供教科书、补助家庭经济困难寄宿生生活费）政策的实施，可以看作我国实施免费义务教育的前奏。2006 年新修订的《中华人民共和国义务教育法》进一步明确规定，"实施义务教育，不收学费、杂费"，国家从法律的层面确立了义务教育经费保障机制。"两免一补"政策从农村贫困地区、西部地区覆盖到全国农村地区，再从农村扩展到城市，最终在全国范围内实施免费义务教育政策，这项政策对于推动义务教育均衡发展、促进教育公平具有很大的促进作用。这是一项针对义务教育阶段学生的普惠型教育福利，是儿童教育权的充分体现。山东省从 2005 年秋季学期开始，对农村义务教育阶段的部分贫困家庭学生实施"两免一补"政策。[1] 从 2017 年起，山东省统一了城乡义务教育学生"两免一补"政策，对农村家庭经济困难寄宿生，继续按小学每生每年 1000 元、初中每生每年 1250 元标准发放生活费补助，补助范围扩大到在校寄宿生的 30%。[2]

针对学生发放生活补贴的目的主要是保证贫困儿童的基本生活需要，补贴资金来自政府的专项拨款。在这种生活补贴的发放中，学校只是起到了一种政策执行者的角色，补贴资金会直接打

①　山东省财政厅、山东省教育厅：《关于对农村义务教育阶段贫困家庭学生实施"两免一补"工作的意见》，2005 年。

②　娄辰：《山东明年起统一城乡义务教育"两免一补"政策》（新华网），http://www.cankaoxiaoxi.com/edu/20160716/1233047.shtml，2016 年 7 月 18 日。

到受助学生家长的账户里，家长作为学生的监护人将补贴用于儿童教育过程中的生活费用开支。

女童5：我在学校里有生活补贴，老师发这样的通知时，我会问问家里用不用申请，爷爷奶奶说需要申请，老师就会帮我填个表，学校同意以后，钱会直接打到爷爷的银行卡里，说是让家长给学生改善生活。

男童5：我从学校申请了生活补贴，每个学期说是能领到500块钱，对我和奶奶的生活应该是有帮助的。

男童4：我家里是享受低保的，所以能从学校申请到生活补贴，这是政府对我们的一种照顾。

关于生活中的保护性服务福利和照顾性服务福利，农村留守儿童普遍反映政府没有进行过相关的保护和照顾。但学校会建议学生购买"中小学生平安保险"①（以下简称"学平险"），这对于化解学生意外伤害风险是一种有效的保障措施，可以对学生起到安全保护作用，可以看作对学生的一种保护性福利。但这种福利供给主要是家庭行为，学校只是起到中介作用。同时，学校经常对学生开展安全方面的教育，主要是通过安全教育平台让学生了解一些自我保护的知识和技能。学校安全教育平台是教育部为全面贯彻落实《国家中长期教育改革和发展规划纲要（2010—2020年）》和《国家教育事业发展第十二个五年规划》提出的"加强学校安全教育和安全管理"的任务要求，根据《中小学公共安全教育指导纲要》设计的学校安全教育服务体系，目的是利

---

① "学平险"属于人身意外伤害保险的一种，是针对中小学生特点的一种保险。往往由学生入学时自愿投保，被保险人只需交纳几十元的保费就可以获得包括意外伤害、意外伤害医疗以及住院医疗在内的多项保障，是少年儿童投保范围最广、最普遍的一种保险。其最大的特点就是保费便宜而且保障范围较为广泛，比较适合未成年学生。

用现代化信息技术手段，实现学校安全教育科学化、常态化和信息化，从而全面提升学校安全教育工作。从安全教育平台的内容来看，主要是让学生学会在面临突发事件或危害自身人身安全时如何保护自己，同时也包括法治教育内容，尤其是预防青少年犯罪方面的内容。从对农村留守儿童的访谈中可以得知，学生大多数是在学校独立完成或在老师的协助下完成，家长基本不会参与其中。

女童 5：学校会经常让我们通过安全教育平台了解一些防溺水、交通、火灾等方面的安全知识，主要是教会我们怎么保护自己。安全教育平台需要在电脑上或手机上完成，因为爸爸妈妈不在家，我平时又住校，所以我基本是在学校让老师帮着完成的。

男童 5：老师经常给我们布置安全教育平台的作业让我们完成，我们会先看视频，然后再做题，有防溺水的、有关于交通事故的知识，我一般是在学校的电脑上完成的。

男童 3：学校日常会进行一些针对青春期等方面的宣传教育，也会宣讲一些安全知识，我们也会通过安全教育平台了解相关的安全知识，安全保护教育这块儿学校做得还是很到位的。

为了让学生养成独立自主的能力，老师也会教育学生在家里做一些力所能及的家务劳动。2020 年 3 月，中共中央、国务院印发《关于全面加强新时代大中小学劳动教育的意见》中提出，劳动教育是中国特色社会主义教育制度的重要内容，要把劳动教育纳入人才培养的全过程。2020 年 7 月，教育部印发《大中小学劳动教育指导纲要（试行）》通知，其中劳动教育的内容包括日常生活劳动、生产劳动和服务性劳动中的知识、技能和价值观，对中小学劳动教育的要求都强调以个人生活起居为主要内容的家庭劳动和家务劳动。如女童 5 表示："老师会经常鼓励我们在家里帮助家长做一些家务"；男童 5 表示："帮着奶奶做家务是对自己独立能力的一种锻炼"；男童 3 表示："我周末回家时会自己做家务。"

其次，关于农村留守儿童的健康福利。在本研究所调研的县里，小学四年级以上学生要求住校，初中学生全部要求住校，他们一日三餐由学校提供；对于小学低年级不住校的学生，他们的午餐也是在学校解决的。学校通过跟外面的餐饮公司合作这种市场化的运作模式，由外面的餐饮公司进行配餐，因此从餐饮的营养程度方面来看，应该可以做到营养搭配均衡。对于家庭经济困难的学生，学生可以享受到每学期 500 元或 625 元的生活补贴，这对于交纳伙食费是有一定帮助的。从健康保护来看，学生普遍反映，学平险不仅可以对中小学生起到安全保护的作用，还可以起到健康保护的作用。但对于是否参与了医疗保险，因为涉及家庭层面，大多数学生表示不知道父母有没有为自己购买医疗保险。如果在学校生病，老师会带着学生去医务室看看，有需要时老师也会帮着先垫付医药费，但是老师很难对生病的学生提供看护。

男童 3：我们都要求住校，早饭是学校食堂自己做，中午都是外面的餐饮公司配餐，伙食还可以，起码花样比在家里多，荤素搭配也算合理。我们都有学平险，对意外伤害和生病都是一种保障。

女童 4：我们都在学校住宿，中午的饭一般 10 块钱，早饭和晚饭就便宜一些，中午由外面餐饮公司配餐，特别困难的学生可以享受补助。我们都买了学平险，每年交 100 块钱。在学校生病的话老师会陪着到医务室，如果严重会让家长来接，老师根本没有精力照顾我们。

男童 1：我平时住校，都在学校吃饭，学校里的饭还可以，每天都有不同的花样。我有学平险，不知道家里有没有再给我缴社会医疗保险。如果在学校生病的话，老师会把我们带到医务室去看看，如果需要拿药，钱要是不够的话，老师会帮着先垫付一下，回头再把钱还给老师。

最后，关于农村留守儿童的教育福利。基础教育是政府必须予以保障的社会福利的重要组成部分，保障所有儿童与青少年的平等受教育权是政府不可推卸的责任。教育福利制度的核心价值在于追求教育平等，实现社会公正。《国家中长期教育改革和发展规划纲要（2010—2020 年）》指出，"教育公平的关键是机会公平，基本要求是保障公民依法享有受教育的权利""坚持教育的公益性和普惠性，保障公民依法享有接受良好教育的机会""切实解决进城务工人员子女平等接受义务教育问题"。对于教育福利来说，在对农村留守儿童的访谈中得知，周围没有因为经济原因辍学的同学，同学们对国家实施的义务教育"两免一补"政策也有所了解，认为这个政策对保障农村学生上学是一个很大的利好政策。在访谈中我们也了解到，学校与家长之间通过家长会、现代通信手段进行沟通还是比较频繁和全面的，家长对学生在校的学习和生活情况了解得比较充分。同时通过访谈得知，学生普遍没有获得过学校发放的奖学金。

男童 1：我们学校没有听说谁有过奖学金，考得好的同学最多老师会发个本子或小的纪念品。我周围只要该上学的都在上学，家里再穷也不影响上学，因为现在上学也不花钱，最多需要买个笔和本子什么的。我们班都有家长 QQ 群或微信群，每个学期也会开两次家长会，所以家里人对我在学校的情况还是很了解的。

男童3：学校没有奖学金，也没有听说谁获得过什么奖励。身边没有辍学的学生，因为现在上学又不花钱，不会有人因为家里条件差不上学的。我们马上初中毕业，初中毕业之后可能会有同学因为考不上高中或学习不好就不愿意再上学了，但是最差也会混个初中毕业了，初中毕业之后肯定就有不上学去打工的了。

男童5：我们学校没有奖学金，我从学校也没有得到过什么奖励。我周围所有的小伙伴都在上学，不上学也是不正常的吧，不上学干什么呢。平时老师都会通过开家长会、微信群或QQ群跟家长沟通。比如周末回家时老师也会下一些通知，一般是老师在学校跟我们说一下，也会在群里跟家长再发一次通知，这样我们回去一说家长就知道什么事情了，有时候家长比我们记得还清楚。

（二）福利提供者对国家福利的评价

关于农村留守儿童的国家福利，除了针对农村留守儿童进行访谈了解他们的实际福利获取，本研究还对福利提供者进行访谈，目的是了解当前国家层面针对农村留守儿童有哪些福利供应、存在哪些不足和需要改进的地方。

首先，关于农村留守儿童的生活福利。从对政府相关部门工作人员的访谈中我们得知，政府部门有针对贫困儿童的生活补贴，但不完全是针对农村留守儿童，不过政府部门逐渐针对农村留守儿童建立了一些福利政策框架。

Z校长：国家通过学校为贫困学生提供生活补贴，但不是专门针对留守儿童的。每学期学校会让学生自己申请，然后学校与村委会联系确定是否需要帮扶，申请的多是低保户和建档立卡贫困户，每学期发放500元（小学），每学期评选进行动态调整，但是家庭经济情况不可能在短期内变动那么大，所以人员相对还是比较固定。除此之外，镇团委和妇联也组织过物资赠送活动，主要是针对贫困生送书包、水杯等学习用品。

L老师：学校里学生如果是低保户、建档立卡贫困户政府都知道，学校根据政府文件按比例划定贫困生，非住宿生比例少，住宿生比例高，但补贴标准是一样的，每学期500元。学生申请以后，学校会找村委会配合调查确定是否贫困。

除了部分农村留守儿童因为家庭经济困难从国家获取资金支持，县一级民政部门会出台相关的政策文件为农村留守儿童提供保护性服务福利，通过镇一级相关部门去落实，给予农村留守儿童一些生活方面的帮扶和关爱。我们在调研中了解到，LY县民政部门印有"留守儿童走访帮扶记录表"和"留守儿童委托监护责任确认书"，上面都有农村留守儿童的个人信息、父母和实际监护人信息，前者主要是记录镇政府相关部门在农忙季节、节日期间以及日常对农村留守儿童的走访帮扶情况，后者主要是受委托人来签署的，受委托人一旦接受委托，就要自愿接受镇政府（街道办事处）和村委会的监督和指导。

L科员（镇民政工作人员）：这两个表配合使用，记录留守儿童的帮扶和监管情况，也算是一个备案。但是一般情况下父母外出后都是把孩子托付给自己的亲人，出于情面他们也不会去签署这个委托责任确认书，好像不信任受委托监护人一样。但这算是政府部门针对留守儿童出台的相关政策，他们不愿意受监督，政府部门也不能拿他们怎么样。

另外，针对农村留守儿童的保护性服务福利，本研究所调研的LY县还曾设立四点半学校，专门针对农村留守儿童进行看护，以保证他们的安全。

H主任（镇妇联）：我原来从事团委工作，刚转到妇联。目前对于留守儿童有团委、妇联和教育三个主要对口服务部门。我们县大概在2016年就针对留守儿童设立了四点半学校，主要是因为孩子放学早，爷爷奶奶要到地里干活，孩子放学后没有人管，怕出现安全问题，所以当时由妇联牵头，倡议成立四点半学校。主要是设在留守儿童管区的村里，几个村子的孩子都集中到这里，最多的时候20多个孩子。场所就设在村委会所在地，因为任课老师不能兼任，就从村里聘退休教师，主要辅导他们学习，也做一些游戏。由县妇联拨款，每个月500块钱补贴。县妇联平时也会去家里走访，了解留守儿童的安全和教育情况，至于违法犯罪问题有学校管着，应该不至于太出格。但是说实在的，我们妇联只有两个工作人员，没有那么多精力，平时主要还是负责协调工作。

关于农村留守儿童的生活照顾方面，学校会通过留作业的方式让学生参与家务劳动。当然，这种作业是针对所有学生的，但是对于农村留守儿童来说，这是非常重要的一项作业，可以使他们在参与家务劳动中逐渐具有独立生活能力，提高自我照顾能力。

L老师：我们平时在家长群里会进行力所能及的家务劳动教育，比如让学生在家里叠被子、扫地、刷碗等，通过拍照片或视频的方式发给班主任，让学生参与一下家务劳动。我们平时也教育学生在家里要力所能及地帮助家人做一些家务。

J老师：学生五六年级都要求住校，在学校里小学阶段学生有生活老师，但是主要的生活内务还是由学生自己整理，所以在一定程度上也是对学生做家务的一种锻炼。初中住校的学生生活主要是自己负责，做家务的能力在上学阶段还是可以培养出来的，起码自己的事情可以自己去做。

其次，关于农村留守儿童的教育福利。目前义务教育政策在农村各个学校落实很到位。我们所调研的县里也从县级层面采取一些措施，如教育局无偿举办周末书屋，覆盖到各个村，主要是针对农村留守儿童周末无人看管而设立的。周末书屋和四点半学校从形式上来看属于教育福利，但是从设立初衷来看，都属于对农村留守儿童的一种保护性服务福利。

H主任（镇妇联）：后来四点半学校与周末书屋合并，由任课教师担任辅导老师，不收费，比如在夏季溺水高发期，可以通过四点半学校和周末书屋的形式防止孩子无人看管发生溺水意外。

Z书记（镇分管文教工作）：我们县设立周末书屋的初衷，主要是防止孩子放学放假后没有地方去，怕孩子出现溺水等安全事故，也是为了解决家长没有时间看管的后顾之忧。这是当时一个学校校长提出来的。这些活动牵涉法治教育的还是少数。

其实，在关于农村留守儿童的国家福利中，学校作为教育系统政策执行终端，在很大程度上承担了政府所出台的针对农村留守儿童的各项政策执行工作。从农村留守儿童所接受的福利来看，学校主要提供生活福利和教育福利中的保护性福利，同时对住校学生承担一定的照顾性服务。但对于一个事业单位来说，学校是无法为学生提供资金支持的。

Z校长：学校是一个事业单位，政府没有奖学金或助学金拨款，所以对于学生来说，我们没有任何资金方面的支持。学校很重视亲情教育，开家长会或进行家校沟通时特别强调亲情教育的重要性。从孩子角度建议父母除非万不得已，最好有一方留在家里陪伴孩子，也是给父母的一种教育。教育孩子需要家校合力，结合自己养育孩子的经验，父母陪伴对孩子习惯养成非常重要，尤其是小学三年级之前，父母陪伴更容易让孩子形成良好的行为习惯，不至于将来走上社会太吃亏。

L老师：我们平时对孩子经常进行安全教育，主要是通过安全教育平台了解防溺水、火灾、交通等知识，即使有法治教育的内容更多是从自我保护的角度来讲的。这个任务最好是父母和孩子一起来完成，但对留守儿童来说，由于父母不在家，爷爷奶奶年龄又大，没法跟他们一起完成，就只能是老师帮着他们一起完成。

Z书记（镇分管文教工作）：现在镇上要求四年级以上学生住校，在很大程度上可以解决放学路上和在家里的安全问题，学生也不会因此流失太多，同时可以解决老人对孩子照顾不周的问题。

最后，关于农村留守儿童的健康福利。学校主要关注学生的心理健康问题，学校设有心理咨询室和活动室，尤其是特别关注农村留守儿童的心理健康问题，对农村留守儿童的心理健康都建有档案，这其中也包括离异家庭儿童和孤儿等情况。在我们翻阅相关档案的过程中，发现农村留守儿童主要存在以下一些困惑：成绩不理想、父母不信任、同学对自己有意见、别人起绰号、与同学相处不好、缺乏信心等问题。

J老师：留守儿童确实最需要关注，针对他们所反映的这些问题，我们有专门的心理咨询老师对他们进行心理辅导。我们希望通过学校这个大家庭尽量去帮助学生解决在生活中遇到的一些困惑。虽然父母平时经常跟孩子打电话或视频，但是还是不如在身边好。如果这些心理问题不及时化解，就怕影响他们以后的正常生活。

W老师：平时也经常教育学生要自立自强、有自主能力。学校老师对学生的家庭情况基本都了解，尤其是一些特殊家庭，如留守儿童、离异家庭儿童，但是平时也不会明显地表现出对他们过分关注，怕伤了学生的自尊。青春期的孩子是最敏感的，他们也不想自己被当作特殊群体对待。

三　农村留守儿童从社区获取福利的质性分析

（一）农村留守儿童对社区福利的评价

农村留守儿童从社区所获取的福利，主要是由邻居和村两委来提供的。

1. 农村留守儿童对邻居提供福利的评价

农村留守儿童从邻居处所获取的福利，主要是在农村社区环境中邻里之间提供的互助行为。农村社区属于"熟人社会"，社区居民以地缘为纽带紧密联系在一起，邻里之间有着深厚的感情基础，在血缘、亲缘、地缘这些联结的差序格局中，农村社区所形成的熟人关系网络因其具有信任、互惠等特征而成为农村留守儿童及其家庭可贵的社会资本，在为农村留守儿童提供关爱和照顾方面具有"远亲不如近邻"的地缘优势。

男童3：我周末回到家，有时候邻居家做好吃的了，他们会给我们送过来一些，让我和姥姥姥爷尝尝。但也主要是一些生活方面的照顾，钱上面邻居肯定是不会给我出的。不过偶尔也会有我往学校走的时候，姥姥姥爷手里正好没有零钱，他们可能临时去邻居家借一些钱让我先带到学校，过后姥爷会去村里储蓄所取钱再还给邻居。

女童5：邻居偶尔会帮助我。比如，有一次我周末要从学校回家，爷爷那天不太舒服，奶奶又不太敢骑三轮车，没办法，奶奶只好找邻居家的爷爷来接我。平时我在家时，爷爷奶奶要去地里干活，家里没人，爷爷奶奶不放心我一个人在家，会让邻居家奶奶去看看我。

女童2：平时邻居会偶尔帮助我，不过都是不固定的，因为我们家周围住的基本都是我们本家的，我都要叫他们爷爷奶奶或伯伯，本家之间互相帮个忙在农村好像也很正常。他们主要是在生活上对我偶尔照顾一下，不会给我出钱的。

从以上访谈内容可知，邻居为农村留守儿童提供的福利主要体现在生活照顾和保护方面，至于资金供应在邻居之间基本是不会出现的。

健康福利其实也是生活照顾的一个方面，邻居为农村留守儿童提供的健康福利主要体现在行动探望和精神慰藉，如口头上的嘘寒问暖，有时也会提供一些物质慰问，这与周围邻居和农村留守儿童所在家庭的亲疏程度有很大关系。如果农村留守儿童所在家庭周围有一些关系比较密切的亲属，他们所获取的健康照顾就要多一些，如果没有关系比较密切的亲属，仅仅是普通邻居的关系提供的健康福利是非常有限的。

女童2：有一次我生病比较厉害，发烧好几天都不好，爷爷奶奶很担心，但是镇上医院又比较远，爷爷就让表叔带着我去镇上医院检查了一下。检查后没什么大事儿，又拿点药就回来了。回来后小奶奶就给我做了一些好吃的送过来了。

女童4：生病的话爷爷奶奶会照顾，钱也是爷爷奶奶出。周围邻居是不会出钱的。如果生病时偶尔有邻居听说了，可能过来看一下问问情况。作为邻居能做到这点已经不错了。

女童6：我们家在本村本家很少，周围邻居关系处得还不错。不过生病或平时的营养问题邻居也不会太当回事儿，因为在农村总觉得人吃五谷杂粮生个病也很正常，至于营养方面，在农村也没有人讲究太多，所以在这方面得到邻居的帮助是很少的。

　　对于教育福利，农村留守儿童从邻居处所获取的福利是非常有限的。首先，从教育资金来说，目前义务教育是免费的，用于教育方面的花费主要是学习用品、辅导书籍和课外辅导班等方面的支出，资金方面的投入主要是由农村留守儿童的父母直接支付或转给农村留守儿童的爷爷奶奶来进行支付，邻居是没有这方面投入的。目前还有很多家庭会选择让孩子进入私立学校接受更好的教育，这种选择纯粹是家庭内部的自由选择，是没有人进行干预的。其次，就教育辅导来说，这要视周围邻居的实际情况来定。如果农村留守儿童家庭周围有文化水平比较高的邻居，他们可能会对农村留守儿童有一定的辅导，但大多数情况下农村留守儿童很难从周围邻居处获得教育辅导。

　　男童4：没有邻居能对我的学习进行辅导，我平时住校，学习基本都是在学校进行的。周末回家做作业有不会的题时，我会空下来到学校去问同学或老师。邻居偶尔会问我学习成绩怎么样，鼓励几句让我好好学习，也就这些。

　　男童1：我们家周围的大人没有人帮我辅导过作业。邻居家有一个姐姐，在上初中，平时都住校也见不着面。放假时都在家，我有时有不会的题时，会去找邻居家的姐姐帮我辅导一下。我感觉她学习很好，对我很有耐心，也会教我一些学习方法。

　　女童4：我平时住校，两个星期回家一次，回到家一般在家做作业，跟邻居的接触也很少，他们偶尔去我家串门会问问我在学校过得怎么样，我也不会找他们辅导作业。我放假后会去我爸妈做生意的地方，所以在老家的时间不多，对邻居给我的帮助感受不明显。

　　从对农村留守儿童的访谈中我们了解到，农村留守儿童从邻居处所获取的生活保护和照顾福利还是值得肯定的。这也是农村熟人社会中特有的一种福利提供方式，这对于农村留守儿童家庭之外的福利供给在一定程度上是一种有益的补充。当然，邻里之间的福利提供方式也主要是一种行动方面的，几乎没有邻居为农村留守儿童提供资金方面的帮助。对于农村留守儿童的健康福利，邻里之间主要提供安慰和照顾，这对于农村留守儿童来说也是一种很好的保护。

2. 农村留守儿童对村两委提供福利的评价

农村留守儿童从社区处能够获取的支持还表现为社区机构、行政村等提供的经济救助、教育关爱及心理支持等。村民委员会作为基层群众性自治组织，村两委成员主要是由村民通过投票选举产生，村民委员会负责管理本村的公共事务和公益事业，主要涉及农业发展、民生工程等事务，他们很大一部分精力还要用在对上级汇报工作和接受上级检查上，因此农村留守儿童工作对他们来说是一个新的问题，也是相对于其他工作来说比较"次要"的工作。

对于生活福利，女童 6 认为：从来没有听说村委来帮过我们家，也没有为我提供过任何生活上的照顾。女童 2 同样表示：我们家离村委很远，没听说村里给我们家提供过什么帮助。

在健康福利方面，女童 4 表示：村委是不会有人管到这些（生病）的，他们管的应该都是村里的大事。女童 6 表示：村委更是没有人关心到这个问题（生病）。

在教育福利方面，目前义务教育阶段的学生都是在学状态，因此村委也没有必要介入。

（二）福利提供者对农村留守儿童社区福利的评价

除了通过农村留守儿童对社区福利进行评价，我们也通过对乡镇工作人员、村干部和邻居进行访谈，了解福利提供者对农村留守儿童社区福利的评价。

1. 邻居对农村留守儿童社区福利的评价

在农村，邻里之间相互帮忙是一种非常正常的事情，对于提供帮助的人来说，他们不会感觉帮助邻居是值得提及的事情，反而会觉得作为邻居提供一些力所能及的帮助是微不足道的。如果别人有困难自己袖手旁观不提供帮助，在农村这是一件让人难以接受的事情，而且可能会影响到自己的名声。

N 先生：农村是一个熟人社会，街坊四邻成辈子在一起住着。互相帮个忙也是很正常的，比如帮着看会儿孩子或者接送一次孩子这都是举手之劳的小事儿，要是不帮别人你自己有事情时肯定也不会有人帮你。

Y 女士：隔壁家小孩父母都出去打工了，留在家里的老的老、小的小，这是最可怜人的。我这人心软，见不得别人有难处。作为邻居，我能帮一把是一把，其实也都是一些小事，比如有时候家里做好吃的了，就给他们端一些尝尝；有时候小孩子不舒服，就过去问问。

邻里之间的相互帮助虽然对农村留守儿童及其家庭可以起到一种福利增益作用，但这种帮助主要是出于一种熟人之间的情面和长期在一起相处所形成的情感上的密切关系，并不是一种契约关系或是一种既定的责任，因此邻里之间的帮助具有偶发性和临时性。邻居要么是受农村留守儿童实际监护人的委托提供帮助，要么是出于同理心主动提供帮助，无论是出于哪种原因提供帮助，邻里之间的帮助都是一种情面上的互惠互利，缺乏长期性和稳定性。

N 先生：其实邻里之间帮个忙本身就是一种情分，低头不见抬头见的，谁家还没有个大事小情。但如果你说长期固定的帮助好像谁也没有这个觉悟，也没有这个义务，都是互相帮忙。有时候人家说出来帮个什么忙，只要开口了，就没有不帮的道理。当然钱上的帮助都是非常有限的，农村人谁的日子过得都不是很宽裕。

Y女士：我跟隔壁家老嫂子平时关系不错，经常一起去赶个集啥的，她家里有什么事情我都知道。所以她家有事时，只要我能帮把手的，不用她开口，我都会去帮一把。我能帮助别人我自个心里也觉得挺满足的，当然这种帮忙也不是说就是自己必须做的，纯粹是出于个人自愿。

2. 镇政府和村两委成员对农村留守儿童社区福利的评价

相比邻居个人层面提供的福利，村两委这种组织性的福利提供者在农村留守儿童的生活中是缺位的。我们在对镇上相关工作人员和村两委成员的访谈中了解到，村两委目前在儿童福利提供工作中发挥的作用非常有限，主要是配合镇上做一些常规性的核查工作，从村两委自身角度还没有自发地为农村留守儿童提供相应的福利。

L科员（镇民政工作人员）：县民政部门会发文件到村里，村里留守儿童的情况是村支书往镇上报，通过管区报到镇上，镇上再到村里跟邻居进行核实，对于留守儿童会有特殊照顾，比如过节送些东西。村委其实不想往上报，因为他们会受到镇上的监督。

C书记（某村村支书）：村里很多人在外面打工，这在农村都是很正常的。至于谁家什么情况说实在也不是太清楚。住得近的我们都是很清楚的，但是说实在话，住得远的具体情况就不是很掌握了。但是谁家是低保户和建档立卡贫困户，村委都是很清楚的。学校会在给学生发生活补贴时来村里调查，这些情况我们都是可以掌握的，我们都是很配合学校工作的，也希望贫困家庭能在符合政策的情况下从政府获得一份补贴，这起码对于这个家庭是一种帮助。但是关于谁家孩子父母都去外面打工了、孩子什么情况，说实在的，村委没有那么多精力和经费来为这些孩子提供帮助。

四 农村留守儿童从志愿组织获取福利的质性分析

（一）农村留守儿童及学校对志愿组织福利的评价

志愿组织在农村留守儿童的福利提供中基本是缺位状态，这与我国社会组织整体发展比较滞后是有关的。尤其是农村地区，志愿组织更是很难触及。不过在我们访谈的过程中，也有一个学校的学生说他们收到过以往毕业校友买的沙滩鞋。但总体来看，这样的活动仅仅涉及少数学生，而且并不是完全针对农村留守儿童的活动。因此，志愿组织为农村留守儿童所提供的福利对于提升他们的福利水平是非常有限的。

女童3：去年的时候，学校给我们每个同学都发了一双沙滩鞋，好像是从我们学校毕业的大哥哥大姐姐给我们买的，我们都可高兴了，也很感谢那些大哥哥大姐姐。

男童6：没有好心人或志愿者给我提供过帮助，也没有我不认识的人帮助我的生活和学习。

从学生个体层面来说，因为志愿组织所能提供的资助毕竟是有限的，因此不能覆盖到所有学生。但从学校的角度来说，学校领导和老师都反映曾经接受过一些志愿组织提供的相关资助。但是这些资助并不是完全针对农村留守儿童，更多的是针对贫困儿童，当然贫困儿童中肯定也会有一部分农村留守儿童。但是志愿组织提供的这些福利也都是随机和偶然的，虽然在一定程度上可以为农村留守儿童提供一些福利补充，但更多的是一种一次性的馈赠，缺乏组织性和稳定性。

Z校长：学校有接受过社会捐款，镇上有社会人士通过妇联进行社会捐助，比如镇上领导个人与贫困生进行一对一结对帮扶的情况也有。

L校长：我们有时会有校友为学生们捐赠一些东西，表达他们对母校和老师的感恩。比如，去年的时候，我们学校2000届毕业的学生中，有些学生已经小有成就，他们联系了几个人，经过多次商议以后，他们决定筹集资金为我们学校的学生购买高档、高质量的沙滩鞋，为家乡、为母校的孩子在学习和生活方面提供力所能及的帮助。其实，他们平时也时不时地回母校看望师生。

对于学校来说，他们还是很希望有志愿者（尤其是大学生）能够到学校组织一些活动，不一定是金钱方面的资助，更重要的是希望志愿者能够给农村的学生们提供一种学习方向的指引，这种方向上的指引可能比金钱对学生的作用更明显、更有意义。

W老师：到目前为止，除了有一些校友提供一些物质方面的资助，没有其他志愿者帮扶学校。周围没有高校支撑，不具备条件，关爱根本到不了农村，很希望有大学生到学校来开展实践活动，尤其是学习方面需要志愿者帮扶，主要是给学生进行学习方向的引导，给他们树立榜样的作用。我们平时也经常教育同学们要自立自强、要有自主能力，但是只是口头上的，所以非常希望能有大学生以榜样的身份发挥作用。当然，这种榜样作用是针对所有学生的。如果关爱留守儿童的话，也不能对他们特殊对待，他们不想被当作特殊群体，最好是对总体进行帮扶，然后很自然地去关爱他们。

无论是对学生的访谈还是对学校领导和老师的访谈，我们发现，他们对于志愿组织提供的福利非常渴望，志愿组织给他们提供的福利对他们会有很大的触动作用。但是从目前现实情况来看，志愿组织的帮扶比较有限，而且很难有志愿组织专门针对农村留守儿童进行帮扶，学校层面也不想把农村留守儿童当作一个特殊群体来看待。

（二）相关组织单位对志愿组织福利的评价

在对农村留守儿童针对所接受的志愿组织福利进行访谈的同时，我们也对志愿组织的协调者进行了访谈。他们表示，虽然政府部门也在积极促成志愿组织及志愿者参与到农村留守儿童的关爱和帮扶中，但在实际运作过程中效果并不是很理想。

H 主任（镇妇联）：我们县有一个活动，就是县妇联在全县城区和村里倡议招募"爱心妈妈"，对残疾儿童、特困家庭儿童和留守儿童进行一对一结对帮扶。如果想报名，从县、镇、村里都可以报名，自愿报名，报名后须经过县妇联进行资格审查。但是报名的人很少，我们想可能是因为政府牵头，要求太多，比如"五个一"要求。① 对于结对帮扶来说，买书、买文具这些应该都不是问题，很多家庭也愿意在力所能及的情况下去为社会做点贡献，但政府这么用"五个一"来要求，就会让人感觉这是一个任务，而且会受到政府监督，这与志愿者的自愿性有点相违背。这里就有个矛盾，如果政府不去主导，有很多人想去献爱心，可能还找不到渠道。其实政府的本意是在提供帮助的人和需要帮助

---

① 每月至少进行一次亲情连线；赠送一本（套）图书；进行一次学习或生活必需品捐赠；开展一次假日活动；陪结对儿童过一次生日。

的人之间架起这么一个桥梁。

L科员（镇民政工作人员）：镇上有干部对贫困儿童、留守儿童自发进行结对帮扶，但大多数是跟扶贫结合在一起去帮扶的。乡镇是"上面千条线，下面一根针"，千头万绪，留守儿童这个问题让乡镇解决也是很困难的。所以需要有社会人士和志愿组织更多地参与进来。

从以上对农村留守儿童的访谈中我们可以得知，在政府帮扶农村留守儿童力量有限的情况下，迫切需要社会力量的参与。然而，政府通过"行政吸纳社会"的方式动员和整合社会力量参与其中时，行政力量的干预又会在一定程度上影响志愿精神的发挥。

第三节　农村留守儿童福利供给中不同主体的供给困境分析

从本质上来说，福利供给是在政府主导下对社会财富和利益进行配置的过程，政府在这个过程中承担着直接责任和义务，同时还包含着各参与提供主体及社会成员之间复杂的利益关系。[①]

综合农村留守儿童客观福利获取的质性研究，我们发现，对于农村留守儿童来说，目前国家福利在农村留守儿童的生活中已有一定的体现，尤其是学校作为具体政策执行的终端，在农村留守儿童的福利供给中扮演着越来越重要的角色，而且对于提升农村留守儿童的主观福利也发挥着一定的作用。社区福利虽然目前

---

　①　陈治：《福利供给变迁中的政府责任及其实现制度研究——福利供给的国外考察与启示》，《理论与改革》2007年第5期。

处于缺位状态，但是从国家政策执行程序来看，社区应该在农村留守儿童福利供给中发挥越来越重要的作用。同时，邻里之间的互助对于农村留守儿童家庭的增益作用是有一定体现的。志愿组织在农村社区中仍是稀缺资源，在农村留守儿童福利供给中发挥的作用极为有限。对于农村留守儿童来说，父母陪伴的缺失对他们主观福利的负面影响是最大的。因此，如果能够更好地发挥国家、社区、志愿组织和家庭的作用，通过改善农村留守儿童的客观福利获取状况，对于提升他们的主观福利将具有很大的促进作用。但目前各福利供给主体在对农村留守儿童的福利提供中还存在一些有待破解的困境。

一 家庭福利供给困境分析

家庭是社会结构中的一个基本单位，家庭在与社会环境的互动中不断进行着物质与能量的交换以适应与改变社会环境，在这个过程中不断满足家庭内部成员的各种需要。家庭责任理论作为儿童福利供给的一个重要理论，强调照顾子女日常生活起居和确保儿童身心健康成长是父母应承担的基本家庭责任和应尽的基本义务。[①] 在传统农业社会，家庭是为儿童提供福利的最重要主体，家庭负责为儿童提供衣、食、住、行、用等各方面的物质福利，同时还要为儿童提供关爱和情感支持，家庭也是儿童进行社会化的首要场所。在现代化的工业社会，随着社会分工的专业化程度不断提高以及城市化进程的快速推进，大量农业人口向城市转移就业，父母外出动摇了农村原有核心家庭的稳定性，父母亲子教

---

① 姚建平：《国与家的博弈：中国儿童福利制度发展史》，格致出版社、上海人民出版社 2015 年版，第 4—5 页。

育被祖辈隔代教养或亲戚寄养等替代，家庭结构的不完整使农村留守儿童处于家庭抚养功能、教育功能和情感支持功能等失调和弱化的不利境地。[①] 但即使如此，家庭仍然是儿童福利制度中最基本的福利供给主体，在整个儿童福利制度中处于基础性地位。

通过对农村留守儿童从家庭获取福利的量化分析和质性分析来看，农村留守儿童从核心家庭和扩展家庭获取的福利显著低于非留守儿童，这意味着核心家庭为农村留守儿童提供的福利确实存在衰减，同时扩展家庭为农村留守儿童提供的福利也无法与非留守儿童的扩展家庭相比，这也可以理解为，扩展家庭为农村留守儿童提供的福利替代是有限的。本研究通过对农村留守儿童的父母和实际监护人（扩展家庭成员）进行深度访谈，进一步了解家庭在农村留守儿童福利供给中存在的困境。

（一）核心家庭面临"物质在场、亲情缺位"的福利供给困境

从对农村留守儿童的父母和实际监护人的访谈中得知，父母外出打工时把未成年子女留在农村老家也是迫不得已的选择。为了弥补对未成年子女的亏欠，父母也只能通过尽可能多地提供一些物质福利提高留守子女的客观生活条件，尽可能增加回家的频率，对留守在家的未成年子女多一些陪伴和照顾。

我们首先对父母为什么不能把未成年子女带到务工地上学进行了访谈，以便了解未成年子女被留守的原因。从访谈内容中得知，父母之所以把未成年子女留在农村老家上学，也确实有他们不得已的原因，主要表现为孩子因为户口问题没法在当地升学、

---

① 吕吉、刘亮：《农村留守儿童家庭结构与功能的变化及其影响》，《中国特殊教育》2011 年第 10 期。

父母没有时间照顾、在打工地上学花费大、父母离婚后单亲没办法照顾孩子、打工不稳定性大等都成了孩子随迁的障碍。

女童4妈妈：我们出来打工已经十多年了，刚出来时也是给别人干活，那时候老大还没上小学，刚出来生活不稳定，就没有把她带出来。后来，我们自己做生意，生活逐渐稳定下来了，但是孩子又该上初中了，考虑到孩子在这里没有户口，将来升高中会面临问题，我们还是只能让她在老家上学。我儿子现在还小，在私立学校上学，将来上初中还没考虑好在哪里上。

男童6爷爷：孩子父母出去打工已经六七年了，原来在青岛一个电子厂打工，这两年在济南开一个小吃店。你说为什么他们不把孩子带在身边上学，他们也想啊，但是条件不允许，一是没有时间，再就是在外面上学贵，还有一个（原因）就是他们也不知道能在外面干多久。把孩子留在家里，他们心里踏实，我们也能帮得上忙。我们还有一个小孙女，现在还没有上学，跟着她父母在济南，平时就在店里待着，等将来上学了，很有可能是还要送回来我们带着。

男童5奶奶：孩子爸爸20多岁就出去打工了，孩子从小基本是我带大的，他爸爸妈妈在孩子三四岁的时候离婚了，还不是因为不在一个地方打工，没感情了，就过不下去了。他爸爸在寿光做水电。孩子跟他妈妈长期不在一起，从小也不怎么联系，他妈连个电话都不愿意留。你说孩子要跟着他爸爸在外面上学肯定是不行的，一个男的哪有时间管，也管不好，再说了在外地也找不到关系上学。

从教育本身来讲，农民工随迁子女在城市接受义务教育时，往往处于教育机会、教育资源、教育保障等方面的不利处境。因此，随着子女年龄增长，进城农民工将其义务教育年龄段子女随迁到城市的可能性越小,[1] 这在初中阶段的适龄儿童中表现得更为明显。[2] 主要原因在于,城乡义务教育体制中区域分割依然存在,农民工流入地政府接受农民工子女入学问题并没有很好地解决。[3] 如果城市(尤其是原来就读门槛设置比较高的城市)公办学校的就读门槛能有所降低,其门槛降低对农民工做出子女随迁的决策会具有一定的促进作用。[4] 同时有研究发现,父母就业类型和家庭经济状况会影响家庭的随迁决策。农民工家庭年收入越高,做出子女随迁决策的可能性越大。[5] 这意味着家庭经济状况良好可以为随迁子女在城市生活提供良好的生活保障。不同的就业类型决定了农民工的就业稳定性、有没有稳定的住所以及有没有充足的时间照顾子女,对农民工做出子女随迁决策也会产生很大的影响。如有研究发现,从事建筑业和加工制造业的农民工携带子女进城的比例较低,原因在于这些行业住房条件差、工作场所不固定或者工作强度大,因此不便于携带子女进城。[6]

从旁观者来看,父母外出务工使子女在老家留守,这种父母子女家庭生活分离的选择对一个家庭是不理性的,但对于外出家

---

① 梁宏、任焰:《流动,还是留守?——农民工子女流动与否的决定因素分析》,《人口研究》2010年第2期。

② 宋锦、李实:《农民工子女随迁决策的影响因素分析》,《中国农村经济》2014年第10期。

③ 李红岩、刘海燕:《制度塑造政策的经验分析——以进城务工人员随迁子女义务教育政策为例》,《经济问题》2014年第3期。

④ 柯宓、朱钢:《城市公办学校就读门槛降低对农民工子女随迁的影响——基于样本城市自然实验的分析》,《经济问题》2017年第4期。

⑤ 李静美、邬志辉:《随迁抑或留守:农民工携带子女进城的基本状况与影响因素研究》,《南方人口》2017年第4期。

⑥ 李静美、邬志辉:《随迁抑或留守:农民工携带子女进城的基本状况与影响因素研究》,《南方人口》2017年第4期。

庭来说，却是他们综合考量家庭的财富积累、家庭内部责任分工、子女教育和升学机会等因素后得出的一个"最优解"。从更深层次来看，农村留守儿童群体的存在意味着家庭在城镇化进程中被撕裂和拆分，家庭的劳动力再生产功能严重丧失，由此看来，外出务工家庭将未成年子女留在农村并不是家庭理性决策的结果，更是他们的一个无奈之举。父母面对不能让未成年子女在打工地随迁就读的困境，核心家庭给孩子所能提供的福利，几乎都是通过资金进行物质支持和弥补，同时通过电话、视频等现代通信工具进行远程关爱，平时尽可能地抽出时间回家看望孩子，还有一个可能的选择就是等孩子放假时把孩子接到身边进行短时间陪伴。

女童 4 妈妈：我们平时做生意很忙，孩子又开始住校，我们只能周末等孩子回到家跟孩子视频一下，我们在电话里尽可能多地关心她，但是毕竟不在身边，只能在口头上多嘱咐一下她，让她好好学习、注意身体之类的，再就是尽可能在物质上多满足她。说实在的，我们平时也没有时间回家，一般是等孩子放假时把她接到身边住一段时间，也算是弥补一下孩子。

男童 6 爷爷：孩子父母一年大概回家 3 次，一般是过年、八月十五这样的节日回来。孩子平时住校，周末才回家。他们平时跟孩子主要通过电话联系，一般 1—2 周联系一次。孩子回到家如果有事儿或是想他们了，也会主动给他们打电话。他爸妈对孩子说得最多的就是，要好好学习，在学校里要听老师的话。假期里，孩子上完辅导班，我们也会把孩子送过去或他们回来接孩子，让孩子去跟他爹妈住几天。

男童 5 奶奶：孩子爸爸每年过麦、过秋、过年的时候回来，每周末孩子从学校回来，他会跟孩子视频。孩子一年到头也就跟他爸爸在一起待几天，放假也只能在家跟着我，他能去哪里呀，去不了他爸爸那里，他爸爸一天到晚上班早出晚归，根本没时间照顾他。

农村留守儿童生活中所需要的资金，一般是由父母提供给实际监护人。在农村，当父母外出务工时，家庭内部出现了农村留守儿童照护责任的转移，多数农村留守儿童由爷爷奶奶代为抚养，这在农村也是天经地义的事情。祖父母主要是为农村留守儿童提供一些生活方面的照顾。但这种"父母的缺席、物质的在场"养育模式不利于农村留守儿童福利需求的满足。

（二）扩展家庭存在"心有余而力不足"的福利供给困境

由祖辈（主要是祖父母）构成的扩展家庭对于留守在家的儿童形成一种理论上的福利替代，这对于在外打工的青年群体来说，家庭内部的福利责任转移确实可以在一定程度上减少他们的后顾之忧，对于他们全身心地投入工作具有托底保障作用。但对于留守在家的儿童来说，由祖父母构成的扩展家庭虽然可以为他们提供一些生活上的保障和照顾，但由于祖父母年纪较大、文化水平有限、思想观念较为传统等，他们在为农村留守儿童提供全面福利方面面临种种困境。

男童6爷爷：孩子平时住校，周末才回家，回家我们就给他做点好吃的，他奶奶把衣服给他洗洗。平时孩子花钱，我们有的就先给孩子花着，不够的话他爸爸妈妈再给我们打钱，他们打工，比在家种地收入肯定要高一些。孩子在家里，我们尽可能不让孩子受委屈，对孩子身体、教育各方面都很重视。孩子在学校有意外伤害保险，家里也给他入了农村医疗保险，平时生病的话，小病就去村里诊所看看，拿点药吃吃就行。对于孩子在学校的表现，有时候班主任会主动跟我们说，我们有时也会主动问，有时候班主任也会在班级群里说一下。孩子在学习方面如果有问题，他要是不懂的话，我给他辅导一下也还凑合，我是高中毕业（笑）。假期会给他报学习辅导班，还有学习武术的班，都是我和他奶奶给他报的，当然这也是他爸妈的意思。

男童5奶奶：原来孩子不住校的时候，我每天骑着电动三轮接送，那时候他爷爷还在，现在他爷爷也不在了。学校要求孩子住校，我倒也省得每天接送，每个星期五下午我去接他，星期一早晨上课前再把他送过去，星期天回来我给孩子做点好吃的，把他带回来的衣服洗洗。花钱方面，我的地、我孩子的地我都种着，八亩多地，够我们娘儿俩花了。孩子平时身体好，皮实，也不怎么生病，感冒发烧啥的就去村里诊所看看。孩子学习成绩一般，我也不识字，学习上也管不了，我只管让他吃饱饿不着、不生病就行。孩子星期天和放假回到家，他会把写的作业用手机发给他爸爸和老师。平时开家长会是我去，我也听不太懂，他爸爸倒是经常跟老师联系，问问孩子学习的事情。嗨，我都73岁了，现在就希望我身体好，能帮着他爸把孩子平平安安地养大，我也就算尽到责任了。

农村青壮年外出打工后，子女往往交由祖父母来照料，这被称作"隔代照料"，或者也被称作"隔代监护""隔代教养"等。隔代照料在农村社会中是非常普遍的一种现象。学术界针对隔代照料对农村留守儿童影响的相关研究中，更多地聚焦于隔代照料对农村留守儿童的负面影响，如隔代照料者多数遵循"三不"原则，即饿不着、冻不着、不出事，但儿童的身心健康和人格教育往往被他们忽视，因此农村留守儿童的需求满足处于低端化、物质化和功利化。① 如果仅仅满足农村留守儿童低端化和物质化的生活需求，对于祖辈来说，对孙辈的隔代照料并不是一件很困难的事情。教育、疾病和安全虽然是他们比较关注的问题，但同时也是让他们倍感压力的问题，对他们也带来很大挑战。首先是教育问题，父母外出打工后，家庭教育的重任便不得不由祖辈来承担，祖辈往往年龄偏大，即使年龄不大，也往往存在文化水平低、教育观念和方式较为落后的现象。"在家庭内部，亲代总是扮演教化者的角色，子代总是扮演被教化者的角色"，② 在隔代照料过程中，由于亲代缺位，祖辈扮演着教化者的角色，而且在信息化和网络化时代，祖辈在孙辈面前往往表现出对新事物接受慢和理解难的现象，这会使得祖辈在扮演教化角色的过程中丧失绝对的权威地位，从而在教育和督促孙辈方面遭到抵触。在生活习惯方面，祖辈很容易因为"隔代惯"而溺爱孙辈，导致孙辈养成不良的生活习惯，如沉迷于看电视或上网。因此，学术界多数学者认为，隔代照料对儿童的影响是利少弊多。

农村留守儿童的卫生保健和基本的饮食问题是需要看护者和教育者关注的问题。孙辈的健康和安全问题是祖辈在隔代照料中最为关注和担心的问题，如果因为疏忽发生意外，不仅会使祖辈心存歉疚和自责，还会影响家庭关系。因此，有研究者认为，对孙辈的监护会增加留守老人的负担。③ 也有不少学者认为，农村的隔代照料是一种代际不公平的表现，甚至可以说构成代际剥削。如杨华、欧阳静认为，青壮年外出务工、老年人留守务农并照顾孙辈的家庭内部形成的这种代际分工是一种新型农村代际剥

① 李坚：《农村留守儿童看护问题探讨》，《湖南社会科学》2011 年第 6 期。
② 周晓虹：《文化反哺：变迁社会中的亲子传承》，《社会学研究》2002 年第 2 期。
③ 周福林：《我国留守老人状况研究》，《西北人口》2006 年第 1 期。

削形式，老年人通过务农不仅增加了家庭收入，还为子女减轻了照顾子女的生活压力。[①] 这种代际剥削的根源在于，老年人对于传统家庭伦理本位价值观的高度认同和为家庭负责的村庄舆论。[②] 也有研究认为，隔代抚养是在代际分工的基础上在家庭内部出现的共享互助，这种合作机制是经济和社会资源在代际间流动的体现，即父母通过为儿女分担子女照顾压力从而为自己从子女处获取更好的家庭养老环境创造条件，是一种以透支或分享家庭养老资源而实现的代际互助，其实质也是现代化过程中农村打工家庭所支付的社会成本。[③]

如果从更深层次来剖析农村留守儿童产生的机理，我们就会更进一步认清家庭在农村留守儿童福利供给中面临的困境。传统中国农民主要是依托土地从事农业生产，为了应对巨大的生存压力，他们必须通过家庭手工业来获得一部分收入，由此产生"半工半耕"的生计模式。[④] 随着我国经济向市场经济转型，农村家庭开始出现"非农化"生产模式，当"离土又离乡"的就业收入超过"离土不离乡"和传统农业生产时，农村居民会根据经济收益选择符合家庭理性的决策，他们在与家庭分隔两地时，由于城市公共服务政策的"二元性"，他们无法在城市落户，就不可避免地会产生包括儿童在内的农村留守群体，这是农民的"非农

① 杨华、欧阳静：《阶层分化、代际剥削与农村老年人自杀——对近年中部地区农村老年人自杀现象的分析》，《管理世界》2013 年第 5 期。

② 汪永涛：《城市化进程中农村代际关系的变迁》，《南方人口》2013 年第 1 期。

③ 陈静、王名：《入乡随俗的"社会补偿"：社区营造与留守儿童社会保护网络构建——以 D 县 T 村的公益创新实验为例》，《兰州学刊》2018 年第 6 期。

④ 黄宗智：《中国的现代家庭：来自经济史和法律史的视角》，《开放时代》2011 年第 5 期。

化"就业（市场）和现有政策缺陷（政府）共同作用的结果。①
儿童留守的真正原因在于儿童发展和经济发展之间的矛盾，依靠
单个农民工家庭很难从根本上解决儿童留守所产生的问题。

二　国家福利供给困境分析

（一）国家面临福利转型的困境

在现代社会，家庭的核心化使父母迫于生存和竞争的压力，
不得已将更多的时间和精力用于谋生或获取谋生的手段，对子女
的照顾时间非常有限。尤其是农村大量青壮年双双外出务工，对
于留守在家的子女他们几乎没有时间进行照顾。儿童本身作为弱
势群体，缺乏保护自己身心的能力，也没有主动求助的意愿和能
力，因此他们很容易成为福利的忽略者。当家庭福利难以满足他
们的福利需求时，他们对家庭之外的福利服务需求就会不断增
加。政府在儿童成长和发展过程中扮演着越来越重要的角色，国
家对于儿童的养育和保护逐渐成为儿童福利制度发展的趋势。尤
其是在普惠型儿童福利制度中，儿童养育不再被看作家庭内部的
事情，政府逐渐承担了主要责任，因此儿童福利逐渐成为具有公
共性质的准公共产品。

对于义务教育阶段的农村留守儿童来说，他们所享受到的教
育福利是典型的普惠型福利，政府为所有适龄儿童提供免费义务
教育，这是以儿童具有的普遍义务教育权利为基础的，对儿童来
说，这也是一种制度型福利。因此，从前面的量化和质性研究来
看，农村留守儿童从国家所获取的教育福利与非留守儿童是不存

①　刘筱红、柳发根：《真问题与建设性矛盾：儿童留守的政策问题研究》，《中国行政管理》2016 年第 1 期。

在差异的。这也反映出另外一个问题，即农村留守儿童并没有得到国家政策的特殊照顾。以住宿生生活补助发放为例，政府对义务教育阶段贫困学生提供的资助，是根据在校学生总数的一定比例来确定名额的，而不是根据实际贫困学生的数量来确定。从我们调研中了解到，学校会按照国家规定的比例，根据学生家庭的经济贫困程度，通过村委协助确认和审核，最终确定生活补助发放人员名单，也就是说，学生是否在补助发放范围内需要经过资格审查。这属于一种补缺型福利，因为只有部分学生可以享受这种补贴，农村留守儿童在其中所占比例就更低了。

对于义务教育阶段的学生来说，2018年新修订的《中华人民共和国义务教育法》明确规定，义务教育具有公益性、统一性和义务性三个基本性质，城市和农村的学生普遍享受国家义务教育免费政策，这对他们来说是一项法律赋予的权利，也是一种普惠型福利，是以公民身份为基础的福利。我们在访谈过程中了解到，学校领导和老师普遍清楚义务教育是必须实施的一项政策，但对于国家给予贫困生的免费生活补贴，老师们普遍认为这是给予贫困学生的一种照顾，可以帮助他们减轻家庭负担、提高学生的生活质量。对于实际监护人来说，他们认为养育和照顾儿童就是家庭内部的责任，能从学校领到补贴是政府对于贫困家庭的"恩赐"，是一种慈善行为。社区工作人员也表示，学校会有老师来村里调研学生家庭情况，他们尽量把孩子家里情况说得比较惨一些，这样贫困家庭的学生能申请到这个补助的机会就更大一些，这也算是给这样的家庭积善行德。这是民众缺乏社会福利权利观的体现，这也很容易导致国家对儿童福利责任的忽视，使儿童的福利权利难以实现。

男童5奶奶：现在党的政策好，学校很照顾孩子，每个学期给孩子补助 500 块钱，这钱会打到我的存折里。政府如果能帮着管更好，像我家孙子这种情况有爹没妈的，也是可怜人。政府不管咱个人也得管不是。

男童 6 爷爷：对政府的政策也不了解，管孩子主要还是家庭的责任。当然现在学校做得也不错，比如放假了，老师还会经常嘱咐孩子要注意安全，经常会在他们班群里发一些注意安全的信息，现在主要是学校和家庭一起来关心孩子，不过主要还是家庭自己的事情。

在现代社会中，政府作为主导性福利责任主体，主要扮演政策制定者、组织协调者和资金筹集者，但因为政府是距离福利接受者最远的主体，因此福利接受者对政府提供的福利感受并不是很明显。目前，政府在资金福利提供方面的责任比较明显，资金福利在社会福利供给中一直以来处于基础性的主导地位，它可以说是社会福利制度的生命线。① 当然，资金福利在实际供给中具有操作简便的优点，同时也赋予福利服务对象最大限度的选择权，使他们可以在自由支配资金的前提下满足最紧迫的需要。

然而，社会福利除了资金等物质帮扶，还应该包括社会服务及精神上的慰藉和支持。当然，就我国目前的国情及来自高福利国家普惠型社会福利的警示来看，适度普惠型社会福利是我国现阶段最合适的选择，这也是一种积极而谨慎的"中福利模式"。② 然而，在适度普惠型社会福利政策落实过程中，重现金补贴、轻服务保障的问题比较突出，对儿童需求多样性考虑不足，这也是

① 高丽茹：《福利治理视角下城市困境儿童的福利提供——基于南京市 FH 街道的个案研究》，中国社会科学出版社 2019 年版，第 248 页。
② 王思斌：《我国适度普惠型社会福利制度的建构》，《北京大学学报》（哲学社会科学版）2009 年第 3 期。

儿童福利由补缺向适度普惠转型过程中面临的困境。

（二）政府各职能部门面临福利资源整合难的困境

适度普惠型儿童福利是将有限的福利资源在一定程度上用于满足福利对象的需要，也可以理解为政府能在多大程度上向有需要的儿童提供适度的福利。当前，政府各职能部门之间的责任分工不明晰仍是制约农村留守儿童福利提供的主要因素。儿童福利属于民政部门的主要职责范围，2018 年底，民政部设立了儿童福利司，对民政部门在儿童福利方面的职责有了更为明确的规定。处于义务教育阶段的学生，他们的主要活动场所是学校，学校对他们的生活、教育、安全保护等各方面肩负不可推卸的责任，因此学校承担了政府政策执行终端的职责。如县教体局 W 副局长谈道："义务教育阶段的学生是我们负责的一个主要群体，涉及面比较大。我们主要督促中小学校对农村留守儿童受教育情况进行全程管理，加强教育和关爱，帮助农村留守儿童加强与父母的情感联系和亲情交流。同时指导中小学校开展控辍保学工作，落实免费义务教育和教育资助政策。"教育行政部门作为学校的上级主管部门，在很大程度上承担了儿童福利供给和传递责任。当然，教育资助资金主要来自财政部门的专项拨款。

从对县民政局工作人员的访谈过程中得知，县一级民政部门主要将儿童福利相关业务放在社会事务科。县民政局 Z 副局长谈道："针对农村留守儿童的福利事务，县级政府机构中涉及 26 个部门。县民政局出台了《××县农村留守儿童关爱保护工作联席会议制度》，同时制定了具体的工作规划和实施细则。民政局承担本县农村留守儿童关爱保护工作联席会议日常工作。"在调研中发现，目前政府层面关爱农村留守儿童的体系是比较健全的，但民政局作为牵头单位在整合和协调各部门之间资源的过程中仍存在困境，如资金不到位影响关爱工作的开展，或者有些部门存在对本部门责任理解不到位的情况。

妇联、团委等具有行政性质的社会组织，他们主要扮演政策倡导者、资金和物品的提供者、福利服务的购买者和监督者的角色。这些行政性社会组织一方面从政府部门获得政策支持，资金支持以及人力、物力等方面的支持，可以更好地整合政府部门的资源；另一方面他们又对政府部门具有很强的依赖性，这样就会受到相关政府部门的约束和限制，被迫承担原本属于政府职能部门的大量工作而使其自身的作用发挥不充分。正如镇妇联的一位负责人所说："我们妇联口上就两个人，要管的事情很多，我们根本就没有精力来管留守儿童，只是尽可能地去执行相关的政策。"

因此，政府部门在为农村留守儿童提供福利的过程中，存在政府部门之间和上下级职能部门之间资源协调和整合的困境。这可能会导致各职能部门之间缺乏有效的协同机制，他们所提供的各种项目和政策之间由于缺乏关联性，导致在农村留守儿童关爱活动中各项措施出现"碎片化"现象，有限的福利资源发挥不了应有的合力，甚至可能会对农村留守儿童造成二次伤害，这也是儿童留守问题的复杂性使然。如果政府仅从某一社会范畴去考量这个问题，就可能导致政策失当或偏颇，尤其是各个职能部门如果仅从自身职责范围去思考，就更可能产生"头痛医头，脚痛医脚"的片面化现象，难以真正满足农村留守儿童的福利需要。

三　社区福利供给困境分析

对于义务教育阶段的农村留守儿童来说，他们生活的主要场所就是学校和居住地，他们的居住地就是以自然村庄为基础的农村社区。农村社区是儿童接触社会的窗口，社区里有他们熟悉的街坊邻居以及行政村所在的村委，然而这些主体在农村留守儿童的福利供给中所发挥的作用仍是有限的。

（一）农村社区空心化使邻居为农村留守儿童提供的支持减少

农村社区是以血缘宗亲关系为纽带形成的生活共同体，生活在其中的人们以农业生产为主体，拥有共同的历史和文化背景、熟悉的人际关系网络以及浓厚的乡土人情味。[①] 生活在社区这一社会单位中的个体通过与他人之间建立的社会关系网络进行互动，从而获取活动性支持（如儿童关爱活动）、资源性支持（如物质或经济资助）和工具性支持（如心理辅导、生活关照等）。[②] 农村社区中的人情网络和社会联结是农村留守儿童从社区层面获得社会支持的重要来源。[③] 农村社区以悠久的文化传统、血缘关系和生活习惯形成的族群聚集特征，有利于农村留守儿童从心理层面接受社区内其他成员的帮助与支持。[④] 然而，随着城乡社会的快速变迁，农村大量青壮年劳动力外出务工，农村社区传统的封闭性和孤立性被打破，其核心的主体和资源逐渐被抽离，农村社区日益"空心化"。农村社区整体处于留守和被排斥的边缘化状态，维系农村社区社会团结的基本价值规范被撼动了，农村居民对农村社区的认同和归属感逐渐淡化，守望相助的传统村庄逐

---

① 师凤莲：《农村社区：概念的误解与澄清》，《浙江学刊》2008 年第 5 期。

② 赵磊磊、柳欣源、李凯：《社区支持对留守儿童学校适应的影响——基于县域视角的调查研究》，《教育科学》2019 年第 6 期。

③ 潘璐、叶敬忠：《"大发展的孩子们"：农村留守儿童的教育与成长困境》，《北京大学教育评论》2014 年第 3 期。

④ 宋杰、房敏：《留守儿童的学习困境与农村社区支持体系的构建》，《吉林教育》2017年第 8 期。

渐成为虚空的生活共同体。这种虚空的生活共同体，使得社区人际关系疏离，社区人际支持面临不足，主要表现为农村居民之间人际互动减少、邻里之间关系疏远。在农村社区逐渐被边缘化的状态下，农村公共活动设施不完善致使农村公共活动日益衰落，这就使得农村留守儿童的社区人际支持大幅减少，农村留守儿童从邻里之间所获取的福利明显减少。

男童5奶奶：管孩子也不是邻居的事情，不过有时候我去接孙子晚了，邻居提前到的话会给捎回来，有时候邻居去送的时候也会帮着捎着。我有五个儿子，都在外面打工，他们也会帮着管一管，他们回来时也会给我这个孙子买衣服和鞋子。孩子姑姑有时候也会把他接过去住两天。不过人心都会变，邻居之间大不如以前那么亲近了。

从我们对儿童监护人的访谈中了解到，街坊邻居在一定程度上会提供一些力所能及的帮助，但主要还是家庭成员内部提供的支持。

其实，村民之间的互助是基于血缘和地缘的村落关系网络的家庭化，邻里作为家庭生活便利和可及的邻近空间，是不同家庭之间或家庭与社区之间在冲突与互惠中不断形塑的场域，邻里认同则是家庭关系在社区层面的泛化，内含着家庭关系的拓展。随着村庄内青壮年外流人口增多，乡村原来稳定的人口结构发生了变化，村民之间相互沟通与交流减少，集体参与意识弱化，农村社区面临较为严重的文化危机与秩序危机。这也使得社区场域对乡村儿童人格养成和道德熏陶作用大大减弱，他们会形成反乡村意识，但又没有形成城市文化意识，这种时空意识认知紧张会使他们在城市和乡村文明的冲突和交融中形成一种文化精神上无根存在的现象。

（二）村委公共事务庞杂难以有精力顾及农村留守儿童群体

在农村社区中，村两委作为我国最特殊的一种公共组织，代表着基层政治在基层公共事务治理中处于核心地位，对基层公共事务治理一直发挥着最重要的作用。[①] 然而，大量研究表明，在农村公共物品供给中，基层村社组织并没有很好地发挥作用。[②] 在农村大量青壮年外出打工后，农村人口结构中老龄化程度不断加剧，社会结构的"动态化"趋势和社会流动"开放化"态势使得传统村庄出现"空心化"，从而导致村庄社会关系出现"功利化"态势，这又引发村民的"去组织化"困境，使得村庄公共事务的治理面临治理权威离散化、村民内部治理能力低下，这些因素加大了村庄社会事务治理的难度。[③] 更多情况下，村委会同时发挥着政府行政职能和村民自治组织的双重职能。随着国家在农村投入的不断增加，村庄所面临的公共事务和行政事务不断增加，农村的空心化使得村干部的力量在减弱，身兼双重职能的村委会在面对繁杂的行政事务和公共事务过程中，在两者之间很难从容应对。[④] 因此，在农村留守儿童的福利提供方面，村委会这种社区组织所提供的福利基本处于空白状态。

从我们对儿童监护人的访谈中了解到，他们没有感受到村民委员会在农村留守儿童的关爱和保护中发挥作用。男童5奶奶：村委对留守儿童的关注没有听说过，也没有村委的人到家里来了

---

① 刘建生、涂琦瑶、施晨：《"双轨双层"治理：第一书记与村两委的基层贫困治理研究》，《中国行政管理》2019年第11期。

② 王亚华、高瑞：《走向稳定、秩序与良治——现代化进程中的乡村公共事务治理》，《人民论坛·学术前沿》2015年第3期。

③ 刘启英：《乡村振兴背景下原子化村庄公共事务的治理困境与应对策略》，《云南社会科学》2019年第3期。

④ 王晓毅：《乡村公共事务和乡村治理》，《江苏行政学院学报》2016年第5期。

解情况，更别说提供什么帮助了；男童 6 爷爷：村里没有听说有儿童主任，村委也不会管你家里的事情，管孩子还是家里父母和爷爷奶奶的事情。

2016 年 6 月，国务院印发的《关于加强困境儿童保障工作的意见》中指出，村（居）民委员会要设立儿童福利督导员或儿童权利监察员。其实，早在 2015 年 8 月，民政部办公厅就印发了《关于在全国部分地区开展基层儿童福利服务体系建设试点工作的通知》，明确提出要建立儿童主任队伍，解决儿童福利工作"最后一公里"的问题。2019 年，民政部联合教育部、公安部等 10 个部门制定出台的《关于进一步健全农村留守儿童和困境儿童关爱服务体系的意见》中要求，在村（居）一级统一设立"儿童主任"，主要负责农村留守儿童和困境儿童关爱服务工作；在乡镇（街道）一级统一设立"儿童督导员"，由乡镇（街道）明确一名工作人员担任。截至 2019 年底，全国共有 5.6 万名儿童督导员，67.5 万名儿童主任。[①] 儿童督导员和儿童主任是儿童权益的守护者，目的是帮助儿童呼吁并解决问题，由他们来具体负责儿童关爱保护服务政策的最终落实。

从调研中我们了解到，在我们所调研的县里，镇级儿童督导员和村级儿童主任已全部设立，全县共有 12 名乡镇督导员，837 名儿童主任。乡镇督导员由乡镇民政助理担任，大多数村级儿童主任由村（居）妇联主任兼任。儿童督导员也开始接受培训和了解工作任务，但鉴于这是新设立的岗位，他们所发挥的作用还没有充分显现出来。儿童督导员名义上由乡镇民政助理担任，但在实际运行中更多地还是由村支书来负责。儿童主任则存在着身份

---

① 民政部：《2019 年民政事业发展统计公报》，2020 年。

模糊的问题，主要体现为儿童主任的担任者身份并不明确、职责不清晰。《关于进一步健全农村留守儿童和困境儿童关爱服务体系的意见》中，并没有明确规定必须由谁来做儿童主任，村（居）民委员会委员、专业社会工作者或者大学生村官等都可以担任。按照以往的传统，儿童工作主要由村（居）民委员会的妇联干部担任，由她们全面统筹儿童妇女工作，因此儿童主任一职可以优先安排村（居）民委员会委员中的女性委员。儿童主任的工作往往是兼职的，兼职就意味着他们的主要工作可能会与兼职工作存在冲突，这时就会出现兼职工作为主要工作让路的现象，儿童主任的作用发挥就会受到影响。同时，儿童主任身份的模糊会导致其职责不清晰，难以将具体工作进行细化，这就会影响农村留守儿童的关爱保护服务工作效果。①

L 科员（镇民政部门工作人员）：儿童主任和儿童督导员目前都设了，儿童主任是各村的查访员，由村里的妇女主任兼着。儿童主任主要负责组织开展信息排查，掌握留守儿童、困境儿童和散居孤儿的生活保障、家庭监护、就学情况等基本信息。儿童督导员主要是指导监护人和受委托监护人签订委托监护确认书，加强对监护人（主要是受委托人）的法治宣传、监护督导和指导，督促他们依法履行抚养义务和监护职责。镇上的民政工作也是千头万绪，所以儿童督导员主要还是由村支书兼着。这项工作以后步入正轨后情况可能会好起来。

Z 女士（某村儿童主任）：我在村里干妇女主任也有不少年头了，对于留守儿童以前还真不是我们的工作，那都是人家自个

① 黄君：《身份、能力与保障：儿童主任政策运行的困境和出路》，《社会工作》2020年第 4 期。

儿家里的事情，年轻人出去挣钱，把孩子丢给老人这在农村也很正常。一般孩子都是丢给爷爷奶奶看管，也不会有人签什么委托监护书，这会让父母和儿女觉得很别扭，外人也会当笑话看。农村的孩子都是粗枝大叶地养着，也没见有什么问题。现在又多了儿童主任这个角色，其实对村里的事情平时我基本都是掌握的，所以也没有挨家挨户去问。以后可能还会就这方面多宣传，多去入户了解一些情况。

其实，从上级要求和目前的实际情况来看，镇一级政府由于工作头绪繁多，因此儿童督导员一职还主要是由各村的支部书记兼任着，这也导致村委的工作开展缺乏上级监督。因此，镇一级相关职能部门和村委对于农村留守儿童等儿童福利工作的重视程度还有待进一步提高。从根源上来分析，这是我国当前行政型的农村基层治理体制具有的"重行政、轻服务"的特质决定的，这使得儿童成长与地方福利之间形成张力，同时也是农村被市场化裹挟过程中，以经济效益为导向的资本逻辑和维系传统乡村社会秩序之间出现了不一致。

四　志愿组织福利供给困境分析

（一）志愿组织整体力量薄弱制约农村留守儿童福利供给

社会组织作为一种独立于政府和市场之外的第三种力量，在提供公共服务方面可以弥补政府和企业所产生的政府失灵和市场失灵，在福利提供领域逐渐成长为一种重要的提供主体。2019年，民政部等发布的《关于进一步健全农村留守儿童和困境儿童关爱服务体系的意见》中，明确提出要通过培育孵化社会组织、推动政府购买服务、发动社会各方参与等方式，鼓励和引导社会力量广泛参与到农村留守儿童和困境儿童的关爱服务体系中。目前我国各类民间社会组织的发展仍处于起步阶段。截至 2019 年底，我国共有社会组织 86.6 万个，比上年增长 6.0%。[①] 志愿组织可以从两个方面来理解：一方面，志愿组织主要承担一些与志愿人员相关的管理工作，如注册、培训、考核等；另一方面，志愿组织主要负责组织志愿人员开展一些志愿服务。因此，志愿组织主要是由具有志愿精神、愿意从事志愿行为的个人或群体自愿组成的社会团体。本研究中，农村留守儿童和非留守儿童从志愿组织获取的福利是不存在差异的，也可以理解为，志愿组织整体上为农村儿童提供的服务是微乎其微的。从我们对农村留守儿童、任课教师以及学生家长的访谈中了解到，他们很少或几乎没有接受过志愿组织提供的福利。在对一位小学校长的访谈中我们了解到，他们曾经接受过校友捐赠。我们访谈的一位中学老师表示，农村学校对于志愿组织能够提供相应的福利是非常渴望的。但从志愿组织供给的角度来看，志愿组织供给的数量与专业化水平仍然无法满足农村留守儿童的福利需求，在整个农村地区志愿组织服务基本处于缺位状态。不对等的合作关系是我国政府和非政府组织之间的常态关系，[②] 尤其是民间的志愿组织对政府部门存在较强的经济依赖和行政依赖，以及志愿组织的自利性使他们在福利传递过程中可能出现异化，因此当福利资源通过志愿组织传递给福利对象时效果会打折扣。

某社会组织的负责人 X 先生谈道："目前城市的社会服务都还没有全面铺开，农村这一块儿估计得再等等。因为这要看政府的需要，我们一般是接受政府招标的项目，政府有这个需求了，

---

① 民政部：《2019 年民政事业发展统计公报》，2020 年。

② 陈天祥、徐于琳：《游走于国家与社会之间：草根志愿组织的行动策略——以广州启智队为例》，《中山大学学报》（社会科学版）2011 年第 1 期。

他们就会面向社会招标，我们就会出我们的方案去竞标。"某社会组织工作人员 L 女士谈道："我从大学毕业来到这个社会组织，在四年的社区服务经历中，我们的主要服务对象是城市社区，比如我们做过为城市困境儿童和老人提供服务的项目，但还从来没有接触过农村地区。我们同行中也没有听说过有针对农村地区提供的服务。"

在助力解决困境儿童和农村留守儿童问题方面，中华慈善总会从 2015 年启动了"为了明天—关爱儿童"慈善项目，通过在全国建立"关爱儿童之家"的方式来解决农村留守儿童普遍存在的亲情缺失、心理失衡等问题。截至 2018 年底，该项目先后在山东、陕西、天津等 19 个省份建立了 1000 余个"关爱儿童之家"，使 20 余万儿童受益。与目前 643.6 万农村留守儿童庞大的规模相比，"关爱儿童之家"对于农村留守儿童的覆盖面仍有很大缺口。

（二）个体志愿者的志愿服务难以有效发挥作用

志愿服务作为志愿者为公众利益自愿开展的利他行为，具有自愿性、利他性和非营利性等基本特征。我国的志愿服务起步于 20 世纪 80 年代末的地方基层探索，20 世纪 90 年代团中央青年志愿者以组织的形式进行推动，到目前我国已形成全民参与、多元发展的格局。民政部统计数据显示，截止到 2019 年底，在全国志愿服务信息系统中注册的志愿者近 1.4 亿人，其中在民政领域中全年共有 1664.2 万人提供了 4326.9 万小时的志愿服务。[①]然而，当前志愿服务运行过程中存在"行政化"的倾向，具有"政府主导—志愿服务组织响应—志愿者服务"的关系结构特征。

---

① 民政部：《2019 年民政事业发展统计公报》，2020 年。

这就使得志愿服务供给带有政府管理的逻辑倾向，对志愿者志愿服务具有较强的约束性，这在一定程度上违背了志愿服务自愿性的特征。

西方研究者对社会组织中民众的民主参与实践进行分析，认为民众在社区日常生活中自发参与社团的实践可以加深彼此之间信任，同时为形成社会资本奠定重要基础，这不仅会增强家庭和社区内社会组织的联系，也可以使民众参与社会事务成为增强社会支持网络的主要形式。① 本研究所调研的县里，民政部门推出社会力量参与"爱心妈妈"项目，这是民政部门通过项目实施的方式打造一个平台，来整合社会力量和社会资源为农村留守儿童和困境儿童提供关爱。我们也可以将此理解为，政府通过项目的方式，动员和组织民众帮助政府承担一部分社会服务职能，从而填补政府职能转换中出现的职能空缺。然而从实施现状来看，有志愿精神的普通民众不在少数，偶尔贡献一次爱心、提供一些资金或服务是可行的，但是开展持续性和常规性活动则会使很多人望而却步。这就使得志愿服务存在两难困境：一方面，"行政化"倾向约束志愿精神的自愿初衷；另一方面，如果政府不积极作为，志愿者也很难找到发挥志愿精神、提供志愿服务的平台。此种两难困境不破解，个体志愿者提供的志愿服务很难有效供给。

---

① 熊跃根：《转型经济国家中的"第三部门"发展：对中国现实的解释》，《社会学研究》2001 年第 1 期。

第五章
农村留守儿童福利提升的政策分析

本研究从福利治理理论出发，在强调多元主体福利供给责任的同时，更关注如何对福利进行界定、涉及什么样的福利供给机制以及如何对福利进行供给几个方面。针对前面量化研究和质性研究结果中揭示出的问题，本章从农村留守儿童福利政策和家庭政策体系的构建、福利供给机制的完善以及城乡福利均衡供给等方面，对提升农村留守儿童福利水平的政策进行探讨。

第一节　构建精准保障的儿童福利政策体系

儿童福利是一个很广义的概念：首先，儿童福利是一种社会观念，尊重儿童权利是其核心理念，主张把儿童看作一个能动的主体，对其需求要平等对待；其次，儿童福利是一种社会政策，通过政策法规的方式保障儿童需求的满足和权利，支持与保护儿童发展，涵盖儿童生存和发展的所有内容；最后，儿童福利是一种社会行为，通过家庭、社区、社会组织等多方面的社会行为为所有儿童（尤其是处于困境的儿童）提供服务，使儿童的困境得到改善、儿童的成长获得必要的条件。[①] 父母外出打工、儿童留守农村是我国经济社会转型期出现的比较普遍的社会现象，这种现象很难在短期内消除，因此为农村留守儿童提供关爱服务是一项长期任务。政府要以儿童生存和发展的权益保护为出发点，把握儿童留守问题的整体性和关系性，动员和整合多种力量为农村留守儿童健康成长保驾护航。

从对当前的政策梳理和本研究在访谈中所了解的政策实践来看，我国专门针对农村留守儿童的福利政策其实很少。因此，本研究在探讨农村留守儿童福利政策时，需要从整体儿童视角明确儿童福利政策的价值取向和体系构建。其实，"在社会福利体系之内，人们无法逃避各种价值选择。任何模型的构筑或理论的阐释，只要涉及'政策'，都不可避免地关切到'是什么'和'该是什么'的问题"。[②] 这其中涉及特定群体的需求目标及达成目标的手段。

一 以需要满足为导向制定儿童福利政策

（一）需要内涵的界定及分类

福利制度安排旨在通过适当的服务来回应和满足公民的基本需要，需要理论作为现代福利理论的理论基础，可以为福利制度安排和运作机制提供最佳视角。需要是人体组织系统中一种缺乏、不平衡的状态，在这种状态的驱使下，个体会产生行为的动力并发起不同的行为来解除这种状态。对于需要的含义，马克思

---

① 陆士桢、常晶晶：《简论儿童福利和儿童福利政策》，《中国青年政治学院学报》2003年第1期。

② ［英］理查德·蒂特马斯：《蒂特马斯社会政策十讲》，江绍康译，吉林出版集团有限责任公司2011年版，第99页。

认为"需要是人的本质属性"。人之所以为人的根本在于他们存在需要且这种需要在社会中能够得到满足，因此"需要是人成为人的根本"。[①] 马克思、恩格斯把需要看成人的本性，并认为需要是由人的存在决定的，尤其是人的生存需要的满足对于人类发展具有基础性地位和首要价值。从需要的核心要义来看，社会福利中的需要是人在生命过程中处于一种缺乏的状态，这种状态对人的生命意义具有损害作用。社会福利制度则依据目标群体的缺乏状态提供相应的帮助，如《贝弗里奇报告》中所要解决的人类生活中"匮乏、疾病、无知、肮脏和懒惰"，便是针对民众在保障、医疗、住房、教育和就业方面存在的需要进行政策回应。[②] 美国人本主义心理学家亚伯拉罕·马斯洛（Abraham H. Maslow）的需要层次理论把人的需要分为五个层次，分别是生理需要、安全需要、爱与归属需要、尊重需要和自我实现需要，这五个层次的需要由低到高遵循满足—晋级原则。在此基础上，美国耶鲁大学克雷顿·奥尔德弗（Clayton Alderfer）提出 ERG 理论，把人的需要聚焦于三种核心需要，即生存需要、关系需要和成长需要，各种需要可以同时存在。

对于需要的界定，既是一个具有争议的理论议题，又是一个操作性极强的实践议题。一般来说，我们可以把需要类型的确定归纳为两种方式：一种是社会政策制定者和专家学者根据经验，对目标群体的需要"自上而下"和"由外及里"进行界定；另一种是通过实证研究，采取自上而下和自下而上整合性的方式进

---

① 彭华民：《社会福利与需要满足》，社会科学文献出版社 2008 年版，第 12 页。
② 劳动和社会保障部社会保险研究所组织翻译：《贝弗里奇报告——社会保险和相关服务》，中国劳动社会保障出版社 2004 年版，第 3 页。

行界定,① 后者更能对人类需要进行最优化界定。

针对社会福利服务,布拉德肖把人类需要划分为感觉性需要、表达性需要、规范性需要和比较性需要四种,感觉性需要是个体感觉到的需要,表达性需要是个体说出来并转化为行动的需要,规范性需要是由学者或专业工作者、行政人员根据经验和对社会情景的理解确定的需要,比较性需要是与某一标准或他人进行比较之后确定的需要。② 这种对需要的分类在社会福利领域是一种经典的方法。对需要概念的界定可以为研究福利提供、资源分配和福利发展提供有效的分析框架。需要的操作化定义可以理解为,需要是目标群体具有解决问题的价值判断。我们可以从以下几个方面来对此进行理解:首先,需要关乎价值观,价值观不同的人其需要也是不同的;其次,需要关乎目标群体存在的问题,环境是分析需要不可或缺的重要外在条件;再次,问题的存在表明结果或过程是不足够的;最后,对需要的认识影响到对问题解决办法的判断,不同的解决办法对于缓解问题存在不同的可能性和可行性。③

(二) 儿童需要满足和社会福利政策

人的需要具有社会意义,当同一文化背景下的个体需要聚集成全体社会成员的共同需要时,这种需要就发展为社会需要;当个体需要得不到满足的状态演变成社会需要不能被满足的状态

---

① 刘继同:《人类需要理论与社会福利制度运行机制研究》,《中共福建省委党校学报》2004 年第 8 期。

② Jonathan Bradshaw, "The Taxonomy of Social Need", in Richard Cookson, Roy Sainsbury, Caroline Glendinning (ed.), *Jonathan Bradshaw on Social Policy Selected Writings* 1972 – 2011, York Publishing Services Ltd., 2013, pp. 1 – 12.

③ 刘继同:《欧美人类需要理论与社会福利制度运行机制研究》,《北京科技大学学报》(社会科学版) 2004 年第 3 期。

时，就会衍生出影响社会发展的社会问题。社会福利即是对人的需要进行回应，满足需要则是福利追求的目标。儿童需要福利理论关注儿童群体的共同需要和普遍问题，国家和社会有责任满足这些需要。[①] 国家之所以会为居民建立社会福利制度，一是因为人类对社会福利制度的需要是与生俱来的，二是自然环境和社会环境的变化使然。一个社会的社会福利制度目标就是保证社会成员的需要能够得到满足，具体来说可以通过三种途径来发挥其作用：一是为人类提供所需要的资源；二是通过社会福利制度来增强社会成员自身克服困难的能力；三是减少社会成员社会生活的障碍，使他们的权利得到实现。

台湾学者曾华源等对儿童福利需求的内容归纳为八类，分别是获得基本生活照顾，健康照顾，良好的家庭生活的需要，满足学习的需要和休闲、娱乐的需要，拥有社会生活能力的需要，获得良好心理发展的需要，免于被剥削伤害的需要。[②] 在社会福利体系中，因角色不同对需要的内容也会有不同的表达，如社会成员定义的需要、实际照顾者定义的需要、从事社会福利服务的人推断出的需要等。[③] 上述对儿童福利需要的归纳，可以说是综合了社会成员、实际照顾者及从事社会福利服务的人根据儿童发展特点所归纳的几种需要。

农村留守儿童不同于残疾、孤儿等困境儿童，他们虽然也属于处境不利儿童，但是他们的困境不在于解决温饱和回归家庭，

---

① 刘继同：《社会转型期儿童福利的理论框架与政策框架》，《中国青年研究》2005 年第 7 期。

② 曾华源、郭静晃：《少年福利》，台北：亚太图书出版社 1999 年版，第 196—197 页。

③ 彭华民：《论需要为本的中国社会福利转型的目标定位》，《南开学报》（哲学社会科学版）2010 年第 4 期。

而在于父母外出务工导致家庭结构不完整，因此他们最大的需要就是家庭复原，最迫切的需要是来自父母的陪伴和照顾。因此，在针对农村留守儿童提供福利政策时，参与主体不仅应包括政策制定者、资金提供者和具体服务生产者在内的福利提供者，还应把福利接受者（包括农村留守儿童及其家庭）纳入其中，各主体在平等互动和协商的基础上确定农村留守儿童的福利需要，以儿童实际需要为导向生产和分配现有的福利资源。针对本研究中农村留守儿童获取的福利存在"重资金、轻服务"的现实，尤其是家庭提供资金为主、国家提供资金有一定体现的福利现状，应采取资金与服务并重的思路，加大儿童照顾性服务福利的提供，通过动员家庭之外的其他主体（学校、社区、志愿组织等）积极参与，形成多元主体参与的福利服务体系。

二 以权利实现为原则制定儿童福利政策

（一）公民社会权利和福利资源分配

马歇尔认为，公民权利包括民事权利、政治权利和社会权利，其中社会权利是其最高形式。社会权利的实现以国家提供社会保障制度为前提，强调社会成员拥有享受经济和社会安全的权利。参与被看作实现社会权利的标志，参与不足就是社会排斥。当个人或群体被排斥时，意味着个人或群体作为公民参与国家、社区等社会活动的权利没有得到实现。社会排斥是社会分化的延伸，其表征就是整合不足。社会学家帕金（Frank Parkin）发展了马克斯·韦伯的社会屏蔽概念，认为公民权制度并不会完全促进平等，而是一种社会屏蔽制度，身份制则是其中重要的一项，不同身份的社会成员占有的社会资源、享有的权利不同，且在社会结构中处于不同地位。因此，公民权在促进国民平等的同时，对非本国公民的社会权利则会出现排斥现象。

对于在社会福利制度变迁中社会公民权如何发挥其功能，意大利社会政策学者莫瑞吉欧·费雷拉（Maurizio Ferrera）认为，欧洲福利体制的演进过程体现在社会公民权在地域和成员身份两个维度上的划分：从地域上来说，社会权利的获得和福利资源的分配只限定在本国公民范围之内，对非本国公民则予以排斥；从成员身份来说，在一个国家内部逐步建立起不同层次和类型的社会保障项目，且在不同保障项目之间规定了门槛和条件。随着公民社会权利的确认，公民获得社会福利成为一项不可剥夺的公民权利，并且国家负有保障社会福利的责任。

（二）儿童权利与福利政策制定

儿童权利理论来源于马歇尔的公民权利理论，儿童是自主、平等、独立的生命个体，对儿童的照顾、教育、关爱和保护不仅是家庭的责任，而且是整个国家和全社会都应该承担起的主要责任。从国家、社会和家庭获得所需要的照顾服务是儿童的基本权利，这也是联合国儿童基金会积极倡导的儿童福利理论。儿童权利与儿童福利尽管不是同一个概念，但二者从观念到具体的制度化演进是一个相伴相生的过程，即随着儿童权利保障意识的觉醒，相应的福利保障制度就需要进一步完善。[1] 联合国《儿童权利宣言》于 1959 年公布，儿童权利问题首次在世界范围内受到关注。随着《儿童权利公约》的通过，儿童作为特殊主体进行权利保护的意识进一步得到强化。我国对儿童权利保护的进程也在加快，1991 年我国通过《中华人民共和国未成年人保护法》，1992 年《儿童权利公约》正式对中国生效。《国家人权行动计划

---

[1] 吴海航：《儿童权利保障与儿童福利立法研究》，《中国青年研究》2014 年第 1 期。

（2016—2020 年）》中，针对"儿童权利"提出"坚持儿童优先原则，强化政府和社会保障儿童权益的责任"，构建"以家庭监护为主体，以社区、学校等单位和人员监护为保障，以国家监护为补充"的未成年人关爱社会网络，继续通过"推行农村义务教育学生营养改善计划"保障儿童的健康权。同时"健全困境儿童保障制度"，加大对农村留守儿童的关爱保护力度。

儿童权利是儿童福利制度建立的基础，主要包含儿童作为人的普遍权利以及处于特殊年龄段的人所特有的权利。从权利内容来看，儿童福利主要涵盖儿童的生存、发展、健康、教育、保护和照顾等内容；从权利价值来看，儿童福利权所涵盖的内容都是服务于儿童权利保障、实现儿童自由全面发展的目的。[1] 儿童权利的实现依赖于国家、社会、家庭以及监护人提供的保护和照顾，照顾和保护又需要相应的福利制度安排加以落实。如果福利保护不充分，就可能导致儿童权利受损。因此，完善的儿童福利制度可以通过各项福利安排为儿童的生存权、发展权、健康权、教育权和受保护权提供保障，为儿童创造平等的起点和机会，同时通过为父母提供相应的福利保障来保障儿童的权益。[2]

其实，中国的儿童权利并不是基于普遍的公民权，而是以儿童契约为基础，儿童契约在非正式制度中体现为儿童可以享受亲属照顾的权利。尤其是广大农村地区，儿童养护主要是在多代家庭内部进行。以对孤儿的养护为例，孤儿的养护主要是以父系扩展家庭为主，孤儿多是和祖父母生活在一起，少数孤儿在由叔伯和祖父母构成的多代家庭中生活。在正式制度中则规定了儿童享

---

① 吴鹏飞、余鹏峰：《中国儿童福利权实现的路径》，《青年探索》2015 年第 4 期。

② 谢琼：《儿童权利的实现与福利制度的完善——基于国际视角的考察》，《湖南社会科学》2013 年第 1 期。

有亲属照顾的权利，如《中华人民共和国婚姻法》中对此有明确规定。但如果从儿童权利的角度看，这些规定只是一种"契约"，存在于家庭内部儿童和直系亲属之间的某种契约关系，并非基于儿童普遍享有的公民权。但是，随着家庭规模逐渐小型化，儿童抚养成本在逐步提高，亲属照料所提供的非正式支持逐渐减少，因此，基于亲权的保护制度向基于公民社会权利的保护制度转变成为一种必然。[①] 为了满足农村留守儿童的生活、健康和教育福利需要，为他们提供更好的关爱和保护，需要明确为农村留守儿童提供福利是他们应享有的公民权利，并要受到法律保障，国家、社会、家庭及监护人应在法律框架内履行其福利提供责任。

第二节　制定保障儿童福利的家庭政策

在前面的量化分析和质性访谈中，我们都发现核心家庭在农村留守儿童的福利供给中居于核心地位，无论是福利供给内容还是福利供给方式都会影响农村留守儿童的主观福利。但是外出核心家庭不完整的家庭结构不利于农村留守儿童客观福利的获取和主观福利的提升。因此，为了更好地保障农村留守儿童的福利权益，需要制定保障儿童福利的家庭政策。

一　儿童福利保障中家庭角色定位的理论依据

对于儿童福利政策，政府、社会和家庭的责任如何划分一直是其关键问题。儿童福利的国家责任理论认为，儿童心智发育不

---

① 尚晓援、陶传进：《中国儿童福利制度的权利基础及其限度》，《清华大学学报》（哲学社会科学版）2009 年第 2 期。

全，不具备完全行为民事能力，因此生活需要他人照顾和保护，国家则是儿童的主要保护人。父母责任理论则认为，家庭作为社会生活中最基本的单位，父母理应承担起照顾儿童生活起居和确保儿童身心健康成长的基本责任和义务，然而当家庭结构不完整、功能不完备时，国家和社会有责任对其家庭生活进行干预。

在社会变迁和家庭结构不断改变过程中，国家提供的社会福利对于家庭来说变得尤为必要，但政府在儿童福利的提供中究竟如何分担责任成为一个有争议的话题。在儿童福利政策发展历程中，其发展取向在不同历史阶段呈现出四种特征[①]如下。一是自由放任主义儿童福利取向，该政策取向强调儿童照顾应是家庭内部的事务，政府应尽量避免介入，这种观点受父权制影响，把父亲的角色定位于公共领域，妇女则属于家庭私有领域，其职责是必须承担起照顾老人、儿童或丈夫的家庭责任。在此种理念下，国家对于儿童照顾的角色必须遵循最低干预原则，充分尊重家庭和个人的自主性，需要国家介入时，国家提供自愿、非强制性服务。二是国家干涉主义及儿童保障的儿童福利取向，该政策取向强调政府应积极主动地介入家庭事务，以儿童福利为优先考虑，避免儿童遭受不适当的照顾，也被称为儿童保护主义福利政策。这种观点强调儿童的重要地位，父母并不是儿童永远的资源，父母应以一种受托者的角色去照顾儿童，当亲生父母无法妥当照顾儿童时，此监管权将由国家强制收回，代之以高品质的替代性照顾。三是尊重家庭与双亲权利的儿童福利取向，该政策取向对家庭的态度既不同于自由主义也不同于国家责任主义，政府对于家

---

① 陆士桢、常晶晶：《简论儿童福利和儿童福利政策》，《中国青年政治学院学报》2003年第1期。

庭的态度既不是完全割裂的也不是对立的，而是友好合作的，是尽量维系和培育家庭的健康发展。[①] 此种取向强调国家干预并非强制性的，在有限的干预下应尽可能使儿童与自己的家庭保持亲密关系。四是尊重儿童权利与自由的儿童福利取向，该政策的价值取向强调儿童是一个独立的个体，儿童应被赋予较多的权利与自由，应通过法律与政策来保护儿童的权益，家庭和国家有义务帮助儿童增强自主能力，在处理涉及儿童的事务时，将儿童的最大利益作为首要考虑，并促进儿童生存权和发展权的实现。[②]

儿童福利制度的发展变迁取决于儿童福利观念的转变。在由补缺型儿童福利向制度型儿童福利转变过程中，国家对儿童福利的提供由替代性作用向主体性作用转变。补缺型儿童福利制度强调家庭和市场在儿童福利提供中的作用，只有当家庭和市场对儿童福利需求难以满足时，国家才对儿童福利供给进行介入和参与。制度型儿童福利制度则强调政府在儿童福利供给中的主体作用，要求政府构建社会福利体系来满足所有儿童的需求。儿童福利制度在由补缺型向制度型转变的过程中，受到新的儿童福利理念的影响。一是将儿童福利看作一种社会投资。这种理念受发展型社会政策的影响，发展型社会政策关注人的发展，注重通过社会资源的再分配机制来增进全体社会成员的经济和社会能力，其核心是把社会政策看成一种社会投资行为。儿童福利作为发展型社会政策的重要组成部分，其福利不再被看作消极救助而是一种积极的社会投资，是对国家和社会未来的投资，因此儿童

[①]　王雪梅：《儿童福利论》，社会科学文献出版社 2014 年版，第 73 页。
[②]　王雪梅：《儿童福利论》，社会科学文献出版社 2014 年版，第 73 页。

福利不仅是家庭的责任，更需要国家重视对儿童投资，进一步推动儿童福利事业发展。二是将儿童福利看作准公共产品。儿童福利作为一种社会现象出现要早于现代意义上"儿童福利"概念的产生，如中国历史上曾经出现的育婴堂、慈幼庄便是国家面向儿童提供的福利设施。当然，在历史上对儿童最基础的保障仍是家庭保障及向外延伸的家族保障、邻里互助等。然而，随着劳动力出现高流动性以及代际分离居住的普遍性，家庭功能不断弱化，问题家庭不断增多，传统的家庭和邻里关系发生了变化，是继续寄希望于家庭承担儿童健康成长的福利责任，还是由政府主导实行儿童福利社会化，这是一个需要明确回答的重大政策问题。

二 儿童福利保障中家庭角色定位的实践取向

在福利治理的理论框架中，国家、家庭、社区、志愿组织等共同承担着不同的福利供给角色及份额，在总的社会福利中体现的是各主体之间不同程度的再分配关系，具体到社会政策领域中表现为各主体之间的权责和义务之间的差异，其实这也是社会价值导向的差异。[①] 家庭在这些福利供给主体中，随着社会政策理念和实践的变迁，其与国家之间的关系一直处于变动之中。从西方福利国家社会政策的发展演变过程来看，对家庭功能和责任的理解是其政策变迁的一个重要影响因素，也可以将社会政策演变过程看作对政府—家庭责任边界不断重新界定和调整的过程。我国在从计划经济体制向市场经济体制转轨的过程中，社会福利供给结构出现了国家撤出、市场进入和家庭裂变的发展和

---

① 彭华民：《福利三角：一个社会政策分析的范式》，《社会学研究》2006 年第 4 期。

变化趋势。[①] 这就使家庭在福利供给结构中面临两难处境：一方面，随着国家作为福利供给主体角色的不断弱化，福利责任下沉使家庭福利责任得到强化；另一方面，随着社会变迁，家庭处于结构小型化、离散化以及稳定性下降等多重风险的笼罩之下，家庭供给福利的能力又进一步下降。[②] 家庭为儿童提供抚育和照顾是家庭的基本福利功能和责任，结构和功能良好的家庭是儿童获取福利的最好保障，如果儿童能从家庭获得正常的生活福利、健康福利和教育福利，就可以满足儿童成长需求并预防各种问题产生，也可以为儿童更好地融入社会提供资本积累。纵观古今中外，家庭作为最基本的社会单位可以为家庭成员提供最重要的福利资源，任何在家庭之外建立起来的正规社会保护制度，都无法对家庭功能和责任进行取代，只是意味着政府在不同程度上可以以不同的方式分担一些家庭责任。[③]

当前，我国以家庭为对象的保障政策非常有限，而且多以对特殊困难家庭的关注及介入为目标，认为家庭本身产生的困难属于家庭内部的问题，只有当家庭或个体不堪重负时政府才会出面，因此这种家庭政策具有"补缺"特征。其实，社会政策到底应该是"家庭化"取向还是"去家庭化"取向，也存在一定的争论。所谓"家庭化"，就是由家庭承担照顾和福利提供的责任，"去家庭化"则由国家和社会承担主要责任，从而减少家庭的负担。当然两种取向各有利弊，需要对其辩证看待。如果采取"家

---

①　段然：《中国福利政策的挑战与转型：基于女性主义的视角》，载岳经纶、[挪]斯坦·库纳、颜学主编《工作—生活平衡：理论借鉴与中国现实》，格致出版社、上海人民出版社2014年版，第146—149页。

②　胡湛、彭希哲：《家庭变迁背景下的中国家庭政策》，《人口研究》2012年第2期。

③　张秀兰、徐月宾：《构建中国的发展型家庭政策》，《中国社会科学》2003年第6期。

庭化"取向，就需要社会政策为家庭"增能"，使家庭的福利供给能力不断提高，对于"去家庭化"取向，则需要政府和社会通过加大投入的方式对家庭的福利供给功能进行替代。① 更多的家庭政策开始在"家庭化"和"去家庭化"之间寻找平衡，以向家庭提供支持或投资为特征的发展型福利政策是其主要发展方向。有研究者根据家庭在社会政策体系中的角色，将家庭既看作与国家、市场、社会类似的社会福利供给主体，也看作社会政策的供给对象。② 对家庭功能的这种界定可以说是在"家庭化"与"去家庭化"之间寻找到了一种平衡。

从具体实践来看，以家庭为中心的非正式福利制度安排在儿童成长过程中是必不可少的，国家在儿童生存和发展过程中则扮演着越来越重要的角色，如我国《中华人民共和国未成年人保护法》和《中华人民共和国义务教育法》为儿童免受侵害和平等享受教育机会提供了法律保障。在国家越来越深入地介入儿童养育和保护的制度发展过程，儿童不再被看作家庭的内部事情，而是越来越被看作具有公共性质的准公共产品，由政府承担儿童福利供给的主要责任。③

三 构建儿童友好型的家庭政策

家庭是满足儿童需要的最重要和最有效的场所，父母发挥正常的角色是良好家庭环境必备的条件，政府和社会等其他组织提

---

① 岳经纶、张孟见：《社会政策视阈下的国家与家庭关系：一个研究综述》，《广西社会科学》2019 年第 2 期。

② 岳经纶、张孟见：《社会政策视域下的国家与家庭关系：一项实证分析》，《重庆社会科学》2019 年第 3 期。

③ 姚建平：《国与家的博弈——中国儿童福利制度发展史》，格致出版社、上海人民出版社 2015 年版，第 183—186 页。

供的服务则是对家庭角色的支持和补充，儿童福利服务的最终目标是帮助儿童维护一个功能正常的家庭环境。[①] 在西方社会，政府强调社会成员承担家庭责任也是一种传统。如在英国，政府强调家庭成员为老人和儿童提供照顾是一种义不容辞的责任，英国政府曾建立了一套"家庭友善"政策，从保证所有的父母都具有接受指导和帮助的渠道、改善家庭经济状况、帮助家庭实现工作与家庭平衡等方面为家庭履行责任提出具有可操作性的实践方案；[②] 美国公共救助政策则要求社会成员对婚姻和子女承担责任。西方福利国家的社会政策在强调家庭成员或类家庭成员应承担家庭责任的同时，对如何帮助他们履行责任更为重视。

农村留守儿童群体的存在，是家庭福利责任强化和家庭风险增大两难困境下的一种真实折射，也可以理解为是家庭对整体福利做出的应对策略，体现出制度和社会环境导致的家庭决策扭曲。[③] 农村留守儿童在结构不健全及功能缺失的家庭中生活，会导致他们面临不安全的生活环境以及较低的生活质量，社会政策应该去保护并增强家庭的福利功能，使家庭成为农村留守儿童应对不利处境的第一道防线。

对于农村留守儿童来说，家庭既是与国家、社会一起为其提供福利的主体，同时也是社会政策的供给对象。针对农村留守儿童家庭结构和稳定性的变化，从具体的政策实践来看，需要提高家庭本身作为一个福利供给主体的供给能力。一是助力家庭进行能力建设。可以借鉴发展型家庭政策理念，重视早期预防和支

---

① 徐月宾：《儿童福利服务的概念与实践》，《民政论坛》2001 年第 4 期。
② 张秀兰、徐月宾：《构建中国的发展型家庭政策》，《中国社会科学》2003 年第 6 期。
③ 任远：《大迁移时代的儿童留守和支持家庭的社会政策》，《南京社会科学》2015 年第 8 期。

持，把农村留守儿童家庭当作重要的资产进行投资，强调人力资本的投资、社会资本和社会支持网络的建设，为农村留守儿童家庭增能，如可以为农村留守儿童家庭提供亲子教育和培训，提高监护人的监护能力和责任，也可以协助家庭建立情感沟通机制，强化家庭功能。二是帮助家庭成员平衡工作与家庭责任之间的关系。农村留守儿童父母外出打工增加家庭经济收入的同时，由于工作与家庭责任之间出现矛盾致使家庭功能弱化，因此需要政府、企业、社会共同参与，帮助他们在工作与家庭责任之间实现平衡。① 如政府可以通过试点的方式，倡导和鼓励具有规模效应的产业园区为企业员工提供公租房或廉租房，这些房屋指标可以被纳入政府公租房建设规划，同时企业可以在部分岗位实行灵活用工的方式使员工工作时间具有弹性，从而使父母可以在兼顾家庭和工作中实现角色转换。三是对家庭恢复、家庭重组、家庭修复等政策进行整合，形成"家庭整合"型关爱服务政策，如可以结合企业社会工作和农村社会工作的优势，采用政府财政、用工单位、农民工三方合作共担的方式，在寒暑假等节假日为农村留守儿童和父母提供暂时性原生家庭复原空间，或融合家庭寄养制度和政府购买服务制度，由农村留守儿童父母出资、财政部门补贴、民政部门购买照料服务的方式为扩展家庭提供照料支持，尤其是可以使从事看护和照料等工作的母亲实现由"照料他人"向"照料家人"的"照料转移"，从而达到原生家庭功能复原的效果。② 也可以基于国家治理的框架，将家庭教育从家庭"内部事

---

① 孙艳艳：《"家庭为本"的留守儿童社会服务政策理念与设计》，《东岳论丛》2013年第5期。

② 董才生、马志强：《留守儿童关爱保护政策需要从"问题回应"型转向"家庭整合"型》，《社会科学研究》2017年第4期。

务"观念中扭转过来，将其看作社会的一项基本公共服务，对农村留守儿童家庭教育进行治理，形成多主体协同的介入式支持体系。[①] 当然，即使政府通过各种直接和间接的家庭政策可以帮助一部分家庭实现亲子团聚和家庭复原，但并不能保证所有家庭都有能力或机会实现这个愿望。如近年来，农民工随迁子女的教育问题在流入地得到了一定程度的倾斜，但这并没有引发大规模的农民工子女进城接受教育。因此，还需要国家、社区和志愿组织形成合力，共同为农村留守儿童关爱保护工作尽责出力。

第三节　完善多元主体福利供给机制

本研究通过对农村留守儿童福利获取现状的分析，反观政府、社区、志愿组织、家庭等多元主体为农村留守儿童提供福利的现状。研究结果表明，多元主体在满足农村留守儿童福利获取方面存在很大差距，致使农村留守儿童福利制度仍面临困境。福利治理的目标则是通过对国家、社区、志愿组织、家庭等各福利供给主体之间的相互组合方式不断进行调整，从而构建福利体制提升人类福利。因此，应加大多元主体的福利供给，充分发挥不同福利供给主体的优势。具体而言，政府要肩负福利供给的主导责任，落实家庭福利供给的主体责任，强化农村社区福利供给的平台作用和学校福利供给的传递作用，鼓励和引导志愿组织发挥福利供给的中介作用。不同福利供给主体应利用自身优势为农村留守儿童提供具有针对性、个性化的福利供给内容和方式，使各

---

① 南钢：《留守儿童家庭治理：模式、问题与重构》，《温州大学学报》（社会科学版）2019 年第 5 期。

主体对农村留守儿童的关爱和保护落到实处，切实保障农村留守儿童的生存和发展权益。

一　强化政府福利供给的主导责任

Dasgupta 认为，国家的责任不在于保证成就和管理幸福，主要是提供机会，即给所有人提供追求他们各自目标的前提。[①] 如果把幸福设定为一种公共福利，假定政府提供包括教育、医疗、就业、收入等在内的所有公共服务，那么如何将这些福利转化为个人的幸福取决于个人，国家是无法管理的。[②] 但在提供这些公共服务和福利中政府应起到主导作用。儿童福利的本质是国家对儿童的全面保护，其精髓在于儿童与国家、社会、家庭的相互关系。[③] 国务院发布的《关于加强农村留守儿童关爱保护工作的意见》中明确提出，"要坚持政府主导，把农村留守儿童关爱保护工作作为各级政府重要工作内容，落实县、乡镇人民政府属地责任，强化民政等有关部门的监督指导责任"。这就意味着为了保障农村留守儿童的生存权、健康权、教育权和发展权，政府应在儿童关爱和保护体系中发挥主导作用。这其实是"去家庭化"的一种体现，但不是对家庭福利功能的替代，而是一种支持和补充。

政府部门作为儿童福利资源的重要供给者，需要形成行政层级纵向上下沟通、各个职能部门之间横向联合的农村留守儿童福利支持网络。从政府部门纵向行政层级来说，需要健全省、市、

---

① Dasgupta, P., *An Inquiry into Well-being and Deprivation*, Oxford：Clarendon Press, 1993，pp. 53－55.

② 沈颢、［不丹］卡玛·尤拉:《国民幸福——一个国家发展的指标体系》，北京大学出版社 2011 年版，第 52 页。

③ 刘继同:《当代中国的儿童福利政策框架与儿童福利服务体系（下篇）》，《青少年犯罪问题》2008 年第 6 期。

县农村留守儿童关爱保护工作的领导协调机制，各行政层级之间加强统筹协调，尤其是要解决农村留守儿童关爱保护工作中的制度设计、资金支持等重点难点问题，为农村留守儿童关爱保护工作提供政策支持和资金保障。从各个职能部门之间横向联合来看，根据各个职能部门之间的职能和资源优势，民政部门可以负责牵头，将与农村留守儿童密切相关的职能部门（如公安、教育、人社、妇联、团委等）进行职能梳理及衔接，为农村留守儿童关爱保护提供无缝对接。

同时，政府作为政策制定者，需要在明确农村留守儿童福利需求的基础上，对家庭、社区、志愿组织和市场的福利资源进行整合，在平等协商的基础上制定出农村留守儿童福利政策，细化具体的福利项目，避免由于"福利供给过度"导致的福利资源浪费，或由于"福利资源扎堆"而导致覆盖面过小，或由于"福利提供不足"导致的福利资源缺失等现象，[①] 从而实现儿童福利制度由补缺模式到适度普惠再到精准保障的转变。在福利服务体系建设中，政府可以通过行政手段进行推动，承担直接服务者的角色，但更多的是可以采取福利服务"合作生产"的方式。政府购买社会福利服务的方式是西方福利国家主要的福利传输方式，政府由直接服务者的角色逐渐转变为福利服务的购买者，政府主要承担政策提供者、资金提供者和监督者的福利责任。如县级人民政府负责制定适合本地实际的农村留守儿童关爱保护政策，乡镇人民政府主要加强对监护人的指导和监督，县级民政部门及救助管理机构为乡镇监督工作提供政策指导和技术支持。

---

① 高丽茹：《福利治理视角下城市困境儿童的福利提供——基于南京市 FH 街道的个案研究》，中国社会科学出版社 2019 年版，第 277 页。

二 落实家庭福利供给的主体责任

在儿童福利制度变迁和发展过程中，家庭无论是在传统的农业社会还是在现代化的工业社会，在儿童福利供给中一直处于最基本和最重要的地位，可以说家庭福利保障奠定了整个儿童福利制度的基础，对于儿童抚养和教育无论是在道义层面还是法律层面都肩负着首要责任。

农村留守儿童存在的原因即在于家庭功能发生了变化，父母给予子女的福利提供方式发生了变化，父母给子女提供的各项福利水平也会有所变化，此时需要其他主体对农村留守儿童提供福利服务予以补充，因此农村留守儿童的福利获取也会发生变化。依据儿童福利服务的输送与家庭系统之间的互动关系，儿童福利服务的内容可以分为支持性服务、补充性服务和替代性服务，这三种福利服务构成了儿童福利的三道防线，支持性儿童福利服务则被看作第一道防线，通过增强家庭本身满足儿童需要的能力，修改或改善家庭的功能可以预防家庭功能受损。[1]

首先，要强化父母对儿童的监护责任。父母在儿童成长中的陪伴和教育作用是任何人都不能替代的。"父母责任"是一个法律概念，最早对父母责任进行法律规定的是《英国儿童法》，该法明确规定"法律赋予父母关涉子女人身与财产方面的权利义务乃至责任"。我国于1991年批准的《儿童权利公约》中也明确了父母对儿童照顾负有首要责任，我国的《中华人民共和国婚姻法》也明确规定了父母对子女负有抚养教育的权利义务。因此，

---

[1] 高丽茹：《福利治理视角下城市困境儿童的福利提供——基于南京市 FH 街道的个案研究》，中国社会科学出版社 2019 年版，第 257—258 页。

有必要将相关法律内容具体化并加以落实，政府可以以相关法律
为依据建立家庭责任评估制度和委托监护制度，杜绝儿童因贫困
或父母不负责任而失去监护的现象发生，增强父母对子女抚养和
教育的责任意识。其次，加强父母与子女的情感沟通和交流。以
往研究认为，农村留守儿童父母出于补偿心理，往往会用物质上
的过度满足来弥补亲情缺位，本研究也得出核心家庭存在"物质
在场、亲情缺位"的福利供给困境。针对此种情况，可以依托学
校和社区与外出务工父母进行沟通，让父母意识到单纯的物质补
偿起不到弥补亲情的作用，过度的物质满足反而会使子女养成不
良的生活习惯。父母应当考虑到儿童迫切的情感需求，加强与子
女情感沟通的频率和深度。最后，父母应主动调整家庭抚育策
略。儿童留守与否只是一种暂时状态，不是一种永久身份，留守
状态具有随时间变动而变化的特征。[①] 在儿童的生命周期中，学
龄期是他们生命历程中按照社会期待接受学校教育的时期，也是
他们早期社会化过程中的关键时期。对于农村留守儿童来说，父
母外出务工往往会导致他们早期社会化时期的父母缺席，这对农
村留守儿童造成的损失往往在以后的生命历程中无法弥补。因
此，父母可以根据儿童生命历程阶段，在学龄前和学龄期调整生
活抚育和社会抚育、父母双系和父母单系的抚育策略，尤其重视
母亲在儿童社会抚育中的作用。中国青少年研究中心关于"全国
农村留守儿童状况调查"的结果表明，大多数农村留守儿童将母
亲看作最重要的支持来源。[②] 当然，家庭主体责任的落实离不开
法律和政策支持，更需要政府、学校、企业、社区和志愿组织的

---

① 谭深：《中国农村留守儿童研究述评》，《中国社会科学》2011 年第 1 期。
② 张旭东、赵霞、孙宏艳：《农村留守儿童存在的突出问题及对策建议》，《云南教育》2015 年第 3 期。

共同参与，这样才能更好地落实家庭的监护主体责任。

三 强化农村社区福利供给的平台作用

农村社区作为农村留守儿童生活的主要场所之一，有着农村留守儿童非常强大的熟人支持网络。当前，随着大量农村青壮年劳动力外出务工，农村社区空心化、老龄化现象比较严重，农村社区的支持功能处于不断衰减中。村民委员会作为群众性自治组织，与农户家庭的空间距离最近，对获取农村留守家庭的整体需要具有地理位置上的优势，可以对农村留守家庭的福利需求做出迅速反应，在福利服务的传递中可以成为政府和福利需求者之间的递送支柱之一。同时，村民委员会肩负着自上而下的政策传递和自下而上的信息反馈职责，可以成为政府和民众之间福利传输和递送的基本界面。[①] 首先，针对农村社区支持主体流失严重、乡村文化衰落、乡村文化价值体系解体的现状，在强调以家庭为本的农村留守儿童社会服务政策体系中，村民委员会应将农村社区建设作为支持家庭和儿童的重要平台，通过开展社区互助、社区照顾、社区文化建设等活动提升社区的凝聚力，从而为农村留守儿童及其家庭提供最有效的支持。其次，农村社区固有的熟人网络可以为农村留守儿童提供心理和实质性的安全支持，邻里之间的和睦共处尤其重要。因此，村民委员会可以积极动员农村社区内支持资源为农村留守儿童提供福利支持，如家庭之间可以通过"帮工、换工"等方式实现社会交换，外出家长、在家监护人和留守村民之间可以建立社区组织，增强乡村资源和乡村人际网

---

① 张秀兰、徐晓新：《社区：微观组织建设与社会管理——后单位制时代的社会政策视角》，《清华大学学报》（哲学社会科学版）2012 年第 1 期。

络对留守家庭监护的福利支持。最后，村民委员会可以通过建设乡村公共文化和重建乡村认同，使乡村文化得以重建，让农民的互助意识被唤醒、互助精神得到重塑，以此消解农村社会发展中出现的"空心化"弊端，让农村留守儿童成为有"根"之人，使社区场域成为塑造儿童道德品质和健全人格的精神家园。

同时，需要建立农村留守儿童福利供给的社区支持机制。首先，国家需要为社区支持进行政策赋权和财政支持。2019年5月，民政部会同教育部等十部门联合印发的《关于进一步健全农村留守儿童和困境儿童关爱服务体系的意见》中明确规定，"村（居）民委员会要明确由村（居）民委员会委员、大学生村官或者专业社会工作者等人员负责儿童关爱保护服务工作"。当前，农村社区设立的儿童主任，可以充当各项法规政策的"宣讲员"，与农村留守儿童父母保持联系的"联络员"以及收集和反馈信息的"信息员"，同时也可以成为提供儿童生活照料的"代办员"，儿童主任是活跃在社区范围内上沟下联、横向协调的关键角色，可以使社区更好地发挥儿童信息收集和福利提供的重要作用。尤其是对于学龄前的农村留守儿童来说，社区在关爱保护政策落实等方面发挥着更为重要的作用。各级财政部门要根据实际需要，为农村留守儿童关爱服务提供经费保障，加大社会福利事业彩票公益金在儿童关爱服务中的使用比例。其次，农村社区要挖掘和整合社区内的支持资源。2019年1月，中共中央印发《中国共产党农村基层组织工作条例》中提出，党的农村基层组织应加强农村留守儿童的关爱服务。因此，农村社区可以通过党建引领的方式，建立流出地社区与流入地社区之间的协作机制，将城市资源引入农村社区的支持，同时积极挖掘社区妇联、共青团等群团组织以及民政、司法等政府部门的资源，打造农村社区联席会议平台，实现社区对各种福利资源的整合。

四　发挥学校福利供给的传递作用

对于义务教育阶段的农村留守儿童来说，学校是他们生活的另一个主要场所。父母外出务工使家庭教育功能弱化，学校在农村留守儿童教育和成长过程中发挥着更加重要的作用。然而，在城镇化和农村空心化的现实情况下，农村学校曾在"村不办小学，乡不办初中"的布局调整政策中不断被撤并，尽管该政策已被叫停，但农村教育资源向城市转移的局面已经形成，出现农村教育资源不足和浪费同时存在的矛盾现象。同时，乡村教育发生了从扎根乡村生活、彰显乡土本色的乡土教育向城乡一体化模式下城市教育的转向，这种"远离乡土"的教育模式确实密切了城乡之间的联系，是国家教育行政治理理念和城市化的连续和统一，但同时使乡村教育失去了维系乡村共同体意识和促进乡村自我发展能力的功能。[1] 这使乡村儿童从时空上剥离了与乡村世界的联系，而城市生活又是他们在现实中无法企及的，致使他们在城市文明和乡土文明的冲突和交融中产生认知紧张，在认知和人格发展上出现先天不足。[2]

即使如此，对于留守在家乡的农村留守儿童来说，学校仍是为他们提供教育资源的重要阵地，也是实现农村家庭代际向上流动的重要通道。学校教师作为专业的教育工作者，他们对于儿童

---

① 陈静、王名：《入乡随俗的"社会补偿"社区营造与留守儿童社会保护网络构建——以 D 县 T 村的公益创新实验为例》，《兰州学刊》2018 年第 6 期。

② 江立华：《乡村文化的衰落与留守儿童的困境》，《江海学刊》2011 年第 4 期。

的成长发展规律及心理特点最为了解，对于农村留守儿童的福利需求掌握得也最为充分，他们与家长的沟通也最为直接。因此，可以在农村留守儿童关爱保护工作中，让学校做农村留守儿童需求的前端排查者，这样更加符合农村留守儿童的现实情况。学校可以作为农村留守儿童提供福利的一个载体，可以在政府和家庭之间起到信息沟通和联络的作用。尤其是随着国家对农村寄宿制学校的政策支持和财政支持，农村寄宿制学校将生活教育和学校教育融为一体，承担了知识传递、日常看护、医疗卫生服务和营养健康监督的多重职责，发挥着补偿家庭教育和情感关怀的工具性价值，也可以作为农村留守儿童教育福利的直接提供者及中介传递者。2018 年 5 月，国务院办公厅印发了《关于全面加强乡村小规模学校和乡镇寄宿制学校建设的指导意见》，这是加强农村寄宿制学校建设的又一重要举措。农村寄宿制学校是破解农村人口居住分散背景下学生上学远和上学难的有效途径，也是保证农村留守儿童顺利接受教育的重要举措，是实现农村义务教育公平和均衡发展的必然要求。[1] 寄宿制学校有利于农村留守儿童行为习惯的养成，也可以在一定程度上解决隔代监护、亲戚监护等存在的单纯物质性陪伴而难以胜任教育责任的问题。

然而，现实中农村留守儿童的父母和实际监护人对学校寄予过高的期望，希望学校为未成年儿童提供知识教育的同时，能够为儿童提供监护职能，以此对家庭功能的弱化进行一定程度的补位。这种过高期望会超出学校教育应该承担的职责范畴，导致学

---

① 范先佐、郭清扬：《农村留守儿童教育问题的回顾与反思》，《中国农业大学学报》（社会科学版）2015 年第 1 期。

校教育责任的扩大化。农村留守儿童的父母和实际监护人应该意识到寄宿制学校不能代替或补偿农村留守儿童成长过程中的父母职责,[1] 发挥学校的福利载体和中介作用并不意味着学校和教师应对农村留守儿童的教育负有主要或全部责任,家长不能把家庭的监护责任和养育责任转嫁给学校。在推进农村寄宿制学校标准化建设、发挥寄宿制学校应有的教育功能和补偿功能的同时,还需要发挥政府、社会和家庭的共同作用,形成政府、社会、学校和家庭联动的农村留守儿童关爱与教育体系。政府及时补充农村小规模学校师资、改善农村学校教学设施对于发挥学校对农村留守儿童的关爱作用也是当务之急。同时,乡村教育也要融入乡土文明和乡土记忆,使其发挥对乡村文化的传承和培育功能,担负起为乡村少年儿童提供精神食粮的责任,保证乡村少年儿童认知、情感、人格的健全发展。

五 鼓励和引导志愿组织发挥福利供给的中介作用

社会组织是为农村留守儿童提供关爱服务的重要社会力量。不同类型的社会组织可以根据自身的服务特长,通过对国家和社会资源进行整合,为农村留守儿童提供福利服务。社会组织在为农村留守儿童提供福利服务的过程中,主要是通过政府购买的方式参与其中。政府应加大对社会组织的购买力度,尤其是要出台更优惠的政策鼓励更多社会组织面向农村提供服务,让社会组织发挥为农村留守儿童福利提供"最后一公里"的中介作用。政府在向社会组织购买福利服务时,可以引入选择与竞争模式,在为

---

[1] 李勉、张彩、张丹慧等:《寄宿对农村留守儿童发展的影响——基于12省33680名留守儿童学校适应状况的实证研究》,《上海教育科研》2017年第4期。

服务对象提供精细化和专业化服务的同时，让服务对象也可以有选择服务的机会，这体现出对服务对象权利的尊重；通过选择与竞争的方式让社会组织参与政府购买服务，也有利于激励社会组织提供更优质、更高效的福利服务，可以保证福利供给与需求的有效衔接。同时，对于社会组织提供的服务，政府需要加大评估和监督的力度，确保社会组织在提供服务过程中不因自利性倾向而使志愿服务变形走样。

对于社会组织来说，加强专业人才队伍建设是更好地为农村留守儿童提供福利服务的必要前提和手段。社会组织需要将社会工作者和心理咨询师等专业人才纳入农村留守儿童关爱保护工作，并成为为农村留守儿童提供福利服务的重要人才力量。民政部于 2013 年曾发文要求建立多元主体共同参与的未成年人社会保护平台，通过"监测预防、发现报告、调查评估、危机处置、跟踪回访、工作评估"等几个步骤为未成年人提供保护工作。社会工作者可以在未成年人社会保护平台发挥其重要作用，可以有效整合家庭、学校、社会资源，为农村留守儿童形成以"风险预防—条件保障—心理支持"为主干、社会各方力量参与的保护路径。[1] 同时，政府应营造互助关爱的氛围，引导社会爱心人士积极参与到农村留守儿童关爱保护工作中。每个公民作为社会的个体，同时也是福利治理的重要参与主体，都可以作为农村留守儿童福利提供的重要主体，可以直接参与到农村留守儿童的关爱保护工作中。

---

[1]　黎平辉、蔡迎旗：《由权宜之计走向公共福利：贫困地区农村儿童保护研究》，《中国教育学刊》2019 年第 12 期。

第四节 以城乡协调发展促进
儿童福利均衡供给

农村留守儿童是在城市化进程大潮裹挟下由于城乡二元分割产生的一个特殊群体，要从根本上解决农村留守儿童问题，最好的办法是能让父母陪伴在孩子身边，即从根本上减少和消除农村留守儿童，这就需要根除农村留守儿童产生和存在的基础。2016年1月27日，李克强总理在国务院常务会议上强调，"最重要的是通过推进农民工市民化、引导扶持返乡创业就业等措施，从源头上减少留守儿童"。联合国《儿童权利公约》中一条原则是"儿童优先"，在所有可能的优先安排中，优先保障未成年子女与父母在一起生活，是优先中的优先安排。[①]

一 依托新型城镇化为儿童福利助力

农村留守儿童存在的更深层次原因，在于家庭的正常运行和发展在城镇化进程中被分解和破坏。对于多数父母来说，只要条件允许，他们会首选把子女带到打工地上学由自己亲自照顾。尽管他们从理性和主观上有这个意愿，但客观选择时却受到很多因素限制。从家庭内部因素来看，在城市务工照顾能力不足和父母流动性强是阻碍儿童随迁的主要因素；[②] 从外部因素来看，城市

[①] 段成荣：《解决留守儿童问题的根本在于止住源头》，《武汉大学学报》（人文科学版）2016年第2期。

[②] 陶然、孔德华、曹广忠：《流动还是留守：中国农村流动人口子女就地选择与影响因素考察》，《中国农村经济》2011年第6期。

教育资源有限以及异地教育衔接问题是阻碍儿童流动的主要因素。[①] 城市高落户门槛也增加了农民工子女留守家乡的概率，这也是造成大量农村儿童留守的制度性根源。[②] 但同时我们应该认识到，农村留守儿童和随迁儿童其实是一个整体，当越来越多的年轻夫妻外出打工选择将未成年子女带在身边时，农村留守儿童就会转化为随迁儿童，这也是城市化进程中必然经历的阶段。然而，农村家庭在向城市迁移的过程中，他们可能会面临户籍制度、教育、医疗等公共服务方面存在的制度性排斥，这会影响他们的整体福利水平。因此，要解决随迁儿童在城市中面临的困境，只依赖农民工家庭自身能力提升是远远不够的。

在推进以人为本的新型城镇化进程中，要使进城务工人员真正融入城市，最关键的是使其子女平等地获得城市的社会福利。一个迫切的任务就是进一步使户籍制度、居住证制度和积分制度有利于家庭迁移，弱化与户籍制度和积分制度相关联的福利，以流动人口的基本公共服务需要为出发点，实现基本公共服务均等化，在此过程中，"儿童优先"应成为其基本原则。这就需要以儿童实际需求为出发点，不断增强流入地政府对随迁儿童公共资源的供给能力，确保所有城乡儿童享有平等的权益和发展机会。

首先，流入地政府要为随迁儿童提供基本的教育、医疗等公共服务。针对随迁儿童在流入地入学难、入托难的困境，政府可以增加义务教育和学前教育的容纳数量满足随迁儿童的教育需求，保障随迁儿童接受义务教育的权利；打通随迁儿童异地中高考政策的阻碍，确保随迁儿童享受平等的教育发展机会。同时，

---

① 檀学文：《为什么多数农民工子女留守而不流动》，《农业技术经济》2014 年第 7 期。

② 魏东霞、谌新民：《落户门槛、技能偏向与儿童留守——基于 2014 年全国流动人口监测数据的实证研究》，《经济学》（季刊）2018 年第 2 期。

政府要肩负儿童卫生保健的责任，随迁儿童能否享有可及性的医疗卫生资源也是其父母是否将其随迁的一个考虑因素。在责任分担方面，中央政府和地方政府要共同担负起普惠儿童的福利责任，在财政保障机制中，可以通过建立流入地和流出地之间的转移支付机制，为流入地政府提供与事权相应的财权，激励流入地政府为流动人口提供相应的公共服务。

其次，通过规范企业的用工行为保障农民工的工作和收入稳定性。有研究发现，外出务工父母与企业的劳动关系越和谐越有助于降低农村儿童留守的概率。[1] 2019 年 11 月，民政部、国资委等六部门联合发布了《关于劳动密集型企业进一步加强农村留守儿童和困境儿童关爱服务工作的指导意见》，针对劳动密集型企业用工量大且农村务工人员高度集中的情况，从规范企业用工行为、提倡企业履行社会责任等方面加强对农村留守儿童的关爱和保护。这也是为农民工解除后顾之忧的重要举措，可以实现农民工在当地稳定就业。

二　以乡村振兴为契机为儿童福利增益

农村留守儿童群体是在城乡非均衡发展战略下城市得到优先发展的产物，要减少并最终消除农村留守儿童群体，城乡协调发展是其根本性策略。当前实施的乡村振兴战略是转向城乡融合发展的重要举措，可以破除城乡二元结构的壁垒，实现城乡公共资源全覆盖。

首先，给农民流动和回乡就业创造自由的选择空间。有研究

---

[1] 林素絮、谌新民:《工作与顾家何以兼得?——基于父母劳动关系和儿童留守视角的分析》,《南方人口》2020 年第 5 期。

表明，户籍地经济发展情况及创业环境是影响农民工返乡创业意愿[1]和创业绩效[2]的重要因素。因此，县级政府可以通过构建一站式服务平台和一体化公共信息平台，借力乡村振兴战略实施契机，优化农民工返乡创业环境，助力农民工返乡就业创业，在不影响家庭经济收入的情况下实现与未成年子女的团聚，保障家庭对未成年子女的关爱和照顾。这也是破解农村人口流失与实施乡村振兴战略对人才需求矛盾的有效途径。

其次，优化农村教育的办学条件和师资力量。针对农村学校规模小、弱势群体规模大及农村教育质量薄弱的现实，要以城乡教育均衡的理念为指导，以农村教育需求为出发点配置人、财、物资源，优化农村教育的办学条件和师资力量，提升农村教育自信和质量，实现城乡教育资源从生均均等到教育服务机会均等，再到教育服务质量均等的逐步跨越和提升，从而实现城乡教育公平，提升农村留守儿童的教育福利。

再次，在乡村振兴战略实施中，还需要加大农村公共卫生医疗服务支出力度。有研究表明，可及性不平等是导致农村卫生医疗资源不能有效促进儿童健康的重要原因。[3] 因此，需要实现城乡卫生医疗资源均衡配置，促进优质医疗资源向农村基层下沉，并且实现农村卫生医疗服务资源公平享有，同时需要提高农村儿童享有卫生医疗服务资源的获取能力，助力农村儿童健康成长。

最后，针对农村社区传统文化式微和衰败的现象，需要重振

---

[1]　张立新、林令臻、孙凯丽：《农民工返乡创业意愿影响因素研究》，《华南农业大学学报》（社会科学版）2016年第5期。

[2]　王洁琼、孙泽厚：《新型农业创业人才三维资本、创业环境与创业企业绩效》，《中国农村经济》2018年第2期。

[3]　宋月萍、谭琳：《卫生医疗资源的可及性与农村儿童的健康问题》，《中国人口科学》2006年第6期。

乡村文化，重塑农村公共文化空间，这也是乡村振兴战略的灵魂所在。农村公共文化空间包括原生的公共文化空间（生活型公共文化空间和传统型公共文化空间），也包括政府福利型公共文化空间和文化福利设施。[①] 要重塑农村公共文化空间，需要调动农民参与文化建设的积极性和主动性，对原生公共文化空间进行保护，发挥原生公共文化空间对乡村文化的传承和对乡村居民的凝聚作用。同时，需要对国家主导型的福利型公共文化空间进行拓展，在不断增加政府供给文化资源总量的基础上，进一步对公共文化资源进行优化配置，使乡村文化在传承的基础上有所更新，使其充分发挥文化服务和文化治理的功能，从而为农村儿童营造充盈的文化氛围，使其精神世界得到滋养。

---

① 陈波：《公共文化空间弱化：乡村文化振兴的"软肋"》，《人民论坛》2018 年第 21 期。

第 六 章
研究结论和未来研究展望

　　本研究通过量化研究和质性研究对农村留守儿童的福利获取情况进行了解，在此基础上重点对不同主体的福利供给情况进行深入分析，为提升农村留守儿童的福利水平提出政策建议，丰富了农村留守儿童福利的研究内容。作为本研究的结论部分，本章结合量化研究和质性研究的结果，明确本研究的具体结论。针对本研究存在的缺憾和未能涉及的问题，本章对将来的研究趋势进行展望。

第一节　研究结论

一　农村留守儿童的福利需求没有得到很好的满足

（一）农村留守儿童的客观福利总体处于劣势

　　本研究对农村留守儿童福利水平的测量从客观福利获取和主观福利体验两方面展开。客观福利获取主要从福利获取内容和福利获取方式两方面进行测量。从量化研究结果来看，在福利获取内容方面，农村留守儿童的生活福利、健康福利得分均显著低于非留守儿童，在教育福利得分方面，两个群体之间不存在显著差异。在福利获取方式方面，农村留守儿童获取的资金福利、照顾性服务福利和保护性服务福利得分均显著低于非留守儿童。

从质性研究结果来看，在生活福利和健康福利方面，农村留守儿童获取的生活照顾、生活保护、健康维护和健康照顾相对来说较少，这种福利衰减主要是在于核心家庭所能提供的福利减少。生活照顾和健康照顾主要来自扩展家庭，扩展家庭主要由年迈的祖辈亲属构成，他们所能提供的生活照料和保护从形式上可以对核心家庭进行替代，但实际效果无法与核心家庭提供的福利相比。在教育福利方面，农村留守儿童所获取的教育机会和教育辅助与非留守儿童不存在区别。这一方面与国家强制实施的义务教育政策有关，政策要求每一位儿童都有平等入学的机会；另一方面也说明在"城市中心主义"的倾向下，农村教育出现衰败，农村教育资源整体向城市流动，这对农村家庭和农村学生来说是一种双重剥夺的过程：要么农村家庭为了子女上学额外付出巨大的财力和人力，要么在优质教育资源的竞争中农村儿童被边缘化。[①] 从资金福利来看，尽管在量化研究中发现农村留守儿童的资金福利得分低于非留守儿童，但从质性研究结果来看，农村留守儿童并没有显示出在资金福利方面受到约束，也没有显示出与非留守儿童有哪些差异，从对农村留守儿童的实际监护人和成长亲历者的访谈中也得出了相同的结论。这可能是农村留守儿童由于父母照顾的缺失，很难通过收入提高和对儿童资金投入的增多来对父母照顾缺失进行弥补。

（二）农村留守儿童的主观福利有待提升

从对农村留守儿童与非留守儿童主观福利的比较结果来看，

---

① 潘璐、叶敬忠：《"大发展的孩子们"：农村留守儿童的教育与成长困境》，《北京大学教育评论》2014 年第 3 期。

农村留守儿童的生活满意度得分显著低于非留守儿童。生活满意度是评价个体生活质量的重要指标，也是对农村留守儿童主观福利进行衡量的重要标准，是对农村留守儿童积极心理状态的关注。本研究与以往很多研究得出了相同的结论，即农村留守儿童与非留守儿童和流动儿童相比其生活满意度都处于较低水平。

本研究以不同主体提供的福利对农村留守儿童的福利获取内容、福利获取方式分别进行回归分析，结果发现，核心家庭和扩展家庭提供的福利可以正向预测其生活福利、健康福利和教育福利；核心家庭和扩展家庭提供的福利可以正向预测其资金福利、照顾性服务福利和保护性服务福利。这个结果进一步表明，农村留守儿童的生活福利、健康福利和教育福利主要来自核心家庭和扩展家庭，即家庭在农村留守儿童福利供给中仍处于核心地位。

本研究通过对农村留守儿童的福利获取内容、福利获取方式及不同主体福利供给对主观福利进行回归分析，结果发现，农村留守儿童的福利获取内容对其主观福利具有一定的预测效果，尤其是健康福利可以显著正向预测其生活满意度；农村留守儿童的福利获取方式对其主观福利有一定的预测效果，尤其是照顾性服务福利可以显著正向预测其生活满意度；不同主体为农村留守儿童提供的福利对其主观福利具有一定的预测效果，其中核心家庭、扩展家庭和志愿组织提供的福利可以显著正向预测其生活满意度。以上统计结果说明，农村留守儿童的生活满意度提升主要取决于其福利获取情况，提升其主观福利的来源主要在于各主体共同提供的福利。

本研究通过进一步对不同主体的福利供给、农村留守儿童的福利获取、农村留守儿童的主观福利进行逐步回归统计分析，结果发现，健康福利在核心家庭和扩展家庭福利供给与生活满意度之间起部分中介作用，照顾性服务福利在核心家庭和扩展家庭福利供给与生活满意度之间起部分中介作用。因此我们判断，影响农村留守儿童主观福利的主要供给主体仍是其核心家庭和扩展家庭，农村留守儿童从核心家庭和扩展家庭获取的健康福利和照顾性服务福利是中介变量。据此我们也可以认为，不同主体的福利供给可以通过农村留守儿童的福利获取影响其主观福利，从而揭示了不同主体福利供给对农村留守儿童主观福利的影响机制。

二　不同主体在农村留守儿童福利供给中难以形成合力

对农村留守儿童和非留守儿童从不同福利供给主体获取的福利进行方差分析，结果发现，农村留守儿童从核心家庭、扩展家庭和社区获取的福利显著低于非留守儿童，从国家和志愿组织获取的福利与非留守儿童不存在显著差异。

（一）农村留守儿童的福利主要来自核心家庭和扩展家庭

从对农村留守儿童的访谈得知，由于父母外出务工，他们与父母主要是通过电话或视频的方式进行日常沟通，当然如果父母回家会对他们进行细微的照顾。但总体来说，农村留守儿童从父母处获得的主要是资金方面的支持，日常照顾和保护则处于缺位状态，这使得农村留守儿童从核心家庭获取的福利明显减少。农村留守儿童主要由祖辈亲属进行照顾，祖辈亲属对农村留守儿童的日常照料主要体现在生活关爱和健康照顾方面。然而，囿于自身年龄、精力和思想观念等方面的限制，祖辈亲属对农村留守儿童提供的隔代照料往往停留在低水平的基本需求满足状态。即使如此，由祖辈亲属提供的保护和照顾福利也是农村留守儿童在缺乏父母监护时可以依靠的最后屏障。因此，总体来说，农村留守儿童的福利主要来自核心家庭和扩展家庭。

（二）国家在农村留守儿童福利供给中有所体现

对于国家提供的福利，农村留守儿童所能获取的主要是教育福利和资金福利。教育福利作为一种普惠型福利，是面向所有义务教育阶段的学生提供的，农村留守儿童所能感受到的只是不会出于家庭经济原因辍学，周围也没有同学出于经济原因辍学，因此能保证所有义务教育阶段学生的教育机会。资金福利是国家为贫困家庭儿童提供的一种经济补贴，这是义务教育"两免一补"政策和精准扶贫政策相结合的举措，目的是保证农村贫困家庭儿童在接受义务教育过程中基本生活需要能够得到满足。因此，农村留守儿童并没有在教育机会和教育资金方面获得国家的额外青睐，农村留守儿童与非留守儿童从国家获取的福利没有显著差异也在情理之中。农村留守儿童在学校可以获得一定的特殊照顾，如学校会为农村留守儿童建立档案，为农村留守儿童提供心理辅导，老师与农村留守儿童父母进行更多的沟通和交流。

（三）农村社区在农村留守儿童福利供给中作用有限

农村社区在村民自治委员会的管理下，肩负着农村公共产品和公共服务最直接的供给者职责，受到村集体经济限制和村民事务多重繁杂性的影响，农村社区能够为农村留守儿童提供的福利非常有限。目前设立的儿童主任也还没有充分发挥作用，因此农村留守儿童从村委所能获得的福利几乎是可以忽略不计的。在农村社区中邻居之间的互帮互助是农村熟人社会里特有的一种互惠行为，彼此之间如果有困难邻居也都会在力所能及的情况下提供相应的帮助，这种帮助不仅仅是在青壮年外出家庭中，只要彼此之间关系比较亲近，日常生活中的互动还是比较频繁的。

（四）志愿组织在农村留守儿童福利供给中缺位

我国的志愿组织目前发展还比较滞后，所能承担的公共事务和公共服务还比较有限，尤其是志愿组织的活动还很少触及农村地区，整个农村地区属于志愿组织发挥作用的薄弱区域，因此农村留守儿童从志愿组织所能获取的福利几乎空白。偶尔有政府部门组织提议的献爱心活动，也因为政府部门有较多的条件限制导致有志愿精神的民众参与意愿不强，因此很难在农村留守儿童的福利供给中发挥作用。

（五）多元主体需在农村留守儿童福利供给中形成合力

以福利治理理论研究农村留守儿童的福利供给，在强调各主体为农村留守儿童提供福利所承担职责的同时，要注重在不同权力关系结构中农村留守儿童福利服务供给的制度建构以及服务传递，同时注重国家、社区、志愿组织、家庭等不同主体在农村留守儿童福利供给中的互动和相互作用。在政府承担农村留守儿童主要福利供给者角色的同时，其他社会力量要和政府连接成层次有别、功能互补、相互支持的农村留守儿童社会福利服务体系。还要在全社会宣传现代儿童观念，让民众认识到每个儿童都是一个独立的个体，他们的生存权、健康权、教育权和发展权是要受到保护的。全社会要认识到农村留守儿童福利供给不仅是外出务工家庭的责任，也需要动员全社会力量为农村留守儿童提供关爱和保护，从而提升农村留守儿童福利水平。

三 破解农村留守儿童福利供给困境需要挖掘更深层次原因

（一）不同主体在农村留守儿童福利供给中面临不同困境

农村留守儿童群体所面临的风险和可能产生的问题，既有拆分型家庭带来的亲子分离、代理监护人监护不利、家庭社会资本削弱等家庭因素，也有农村留守儿童所生存的乡村环境出现空心化所带来的乡村社会衰落和乡村文化解体的社会因素，尤其是乡村教育的"城市化"所带来的教育内容"远离乡土"的特征使乡村儿童处于无根的文化处境。农村留守儿童群体家庭结构的不完整使其处于家庭教育缺失和家庭社会化不完善的不利处境，这样的大环境会增加他们社会化中出现不确定性后果的概率。

不同主体为农村留守儿童提供的福利关爱存在不同困境。核心家庭面临"物质在场、亲情缺位"的福利供给困境，扩展家庭存在"心有余而力不足"的福利供给困境；国家面临福利转型困境和政府各职能部门福利资源整合难的困境；农村社区空心化使邻居为农村留守儿童提供的支持减少，村委公共事务庞杂难以有精力顾及农村留守儿童群体；志愿组织整体力量薄弱制约农村留守儿童福利供给，个体志愿者的志愿服务难以有效发挥作用。

（二）不同主体面临的困境有其深层次原因

不同主体所面临的福利供给困境，背后存在着更深层次的原因，主要是因为农村留守儿童群体是转型期多种复杂因素交互作用的产物。这个群体产生的原因在于我国社会经济转型过程中，农村家庭的非农化生产模式和现行城市公共服务政策的二元性共同作用的结果，也可以说是市场和政府共同作用的结果，由此产生了儿童发展和经济发展之间的矛盾。这已经超出了单个农民工家庭所能解决的范畴，因此需要社会力量的关爱和帮扶才能保证农村留守儿童健康成长。国家适度普惠型儿童福利政策重现金补贴、轻服务保障使其难以满足农村留守儿童的需要，各职能部门在自身利益驱动下在项目和政策供给时缺乏有效的协同机制。农村社区行政型的基层治理体制具有的"重行政、轻服务"的特质造成儿童成长和社区福利之间的张力，农村公共文化衰落使社区缺乏互助精神和凝聚力。社会组织处于与政府不对等的合作关系中，尤其是民间的志愿组织对政府部门存在较强的经济依赖和行政依赖影响其福利递送效果。

针对不同主体在农村留守儿童福利供给中的困境及原因，要想更好地对农村留守儿童进行关爱，需要以儿童权利和儿童需要为出发点，使儿童福利制度由补缺向适度普惠再到精准保障转变。协调政府和家庭在福利政策制定中的关系，通过儿童友好型家庭政策和具体的措施落实家庭的福利供给主体责任。完善多元主体的福利供给机制，主要是强化政府福利供给的主导责任，落实家庭福利供给的主体责任，强化农村社区福利供给的平台作用，发挥学校福利供给的传递作用，鼓励和引导志愿组织发挥福利供给的中介作用。同时，依托新型城镇化和乡村振兴战略，以城乡协调发展促进儿童福利均衡供给。只有如此，才能从根本上解决农村留守儿童面临的问题和儿童留守的问题。

第二节　未来研究展望

一　对农村留守儿童群体展开异质性研究

农村留守儿童是一个规模庞大的群体，他们自身的复杂性使这个群体内部存在很大的差异性，他们面临的问题也不尽相同，因此需要对他们的区域、年龄、问题表现等进行异质性研究。

（一）对农村留守儿童福利状况进行区域之间的比较研究

本研究主要聚焦于东部农村地区农村留守儿童的福利状况，没有涉及中西部地区农村留守儿童，也没有对东部与西部地区农村留守儿童福利状况进行对比研究。《2019 年农民工监测调查报告》显示，东部地区输出农民工占农民工总量的 35.8%，中西部地区输出农民工占农民工总量的 60.8%，而且从分布区域来看，农村留守儿童绝大多数分布在四川、安徽、湖南、河南、江西等地。因此，如果能对农村留守儿童福利状况进行地域之间的比较将会使研究结果更具有说服力。

（二）研究所有年龄段农村留守儿童的福利状况

本研究将农村留守儿童的年龄段设定为"年龄上限为十六周岁，年龄下限为零岁"。根据政府的权威界定，可以将 16 岁以下儿童分为农村留守婴幼儿（0—3 岁）、学龄前期农村留守儿童（3—6 岁）、学龄农村留守儿童（6—12 岁）、农村留守青少年（12—16 岁）。本研究为了能够进行问卷调查和访谈，将研究对象聚焦于义务教育阶段农村留守儿童的福利状况，主要对农村留守青少年进行了问卷调查和访谈。对于农村留守青少年来说，学校是一个非常重要的福利供给主体，老师和同学是其重要的福利支持体系之一，尤其是寄宿制学校兼具家庭教育和学校教育的作用，有利于农村留守儿童福利体系的完善。然而，学龄农村留守儿童很少或没有实行寄宿制，其福利供给体系中学校所能发挥的作用与寄宿的学生相比处于较弱的位置。尤其是对于学龄前儿童来说，其福利需求主要是生活福利和健康福利，教育福利主要在家庭内部和托幼机构实现。托幼机构分为公办和民办两种类型，这就会涉及市场力量的参与，福利供给主体与义务教育阶段农村留守儿童相比具有一定的差异性。农村留守婴幼儿家庭更需要政府、社区和社会力量的福利支持。因此，如果要全面研究农村留守儿童的福利，对于不同年龄段的儿童福利需要区别对待。

（三）对农村留守儿童进行分类研究

本研究是把农村留守儿童作为一个没有区别的整体来看待，主要人口学变量涉及性别、受教育阶段、留守类型等，这就暗含着所有农村留守儿童的福利需求都是相同的，各福利供给主体可以为他们提供相同的福利内容和方式。然而，越来越多的研究发现，农村留守儿童并不是一个同质的整体，其内部是存在分化的。基于农村留守儿童的不同需求，学术界对农村留守儿童内部进行了细分，如有研究将农村留守儿童分为学业失教型、心理失衡型、行为失范型、生活失保型。[①] 也有研究认为农村留守儿童存在精神缺"爱"、心理缺"疏"、学习缺"导"、安全缺"护"、经济缺"援"、生活缺"助"等困境。[②] 还有研究者将农村留守儿童分为生活困难型、学业困难型、情感关爱缺乏型、健康欠缺型、行为失范型、安全缺乏型等几种类型。[③] 无论目前对农村留守儿童基于哪些维度进行分类，都反映出学术界越来越注意农村留守儿童群体内部存在的差异，这就意味着农村留守儿童的需求也会存在不同。因此，将来针对农村留守儿童的需求差异应进行精准化的分类福利供给，通过差异化方式提升所有农村留守儿童的福利水平。

二　对农村留守儿童的关爱应有新思维

尽管政府和学界都在探讨如何对农村留守儿童进行关爱和保护、如何保证农村留守儿童群体能够健康成长，但要真正解决农村留守儿童问题需要进行思维转向。

（一）将留守儿童问题研究转向儿童留守问题研究

农村留守儿童群体是我国工业化和现代化进程中伴生的一种社会现象，他们在家庭功能受损的情况下面临家庭教育功能弱化

---

① 孟芳兵、吴哲敏、武海龙：《留守儿童群体分类关爱机制研究》，《中国教育学刊》2015 年第 S1 期。

② 黄铁苗、徐常建：《关于健全农村留守儿童关爱服务体系的思考》，《行政管理改革》2018 年第 10 期。

③ 刘金接、张福庆、蒋国河等：《分类管理视角下农村留守儿童关爱服务体系建设研究》，《社会工作》2020 年第 3 期。

和情感满足功能受损的问题。在乡村文化衰落、农村教育衰败的大环境下，他们更容易受到伤害，也更有可能产生不良行为，因此政府不断出台相应政策解决农村留守儿童问题。但儿童并非天生就会出现问题，他们的弱势特征也不一定会引发"问题行为"，不能将农村留守儿童等同于"问题儿童"，给他们贴标签，进行"污名化"，他们之所以可能出现问题，是因为留守的状态使他们面临更多风险。农村留守儿童群体只能说是社会经济转型过程中特有的现象，这种状态处于不断变化中，他们可能会随着父母进城成为随迁儿童，也可能会因为父母返乡而结束留守状态，又或者因年龄增长不再属于儿童。因此，将来对农村留守儿童问题的研究应转向儿童留守问题研究，这样才更容易发现真问题。

（二）研究儿童留守问题要从线性思维转向复杂思维

农村留守儿童群体的产生表面看似简单，实则具有系统性和复杂性。从表面上看，父母外出打工将未成年子女留在家乡是家庭为解决增收问题做出的一种必然选择，是父母为了给子女创造更好的经济条件而行使个人权力的结果，实际上看似合理和自由的个人选择行为其结果却不是个人及家庭所能够承担的。因此，不能将儿童留守现象简单地归因于家庭的非理性选择，在研究这个群体时要防止就留守谈留守。埃德加·莫兰认为，一种简单化的直线性的思维很可能使问题考虑不周。① 因此，需要研究我国社会转型期的政治、经济、社会、文化、教育等与农村留守儿童生存有关的具体环境，这样才能揭示儿童留守的真原因和真矛盾。

---

① ［法］埃德加·莫兰：《复杂性思想导论》，陈一壮译，华东师范大学出版社 2008 年版，第 86 页。

（三）解决儿童留守问题的政策要具有整体性和针对性

当前政府出台的相关政策主要是对农村留守儿童如何进行关爱、保护和监护，当然，为了弥补因亲子分离给农村留守儿童带来的不利影响，政府和社会都有责任对他们进行关爱。然而，当前的政策主要是针对"儿童"，没有真正考察儿童"留守"的相关问题，也就是说，当前的政策目标主要是保证儿童不出问题，没有从根本上去解决由于家庭被拆分造成的留守问题，这很容易使政策措施只是围绕农村留守儿童打转。为了避免针对农村留守儿童的措施只是隔靴搔痒，应立足留守儿童视角，了解他们真正需要什么、了解父母与孩子分离的真正原因，不仅对他们进行"替代家庭"的临时性关爱，更重要的是动员社会力量，围绕儿童留守的相关社会问题，从整体上制定有针对性的政策解决儿童留守问题。

附　录

附录1　调查问卷（部分举例）

客观福利部分

第一部分

1. 你的性别是?

A. 男　　　　　　　　　B. 女

2. 你的民族是_____族?

3. 你所属的年级是_____?

4. 你出生于_____年_____月_____日? （阳历）

5. 你们家有_____个人?

6. 请问你的父母是否在外务工?

A. 父母都在外　　　　B. 父亲在外

C. 母亲在外　　　　　D. 父母都在家

7. 你外出务工的父亲现在_____省工作? （父亲没有外出务工的同学不填）

8. 你外出务工的母亲现在_____省工作? （母亲没有外出

务工的同学不填）

9. 你和谁生活在一起？

A. 父母亲　　　　　　　B. 父亲

C. 母亲　　　　　　　　D. 爷爷奶奶

E. 外公外婆　　　　　　F. 伯伯、叔叔或姑姑

G. 姨妈或舅舅　　　　　H. 哥哥姐姐

I. 自己　　　　　　　　J. 其他

第二部分

1. 你得到的生活照顾是否细致？

A. 非常细致　　　　　　B. 比较细致

C. 一般　　　　　　　　D. 不太细致

E. 非常不细致

2. 你是否遭遇过比较严重的殴打或长期无原因的打骂？

A. 总遭受　　　　　　　B. 经常遭受

C. 偶尔遭受　　　　　　D. 很少遭受

E. 从来没有

3. 在你生病时得到的照顾细致吗？

A. 非常细致　　　　　　B. 比较细致

C. 一般　　　　　　　　D. 不太细致

E. 非常不细致

4. 你会被提醒注意个人卫生吗？

A. 总是这样　　　　　　B. 经常这样

C. 有时这样　　　　　　D. 很少这样

E. 几乎没有

5. 你的教育费用（学杂费、书籍费用、辅导班费用）能够

满足你的需要吗？

　　A. 完全能够满足　　　　B. 基本能满足

　　C. 一般　　　　　　　　D. 不太满足

　　E. 非常不满足

6. 你是否曾经出于经济原因而辍学？

　　A. 总是这样　　　　　　B. 很多次

　　C. 有几次　　　　　　　D. 有一两次

　　E. 从来没有

7. 有人会经常给你检查作业吗？

　　A. 每天都有　　　　　　B. 两三天

　　C. 四五天　　　　　　　D. 六七天

　　E. 一周以上

第三部分

1. 与同龄人比较，爸爸妈妈给你的生活费用是否充足？

　　A. 非常充足　　　　　　B. 比较充足

　　C. 一般　　　　　　　　D. 不太充足

　　E. 非常不充足

2. 爸爸妈妈是否会全力支持你读书？

　　A. 非常支持　　　　　　B. 比较支持

　　C. 一般　　　　　　　　D. 不太支持

　　E. 非常不支持

3. 爸爸妈妈是否能够辅导你的功课？

　　A. 总是辅导　　　　　　B. 经常辅导

　　C. 偶尔辅导　　　　　　D. 不太辅导

　　E. 没有辅导过

4. 亲属们经常会照顾你的生活吗？

    A. 总会　　　　　　　　B. 经常会

    C. 偶尔会　　　　　　　D. 一般不会

    E. 从来不会

5. 亲属们会辅导你的功课吗？

    A. 总会　　　　　　　　B. 经常会

    C. 偶尔会　　　　　　　D. 一般不会

    E. 从来不会

第四部分

1. 政府会经常进行儿童保护方面的宣传吗？

    A. 总会如此　　　　　　B. 经常如此

    C. 偶尔会有　　　　　　D. 一般没有

    E. 从来没有

2. 社区（居委会、村委会等）或邻居给予过你们家生活费用的援助吗？

    A. 总有　　　　　　　　B. 经常有

    C. 偶尔有　　　　　　　D. 一般没有

    E. 从来没有

3. 如果你的监护人外出，是否会有社区或邻居照看你？

    A. 总有　　　　　　　　B. 经常有

    C. 偶尔有　　　　　　　D. 一般没有

    E. 从来没有

4. 你是否得到过志愿组织或者志愿者提供的生活资助？

    A. 总是得到　　　　　　B. 经常得到

    C. 偶尔得到　　　　　　D. 很少得到

E. 没得到过

5. 你是否得到过志愿组织或者志愿者提供的教育资助？

A. 总是得到   B. 经常得到

C. 偶尔得到   D. 很少得到

E. 没得到过

主观福利部分

请仔细阅读问卷中的每一个句子，判断它是否符合你的实际情况，然后在相应的数字上画圈，如①。

	题　目	完全不符合	不太符合	不能确定	比较符合	完全符合
1	目前我的生活不错	1	2	3	4	5
2	我的生活就该是这样的	1	2	3	4	5
3	我想改变生活中的一些事情	1	2	3	4	5
4	我真希望过一种不同的生活	1	2	3	4	5
5	我过着很好的生活	1	2	3	4	5
6	生活中我拥有我所想要的东西	1	2	3	4	5
7	我的生活比其他大多数同龄人的要好	1	2	3	4	5

附录2　访谈提纲

针对农村留守儿童访谈提纲

姓名：

性别：

年龄：

年级：

父母电话号码：

临时监护人电话号码：

1. 你爸爸妈妈在哪里打工？外出打工多长时间了？爸爸妈妈多长时间回来一次？你平时和父母怎么联系？多长时间联系一次？

2. 你和父母的关系怎么样？

3. 你有没有因为父母平时不在家而对他们有过抱怨？

4. 父母平时对你的生活是否关心？生活费用是由爸爸妈妈提供吗？

5. 父母平时会不会打你或骂你？

6. 父母对你日常生活的照顾是否细致？

7. 父母是不是经常关心你的营养和健康问题？

8. 父母有没有经常提醒你注意个人卫生？如果你生病了，一般谁来照顾你？看病的费用谁来承担？

9. 父母是不是经常关心你的学习？比如经常问你考得怎么样，学习中是不是存在困难等？

10. 父母是不是很支持你上学？你在学习方面的要求父母都会满足你吗？父母有没有通过报辅导班对你学习给予支持？

11. 你平时和谁生活在一起？你和实际监护人（当前照顾者）关系怎么样？

12. 你的实际监护人会给你分担生活费吗？

13. 你在和实际监护人生活过程中有没有挨过打或骂？

14. 你的实际监护人经常照顾你的生活吗？

15. 你生病时实际监护人会给你付医药费吗？他们会主动照顾你吗？

16. 你的实际监护人会经常给你改善伙食吗？

17. 你的实际监护人会定期给你买学习用品吗？

18. 你的实际监护人支持你学习吗？他们会为你辅导作业吗？

19. 你们家是否接受过政府的资助？比如低保或其他社会救助？

20. 你参加医疗保险了吗？

21. 你接受过政府或学校提供的奖学金或助学金吗？

22. 政府或学校会经常进行儿童保护方面的宣传吗？

23. 你们学校有免费午餐吗？如果有，免费午餐怎么样？如果没有，午餐怎么解决？

24. 近两年你周围有没有出于经济原因而辍学的同学？

25. 政府为你们家提供过家务服务或相关的培训吗？

26. 政府或学校的老师在你生病时会给你提供一些看护吗？

27. 政府和学校的老师是否会经常跟你的父母或实际监护人就你的学习问题进行沟通？

28. 社区组织（居委会、村委会等）或邻居支持过你的生活费吗？你生病时他们为你提供过药物或提供过医药费吗？如果你交学费出现困难他们会提供帮助吗？

29. 如果有儿童辍学，社区和邻居会出面制止吗？你家所在的社区组织或邻里间是否有针对儿童教育提供培训的？

30. 你是否得到过志愿组织或志愿者提供的生活资助、医疗资助和教育资助？

31. 是否有志愿组织或志愿者到你家或所在村居宣传过儿童人身保护的政策？

32. 你是否得到过志愿组织或志愿者提供的家务劳动或培训？你在生病期间是否得到过志愿组织或志愿者的照顾？是否有志愿组织或志愿者为你的监护人讲解如何教育儿童？

33. 你生活、学习和健康方面的资金和照顾，来自父母、实际监护人、国家（学校）、社区（村委和邻居）、志愿组织哪个方面的照顾和保护更多？

34. 你在生活、营养健康和教育哪方面觉得满足程度更高一些？

35. 你在资金、照顾和保护哪方面觉得满足程度更高一些？

36. 你目前生活状态是否满足了你的需要？

37. 你对当前的生活状态满意吗？你对政府、邻居、村委、志愿组织、家庭、学校哪方面给你提供的资金、保护和照顾更满意？

38. 你觉得改善生活、健康和教育哪方面会使你更加满意？

39. 你觉得增加资金、照顾和保护哪方面会使你更加满意？

40. 你觉得生活、健康和教育哪些方面缺失会影响你的生活满意度？

41. 你觉得你的生活和周围父母没有去打工的同学相比有没有区别？

针对班主任、任课教师和学校分管领导的访谈提纲

年龄：

性别：

户籍所在地：

家庭情况：

从事的工作：

1. 你所了解的农村留守儿童的总体情况是什么样的？他们的生活水平和普通儿童有没有差别？

2. 你们平时对学生有没有家访？通过什么方式家访？与他们在外地打工的父母沟通还是与临时监护人进行沟通？

3. 农村留守儿童在生活照料方面是什么情况？他们的临时监护人能不能对农村留守儿童进行很好的照顾？

4. 农村留守儿童如果生病的话，他们的实际监护人对他们的关心程度如何？医药费谁来支付？

5. 农村留守儿童的营养健康状况怎么样？与非留守儿童相比有没有区别？

6. 农村留守儿童在教育资金方面与非留守儿童有没有区别？

7. 农村留守儿童在教育机会方面与非留守儿童有什么区别？会不会比非留守儿童学习成绩差？是否会比非留守儿童更容易辍学？

8. 农村留守儿童在学业辅导和家庭教育方面是什么情况？

9. 学校在资金、照顾和保护方面为农村留守儿童做得怎么样？如果有资金方面的帮助，体现在哪些方面？资金来源是什么？

10. 学校能为农村留守儿童做的主要是针对生活、健康还是教育方面？

11. 学校在为农村留守儿童提供福利方面存在哪些困境？将来的发展方向是什么样的？

12. 当前志愿组织或爱心企业有没有为农村留守儿童做过什么？可以从生活、健康和教育方面来谈，也可以从资金、保护和照顾方面来谈。

13. 您觉得农村留守儿童对目前的生活状态满意吗？

14. 您觉得哪些方面会影响农村留守儿童的生活满意度？哪些方面缺失或哪些主体提供的福利缺失会使农村留守儿童不满意？

针对政府部门进行的访谈

年龄：

性别：

户籍所在地：

家庭情况：

从事的工作：

1. 2019 年国家成立儿童福利司，现在县一级对接儿童福利工作的是哪些部门？各部门之间分别负责哪些工作？

2. 政府部门在资金、照顾和保护方面为农村留守儿童提供了哪些福利？有相关政策文件的支持吗？

3. 政府部门在生活、健康和教育方面为农村留守儿童提供了哪些福利？有相关政策文件的支持吗？

4. 目前政府部门在为农村留守儿童提供的福利中存在哪些问题？将来的发展趋势应该是什么样的？

5. 咱们县（镇）有没有为儿童提供福利服务的社会组织、专业人员队伍和志愿者队伍？

6. 当前志愿组织或爱心企业针对农村留守儿童提供福利时存在哪些困境？这些困境应如何去破解？

7. 政府有没有针对志愿组织或爱心企业在开展农村留守儿童帮扶方面提供过支持，或有什么样的优惠政策？

针对村委和邻居进行的访谈

年龄：

性别：

户籍所在地：

家庭情况：

从事的工作：

1. 您是否帮助过农村留守儿童？比如生活方面、健康方面和教育方面？

2. 您对农村留守儿童的帮助主要是通过什么方式？资金、照顾还是保护？

3. 您有没有主动帮助或考虑长期帮助农村留守儿童？

4. 乡镇政府和村委会对农村留守儿童提供过什么（主要是生活、健康和教育方面的）？

5. 乡镇政府通过哪些方式关心过农村留守儿童（如资金、照顾和保护方式）？

6. 乡镇政府和村委会在关心农村留守儿童方面存在哪些困境？

7. 您觉得留守在家的孩子对目前的生活状态满意吗？

8. 您觉得生活、健康和教育以及资金、保护和照顾哪些会影响孩子的生活满意度？哪些方面不足或哪些主体关心不到位会使孩子不满意？

针对志愿组织进行的访谈

年龄：

性别：

户籍所在地：

家庭情况：

从事的工作：

1. 您所在的社会组织主要提供哪些方面的服务？

2. 您所在的社会组织主要以什么方式承接服务？

3. 目前社会组织有没有涉及为农村留守儿童提供福利服务的项目？

4. 您认为目前志愿组织在为农村留守儿童提供福利服务时存在哪些困境？需要哪些政策支持？

附录3　访谈人员一览表

类别	被访者	基本状况
政府工作人员	W 副局长	男，51 岁，当地城镇户口，长期从事本县教育行政工作，熟悉农村留守儿童教育工作
	Z 副局长	女，48 岁，当地城镇户口，长期从事本县民政工作，熟悉农村留守儿童工作
	Z 书记	男，43 岁，当地城镇户口，长期分管镇文教工作，一儿一女，儿子上高一，女儿 3 岁，对农村留守儿童熟悉
	H 主任	女，40 岁，当地城镇户口，原来在镇团委工作，目前分管镇妇联工作，婚育不详，对农村留守儿童熟悉
	L 科员	女，28 岁，当地城镇户口，镇民政工作人员，新婚无子女，工作中涉及农村留守儿童
学校领导和老师	Z 校长	男，50 岁，当地城镇户口，小学校长，从事教育工作 29 年，两个女儿，一个在读研究生，一个在读本科，对教育工作十分热爱，重视家庭教育
	L 校长	男，58 岁，当地城镇户口，中学校长，与老伴关系融洽，子女不详，有多年担任校长的经历

续表

类别	被访者	基本状况
学校领导和老师	W 校长	男，45 岁，当地城镇户口，中学校长，婚育不详，既是校长，同时兼任数学老师
	L 老师	女，43 岁，当地城镇户口，小学班主任，语文老师
	N 老师	女，39 岁，当地城镇户口，小学思品老师，负责学校留守儿童工作
	J 老师	女，33 岁，当地城镇户口，中学数学老师
	W 老师	男，55 岁，当地城镇户口，中学化学老师，分管学生工作
村委工作人员和邻居	C 书记	男，55 岁，某村支部书记，一儿二女，当地农村户口，担任本村支部书记已有 10 年
	Z 儿童主任	女，47 岁，某村妇女主任，兼任儿童主任，一儿一女，在本村从事妇女工作已有十多年
	H 先生	男，50 岁，当地农村户口，一儿一女，平时在外地帮亲戚销售房产，不定期回来
	Y 女士	女，48 岁，当地农村户口，一个儿子，平时在家帮儿子带孩子，儿子儿媳在本地打工
	N 先生	男，41 岁，当地农村户口，一个儿子在上大学，平时夫妻二人在本地做门窗生意
志愿组织人员	X 先生	男，35 岁，某中心主任，具有五年社区服务经验
	L 女士	女，28 岁，某中心三级社工，具有四年社区服务经验
农村留守儿童家庭成员	男童 6 爷爷	66 岁，高中文化，身体健康，一儿一女，女儿已出嫁，儿子儿媳带着小孙女在济南，孙子跟自己和老伴在家
	男童 5 奶奶	73 岁，老伴三年前去世，有五个儿子、五个女儿，子女都已成家，儿子都在外打工，目前与自己在一起生活的是小儿子家的儿子，小儿子年轻时夫妻俩在外打工，因感情破裂早已离异，与小孙子相依为命
	女童 4 妈妈	40 岁，在德州做生意，一儿一女，在女儿七八岁时外出打工，女儿在老家上学，儿子在自己身边上私立学校

续表

类别	被访者	基本状况
农村留守儿童	女童1	11岁，父母在济南打工，打工3年，一年回来3次左右，有一个弟弟，与奶奶一起生活，爷爷也在外面打工
	女童2	12岁，父母在青岛打工，打工9年，每年回来3次，有一个妹妹，与爷爷奶奶一起生活
	女童3	14岁，父母在广东打工，打工9年，1年回来1次，有一个弟弟、一个妹妹，与爷爷奶奶一起生活
	女童4	15岁，父母在德州做生意，自己七八岁时父母外出，没有特殊情况一年也不回来，弟弟8岁，和父母在德州上私立学校，平时与爷爷奶奶一起生活
	女童5	12岁，父母在河北唐山打工，外出打工2年，1年回来1次，与爷爷奶奶一起生活
	女童6	15岁，父母在多地打过工，打工10年，很少回来，与爷爷奶奶生活在一起
	男童1	12岁，父母在青岛打工，打工10年，1年回来1次，有一个妹妹，与爷爷奶奶一起生活
	男童2	13岁，父母在济南工作，打工3年，有两个姐姐，一个在上初中，一个在上高中，平时与爷爷奶奶一起生活
	男童3	15岁，父亲在淮南打工，母亲在济南打工，父母关系不和，父亲很少回来，母亲有时半年回来一次，与姥姥姥爷一起生活
	男童4	16岁，3岁时父亲去世，母亲外嫁且在外地打工，平时与爷爷奶奶一起生活，有时去北京姑姑家短住
	男童5	12岁，父母离异，从小没有与妈妈生活在一起，爸爸在寿光打工已经多年，半年回来一次，爷爷去世，与奶奶相依为命
	男童6	13岁，父母早期打工5年，目前在济南开小吃店，一年回来2次，有一个妹妹在父母身边，自己与爷爷奶奶生活在一起

参考文献

一　中文

（一）著作

范明林、吴军：《质性研究》，格致出版社 2009 年版。

贡森、葛延风：《福利体制和社会政策的国际比较》，中国发展出版社 2012 年版。

郭静晃：《儿童福利》，扬智文化事业股份有限公司 2004 年版。

劳动和社会保障部社会保险研究所组织翻译：《贝弗里奇报告——社会保险和相关服务》，中国劳动社会保障出版社 2004 年版。

林聚任、刘玉安：《社会科学研究方法（第二版）》，山东人民出版社 2008 年版。

林胜义：《儿童福利（第 4 版）》，台北：五南图书出版股份有限公司 2014 年版。

林胜义：《儿童福利行政》，台北：五南图书出版股份有限公司 2017 年版。

彭华民：《福利三角中的社会排斥——对中国城市新贫穷社群的一个实证研究》，上海人民出版社 2007 年版。

彭华民：《社会福利与需要满足》，社会科学文献出版社 2008 年版。

沈颢、［不丹］卡玛·尤拉主编：《国民幸福——一个国家发展的指标体系》，北京大学出版社 2011 年版。

时正新：《中国社会福利与社会进步报告（2000）》，社会科学文献出版社 2000 年版。

同雪莉：《抗逆力：留守儿童研究新视角》，中国社会科学出版社 2017 年版。

万国威：《社会福利转型下的福利多元建构：西部农村留守儿童的实证研究》，中国社会科学出版社 2016 年版。

王雪梅：《儿童福利论》，社会科学文献出版社 2014 年版。

熊跃根：《需要、互惠与责任分担——中国城市老年人照顾的政策与实践》，格致出版社、上海人民出版社 2008 年版。

姚建平：《国与家的博弈——中国儿童福利制度发展史》，格致出版社、上海人民出版社 2015 年版。

叶敬忠、［美］詹姆斯·莫瑞主编：《关注留守儿童：中国中西部农村地区劳动力外出务工对留守儿童的影响》，社会科学文献出版社 2005 年版。

俞可平：《治理与善治》，社会科学文献出版社 2000 年版。

岳经纶、［挪］斯坦·库纳、颜学主编：《工作—生活平衡：理论借鉴与中国现实》，格致出版社、上海人民出版社 2014 年版。

曾华源、郭静晃：《少年福利》，台北：亚太图书出版社 1999 年版。

周震欧：《儿童福利》，台北：巨流图书公司 1991 年版。

［法］埃德加·莫兰：《复杂性思想导论》，陈一壮译，华东师范

大学出版社 2008 年版。

［美］伯克·约翰逊：《教育研究：定性、定量和混合研究方法》，
马健生等译，重庆大学出版社 2015 年版。

［美］Neil Gilbert、Paul Terrell：《社会福利政策引论》，沈黎译，
华东理工大学出版社 2013 年版。

［美］詹姆斯·N. 罗西瑙：《没有政府的治理》，张胜军、刘小林
等译，江西人民出版社 2001 年版。

［英］安东尼·吉登斯：《第三条道路：社会民主主义的复兴》，
郑戈译，北京大学出版社 2000 年版。

［英］哈特利·迪安：《社会政策学十讲》，岳经纶、温卓毅、庄
文嘉译，格致出版社、上海人民出版社 2009 年版。

［英］理查德·蒂特马斯：《蒂特马斯社会政策十讲》，江绍康译，
吉林出版集团有限责任公司 2011 年版。

［英］T. H. 马歇尔、安东尼·吉登斯等：《公民身份与社会阶
级》，郭忠华、刘训练译，江苏人民出版社 2008 年版。

（二）期刊

毕天云：《论大福利视阈下我国社会福利体系的整合》，《学习与
实践》2012 年第 2 期。

毕天云、朱珠：《社会福利公平与底线福利制度建设》，《云南民
族大学学报》（哲学社会科学版）2013 年第 5 期。

边慧敏、崔佳春、唐代盛：《中国欠发达地区农村留守儿童健康
水平及其治理思考》，《社会科学研究》2018 年第 2 期。

常青、夏绪仁：《农村留守儿童人格特征研究》，《心理科学》
2008 年第 6 期。

陈刚：《劳动力迁移、亲子分离与青少年犯罪》，《青年研究》
2016 年第 2 期。

陈江生、李文辉、张耀启等：《农村劳动力流动模式对家庭生活福利的影响——基于陕西、河南两省城乡随机调查数据的实证分析》，《北京理工大学学报》（社会科学版）2012 年第 4 期。

陈静、王名：《入乡随俗的"社会补偿"：社区营造与留守儿童社会保护网络构建——以 D 县 T 村的公益创新实验为例》，《兰州学刊》2018 年第 6 期。

陈良瑾、唐钧：《建立有中国特色的社会福利制度》，《学术研究》1992 年第 3 期。

陈玲、黄君：《福利资源整合与服务供给——基于 T 小学留守儿童服务项目的研究》，《社会建设》2016 年第 3 期。

陈天祥、徐于琳：《游走于国家与社会之间：草根志愿组织的行动策略——以广州启智队为例》，《中山大学学报》（社会科学版）2011 年第 1 期。

陈向明：《社会科学中的定性研究方法》，《中国社会科学》1996 年第 6 期。

陈在余：《中国农村留守儿童营养与健康状况分析》，《中国人口科学》2009 年第 5 期。

陈治：《福利供给变迁中的政府责任及其实现制度研究——福利供给的国外考察与启示》，《理论与改革》2007 年第 5 期。

崔嵩、周振、孔祥智：《父母外出对留守儿童营养健康的影响研究——基于 PSM 的分析》，《农村经济》2015 年第 2 期。

戴建兵：《农村留守儿童多维风险评估与干预——基于风险的社会放大理论框架》，《西北农林科技大学学报》（社会科学版）2017 年第 6 期。

邓玮：《社区为本：农村留守青少年犯罪风险的社工干预策略——以抗逆力提升为介入焦点》，《西北农林科技大学学报》

（社会科学版）2014 年第 5 期。

丁继红、徐宁吟：《父母外出务工对留守儿童健康与教育的影响》，《人口研究》2018 年第 1 期。

丁杰、吴霓：《农村留守儿童问题调研报告》，《教育研究》2004 年第 10 期。

丁学娜、李凤琴：《福利多元主义的发展研究——基于理论范式视角》，《中南大学学报》（社会科学版）2013 年第 6 期。

董才生、马志强：《留守儿童关爱保护政策需要从"问题回应"型转向"家庭整合"型》，《社会科学研究》2017 年第 4 期。

杜亮、王伟剑：《家庭、国家与儿童发展：美国、德国和日本儿童政策的比较研究》，《河北师范大学学报》（教育科学版）2015 年第 1 期。

段成荣：《解决留守儿童问题的根本在于止住源头》，《武汉大学学报》（人文科学版）2016 年第 2 期。

段成荣、赖妙华、秦敏：《21 世纪以来我国农村留守儿童变动趋势研究》，《中国青年研究》2017 年第 6 期。

段成荣、吕利丹、郭静等：《我国农村留守儿童生存和发展基本状况——基于第六次人口普查数据的分析》，《人口学刊》2013 年第 3 期。

段成荣、杨舸：《我国农村留守儿童状况研究》，《人口研究》2008 年第 3 期。

范斌：《中国儿童福利制度重构与福利治理之可能》，《预防青少年犯罪研究》2014 年第 5 期。

范先佐、郭清扬：《农村留守儿童教育问题的回顾与反思》，《中国农业大学学报》（社会科学版）2015 年第 1 期。

范兴华、范志宇：《亲子关系与农村留守儿童幸福感：心理资本

的中介与零花钱的调节》，《中国临床心理学杂志》2020 年第
3 期。

范兴华、余思、彭佳等：《留守儿童生活压力与孤独感、幸福感
的关系：心理资本的中介与调节作用》，《心理科学》2017 年
第 2 期。

付玉明：《论我国留守儿童性权利的法律保护——基于十起典型
案例的实证分析》，《法学论坛》2016 年第 3 期。

傅骊元：《现代资本主义"福利国家"的实质》，《经济科学》
1981 年第 1 期。

高丽茹、万国威：《福利治理视阈下城市困境儿童的福利提
供——基于南京市 FH 街道的个案研究》，《学术研究》2019 年
第 4 期。

高玉娟、白钰、马跃等：《正负效应的先来后到：父母外出对留
守儿童学业表现的影响研究》，《劳动经济研究》2018 年第
3 期。

古桂琴：《农村留守义务教育学生关爱服务体系研究——以服务
型政府为视角》，《江西社会科学》2016 年第 4 期。

关颖：《未成年人犯罪特征十年比较——基于两次全国未成年犯
调查》，《中国青年研究》2012 年第 6 期。

郭开云、张晓冰：《我国农村留守儿童权益保护及对策研究》，
《中国青年社会科学》2018 年第 4 期。

韩央迪：《从福利多元主义到福利治理：福利改革的路径演化》，
《国外社会科学》2012 年第 2 期。

何欢：《美国家庭政策的经验和启示》，《清华大学学报》（哲学
社会科学版）2013 年第 1 期。

何玲：《儿童性侵害与解决对策研究——基于 2013—2018 年的相

关数据》，《中国青年社会科学》2019 年第 2 期。

何玲：《瑞典儿童福利模式及发展趋势研议》，《中国青年研究》2009 年第 2 期。

贺春临、周长城：《福利概念与生活质量指标——欧洲生活质量指标体系的概念框架和结构研究》，《国外社会科学》2002 年第 1 期。

侯娟、邹泓、李晓巍：《流动儿童家庭环境的特点及其对生活满意度的影响》，《心理发展与教育》2009 年第 2 期。

侯珂、刘艳、屈智勇等：《留守对农村儿童青少年社会适应的影响：倾向值匹配的比较分析》，《心理发展与教育》2014 年第 6 期。

侯玉娜：《父母外出务工对农村留守儿童发展的影响：基于倾向得分匹配方法的实证分析》，《教育与经济》2015 年第 1 期。

胡滨：《农村留守儿童犯罪的实证研究——以湖南省 H 乡为个案》，《青少年犯罪问题》2010 年第 1 期。

胡宏伟、郭少云：《照顾状态与留守儿童行为问题——基于中国留守儿童数据调查》，《河北大学学报》（哲学社会科学版）2018 年第 3 期。

胡江、杜伟：《留守未成年人犯罪预防的症结所在与根本出路》，《青少年犯罪问题》2012 年第 1 期。

胡湛、彭希哲：《家庭变迁背景下的中国家庭政策》，《人口研究》2012 年第 2 期。

黄君：《农村留守儿童社会保护体系建构：福利治理视角》，《社会工作》2017 年第 1 期。

黄君：《身份、能力与保障：儿童主任政策运行的困境和出路》，《社会工作》2020 年第 4 期。

黄黎若莲：《"福利国"、"福利多元主义"和"福利市场化"》，《中国改革》2000 年第 10 期。

黄荣晓、邱鸿亮：《留守儿童成长机制的三维建构——基于粤西农村 C 初中留守儿童案例的叙事研究》，《华南师范大学学报》（社会科学版）2018 年第 4 期。

黄铁苗、徐常建：《关于健全农村留守儿童关爱服务体系的思考》，《行政管理改革》2018 年第 10 期。

黄宗智：《中国的现代家庭：来自经济史和法律史的视角》，《开放时代》2011 年第 5 期。

季彩君：《基于实证调查的留守儿童教育支持研究——以苏中 X 地区为例》，《全球教育展望》2016 年第 3 期。

江立华：《乡村文化的衰落与留守儿童的困境》，《江海学刊》2011 年第 4 期。

姜又春：《家庭社会资本与"留守儿童"养育的亲属网络——对湖南潭村的民族志调查》，《南方人口》2007 年第 3 期。

姜玉贞、宋全成：《社会养老服务福利治理的局限性及其成因分析——基于 RHLJ 社区养老服务中心案例的分析》，《山东社会科学》2019 年第 11 期。

蒋逸民：《作为"第三次方法论运动"的混合方法研究》，《浙江社会科学》2009 年第 10 期。

金晓冬：《基于服务效能最大化下关爱农村留守儿童的活动特色研究——以重庆图书馆蒲公英梦想书屋为例》，《图书馆理论与实践》2020 年第 1 期。

景天魁：《底线公平：公平与发展相均衡的福利基点》，《北京工业大学学报》（社会科学版）2015 年第 1 期。

柯宓、朱钢：《城市公办学校就读门槛降低对农民工子女随迁的影响——基于样本城市自然实验的分析》，《经济问题》2017年第4期。

雷万鹏、向蓉：《留守儿童学习适应性与家庭教育决策合理性》，《华中师范大学学报》（人文社会科学版）2018年第6期。

黎平辉、蔡迎旗：《由权宜之计走向公共福利：贫困地区农村儿童保护研究》，《中国教育学刊》2019年第12期。

李红岩、刘海燕：《制度塑造政策的经验分析——以进城务工人员随迁子女义务教育政策为例》，《经济问题》2014年第3期。

李坚：《农村留守儿童看护问题探讨》，《湖南社会科学》2011年第6期。

李静美、邬志辉：《随迁抑或留守：农民工携带子女进城的基本状况与影响因素研究》，《南方人口》2017年第4期。

李勉、张彩、张丹慧等：《寄宿对农村留守儿童发展的影响——基于12省33680名留守儿童学校适应状况的实证研究》，《上海教育科研》2017年第4期。

李强、臧文斌：《父母外出对留守儿童健康的影响》，《经济学》（季刊）2011年第1期。

李双辰、朱新然、胡宏伟：《福利治理视域下农村留守儿童侵害预防与保护》，《河北大学学报》（哲学社会科学版）2019年第5期。

李文祥、翟宁：《中国儿童社会工作发展的范式冲突与路径选择》，《河北学刊》2019年第3期。

李迎生、李泉然、袁小平：《福利治理、政策执行与社会政策目标定位——基于N村低保的考察》，《社会学研究》2017年第6期。

李云森、王军辉、罗良：《亲子分离之殇：父母外出与农村儿童的福利损失》,《中国经济问题》2019 年第 1 期。

梁宏、任焰:《流动,还是留守?——农民工子女流动与否的决定因素分析》,《人口研究》2010 年第 2 期。

林闽钢:《福利多元主义的兴起及其政策实践》,《社会》2002 年第 7 期。

林闽钢、王章佩:《福利多元视野中的非营利组织研究》,《社会科学研究》2001 年第 6 期。

林南、王玲、潘允康等:《生活质量的结构与指标——1985 年天津千户户卷调查资料分析》,《社会学研究》1987 年第 6 期。

林素絮、谌新民:《工作与顾家何以兼得?——基于父母劳动关系和儿童留守视角的分析》,《南方人口》2020 年第 5 期。

刘继同:《当代中国的儿童福利政策框架与儿童福利服务体系(上)》,《青少年犯罪问题》2008 年第 5 期。

刘继同:《当代中国的儿童福利政策框架与儿童福利服务体系(下篇)》,《青少年犯罪问题》2008 年第 6 期。

刘继同:《儿童福利的四种典范与中国儿童福利政策模式的选择》,《青年研究》2002 年第 6 期。

刘继同:《欧美人类需要理论与社会福利制度运行机制研究》,《北京科技大学学报》(社会科学版)2004 年第 3 期。

刘继同:《人类需要理论与社会福利制度运行机制研究》,《中共福建省委党校学报》2004 年第 8 期。

刘继同:《社会转型期儿童福利的理论框架与政策框架》,《中国青年研究》2005 年第 7 期。

刘继同:《现代社会福祉概念与中国特色社会福利制度框架建设研究》,《黑龙江社会科学》2012 年第 5 期。

刘建生、涂琦瑶、施晨:《"双轨双层"治理:第一书记与村两委的基层贫困治理研究》,《中国行政管理》2019 年第 11 期。

刘金接、张福庆、蒋国河等:《分类管理视角下农村留守儿童关爱服务体系建设研究》,《社会工作》2020 年第 3 期。

刘启英:《乡村振兴背景下原子化村庄公共事务的治理困境与应对策略》,《云南社会科学》2019 年第 3 期。

刘诗波、郑显亮、胡宏新:《农村寄宿制学校留守儿童家庭教育功能补偿探索——以江西 A 县 B 小学的实践为例》,《中国教育学刊》2014 年第 10 期。

刘霞、赵景欣、申继亮:《农村留守儿童的情绪与行为适应特点》,《中国教育学刊》2007 年第 6 期。

刘小年:《农民工政策的阶段新论——兼与胡鞍钢教授商榷》,《探索与争鸣》2006 年第 3 期。

刘晓静:《计划经济时期中国儿童福利研究》,《社会保障评论》2018 年第 4 期。

刘晓霞、隋建华:《大学生志愿服务刍议——以义务教育阶段关爱农村留守儿童为视角》,《黑龙江高教研究》2013 年第 11 期。

刘筱红、柳发根:《真问题与建设性矛盾:儿童留守的政策问题研究》,《中国行政管理》2016 年第 1 期。

刘永春、郑亚男、宋爽:《京津冀协同推动下河北省农村留守儿童社会化联动机制研究——以河北省 9 个村庄留守儿童调查为例》,《社会科学论坛》2017 年第 3 期。

卢淑华、韦鲁英:《生活质量主客观指标作用机制研究》,《中国社会科学》1992 年第 1 期。

陆继霞:《加强留守儿童的法治教育,谁之责》,《人民论坛》2019 年第 4 期。

陆士桢、常晶晶:《简论儿童福利和儿童福利政策》,《中国青年政治学院学报》2003 年第 1 期。

陆士桢：《建构中国特色的儿童福利体系》，《社会保障评论》2017 年第 3 期。

陆士桢：《中国儿童社会福利需求探析》，《中国青年政治学院学报》2011 年第 6 期。

吕吉、刘亮：《农村留守儿童家庭结构与功能的变化及其影响》，《中国特殊教育》2011 年第 10 期。

吕炜：《农村留守儿童代理家长之法律思考——兼评留守儿童关爱机制陕西"石泉模式"》，《西北大学学报》（哲学社会科学版）2011 年第 6 期。

吕炜、杨沫、王岩：《市民化的福利效应分析——基于农业转移人口生活满意度视角》，《经济科学》2017 年第 4 期。

孟芳兵、吴哲敏、武海龙：《留守儿童群体分类关爱机制研究》，《中国教育学刊》2015 年第 S1 期。

南钢：《留守儿童家庭治理：模式、问题与重构》，《温州大学学报》（社会科学版）2019 年第 5 期。

牛更枫、李占星、王辰宵等：《网络亲子沟通对留守初中生社会适应的影响：一个有调节的中介模型》，《心理发展与教育》2019 年第 6 期。

潘璐、叶敬忠：《"大发展的孩子们"：农村留守儿童的教育与成长困境》，《北京大学教育评论》2014 年第 3 期。

潘璐、叶敬忠：《农村留守儿童研究综述》，《中国农业大学学报》（社会科学版）2009 年第 2 期。

彭华民：《创新福利治理 完善福利制度》，《社会建设》2016 年第 3 期。

彭华民：《福利三角：一个社会政策分析的范式》，《社会学研究》

2006 年第 4 期。

彭华民、黄叶青:《福利多元主义:福利提供从国家到多元部门转型》,《南开学报》(哲学社会科学版)2006 年第 6 期。

彭华民:《论需要为本的中国社会福利转型的目标定位》,《南开学报》(哲学社会科学版)2010 年第 4 期。

彭华民、孙维颖:《福利制度因素对国民幸福感影响的研究——基于四个年度 CGSS 数据库的分析》,《社会建设》2016 年第 3 期。

彭华民:《中国组合普惠式社会福利制度的构建》,《学术月刊》2011 年第 10 期。

戚务念:《农村留守儿童的学校关爱模式及其讨论》,《当代教育科学》2017 年第 2 期。

秦敏、朱晓:《父母外出对农村留守儿童的影响研究》,《人口学刊》2019 年第 3 期。

秦永超:《福祉、福利与社会福利的概念内涵及关系辨析》,《河南社会科学》2015 年第 9 期。

裴指挥:《留守儿童"亲情空洞"问题发生的特殊性及防范》,《中国教育学刊》2016 年第 5 期。

全国妇联课题组:《全国农村留守儿童 城乡流动儿童状况研究报告》,《中国妇运》2013 年第 6 期。

Des Gasper:《人类福利:概念和概念化》,陆丽娜译,《世界经济文汇》2005 年第 3 期。

任远:《大迁移时代的儿童留守和支持家庭的社会政策》,《南京社会科学》2015 年第 8 期。

任运昌:《高度警惕留守儿童的污名化——基于系列田野调查和文献研究的呼吁》,《教育理论与实践》2008 年第 32 期。

上官子木：《隔代抚养与"留守"儿童》，《父母必读》1993 年第 11 期。

尚晓援：《从国家福利到多元福利——南京市和兰州市社会福利服务的案例研究》，《清华大学学报》（哲学社会科学版）2001 年第 4 期。

尚晓援：《"社会福利"与"社会保障"再认识》，《中国社会科学》2001 年第 3 期。

尚晓援、陶传进：《中国儿童福利制度的权利基础及其限度》，《清华大学学报》（哲学社会科学版）2009 年第 2 期。

申继亮、胡心怡、刘霞：《留守儿童歧视知觉特点及与主观幸福感的关系》，《河南大学学报》（社会科学版）2009 年第 6 期。

申继亮、刘霞、赵景欣等：《城镇化进程中农民工子女心理发展研究》，《心理发展与教育》2015 年第 1 期。

师凤莲：《农村社区：概念的误解与澄清》，《浙江学刊》2008 年第 5 期。

师海玲、范燕宁：《社会生态系统理论阐释下的人类行为与社会环境——2004 年查尔斯·扎斯特罗关于人类行为与社会环境的新探讨》，《首都师范大学学报》（社会科学版）2005 年第 4 期。

宋广文、何云凤、丁琳等：《有留守经历的中学生心理健康、心理弹性与主观幸福感的关系》，《中国特殊教育》2013 年第 2 期。

宋杰、房敏：《留守儿童的学习困境与农村社区支持体系的构建》，《吉林教育》2017 年第 8 期。

宋锦、李实：《农民工子女随迁决策的影响因素分析》，《中国农村经济》2014 年第 10 期。

苏群、徐月娥、陈杰：《父母外出务工与留守子女辍学——基于

CHNS 调查数据的经验分析》，《教育与经济》2015 年第 2 期。

孙顺其：《"留守儿童"实堪忧》，《教师博览》1995 年第 2 期。

孙文凯、王乙杰：《父母外出务工对留守儿童健康的影响——基于微观面板数据的再考察》，《经济学》（季刊）2016 年第 3 期。

孙艳艳：《"家庭为本"的留守儿童社会服务政策理念与设计》，《东岳论丛》2013 年第 5 期。

孙远太：《基于福利获得的城市农民工幸福感研究——以河南 875 个样本为例》，《西北人口》2015 年第 3 期。

谭深：《中国农村留守儿童研究述评》，《中国社会科学》2011 年第 1 期。

檀学文：《为什么多数农民工子女留守而不流动》，《农业技术经济》2014 年第 7 期。

唐有财、符平：《动态生命历程视角下的留守儿童及其社会化》，《中州学刊》2011 年第 4 期。

陶然、孔德华、曹广忠：《流动还是留守：中国农村流动人口子女就地选择与影响因素考察》，《中国农村经济》2011 年第 6 期。

陶然、周敏慧：《父母外出务工与农村留守儿童学习成绩——基于安徽、江西两省调查实证分析的新发现与政策含义》，《管理世界》2012 年第 8 期。

陶旭、李一杉：《混合方法研究的国际态势及其对我国教育研究的启示——基于 2006—2015 年混合方法期刊的文献计量与可视化分析》，《大学》（研究版）2016 年第 3 期。

田北海、钟涨宝：《社会福利社会化的价值理念——福利多元主义的一个四维分析框架》，《探索与争鸣》2009 年第 8 期。

田旭、黄莹莹、钟力等：《中国农村留守儿童营养状况分析》，

《经济学》（季刊）2018 年第 1 期。

童小军:《国家亲权视角下的儿童福利制度建设》,《中国青年社会科学》2018 年第 2 期。

万国威、李珊:《"留守儿童"福利供应的定量研究——基于四川省兴文县的实证调研》,《中国青年研究》2012 年第 12 期。

万国威、李珊:《"留守女童"福利供应的定量研究——基于四川省兴文县的实证调查》,《人口学刊》2013 年第 1 期。

万国威:《中国少儿教育福利省际均衡性研究》,《中国人口科学》2012 年第 1 期。

汪永涛:《城市化进程中农村代际关系的变迁》,《南方人口》2013 年第 1 期。

王才章、李梦伟:《基于社会服务项目的儿童福利资源整合》,《当代青年研究》2016 年第 5 期。

王洁琼、孙泽厚:《新型农业创业人才三维资本、创业环境与创业企业绩效》,《中国农村经济》2018 年第 2 期。

王娟、邹泓、侯珂等:《青少年家庭功能对其主观幸福感的影响:同伴依恋和亲社会行为的序列中介效应》,《心理科学》2016 年第 6 期。

王思斌:《我国适度普惠型社会福利制度的建构》,《北京大学学报》（哲学社会科学版）2009 年第 3 期。

王晓燕:《日本儿童福利政策的特色与发展变革》,《中国青年研究》2009 年第 2 期。

王晓毅:《乡村公共事务和乡村治理》,《江苏行政学院学报》2016 年第 5 期。

王学男、吴霓:《"后撤并时代"寄宿制学校对农村留守儿童关爱与教育的挑战与可能——基于江西、四川两省的调研》,《湖南师范大学教育科学学报》2019 年第 1 期。

王亚华、高瑞:《走向稳定、秩序与良治——现代化进程中的乡村公共事务治理》,《人民论坛·学术前沿》2015 年第 3 期。

王瑶、景维民、张雪凯:《留守儿童获得了更多的家庭教育投入吗?——基于 CEPS 数据的实证分析》,《南方人口》2019 年第 6 期。

王玉香、吴立忠:《我国留守儿童政策的演进过程与特点研究》,《青年探索》2016 年第 5 期。

魏东霞、谌新民:《落户门槛、技能偏向与儿童留守——基于 2014 年全国流动人口监测数据的实证研究》,《经济学》(季刊)2018 年第 2 期。

温忠麟、张雷、侯杰泰等:《中介效应检验程序及其应用》,《心理学报》2004 年第 5 期。

吴海航:《儿童权利保障与儿童福利立法研究》,《中国青年研究》2014 年第 1 期。

吴霓等:《农村留守儿童问题调研报告》,《教育研究》2004 年第 10 期。

吴鹏飞、余鹏峰:《中国儿童福利权实现的路径》,《青年探索》2015 年第 4 期。

吴重涵、戚务念:《留守儿童家庭结构中的亲代在位》,《华东师范大学学报》(教育科学版)2020 年第 6 期。

谢贝妮、李岳云:《劳动力流动对农村家庭教育投资决策的影响》,《经济体制改革》2013 年第 4 期。

谢琼:《儿童权利的实现与福利制度的完善——基于国际视角的考察》,《湖南社会科学》2013 年第 1 期。

邢占军、周慧:《基于需要的老年福利供给与多方治理》,《理论学刊》2019 年第 2 期。

邢占军：《主观幸福感测量研究综述》，《心理科学》2002 年第 3 期。

熊跃根：《国家力量、社会结构与文化传统——中国、日本和韩国福利范式的理论探索与比较分析》，《江苏社会科学》2007 年第 4 期。

熊跃根：《转型经济国家中的"第三部门"发展：对中国现实的解释》，《社会学研究》2001 年第 1 期。

徐晓新、张秀兰：《将家庭视角纳入公共政策——基于流动儿童义务教育政策演进的分析》，《中国社会科学》2016 年第 6 期。

徐月宾：《儿童福利服务的概念与实践》，《民政论坛》2001 年第 4 期。

许弘智、王英伦、勒天宇：《同辈社会网络与农民工子女的文化再生产——基于 Q 市流动儿童与留守儿童的比较研究》，《青年研究》2019 年第 5 期。

杨华、欧阳静：《阶层分化、代际剥削与农村老年人自杀——对近年中部地区农村老年人自杀现象的分析》，《管理世界》2013 年第 5 期。

杨汇泉、朱启臻：《农村留守儿童家庭抚育策略的社会学思考——一项生命历程理论视角的个案考察》，《人口与发展》2011 年第 2 期。

杨菊华、段成荣：《农村地区流动儿童、留守儿童和其他儿童教育机会比较研究》，《人口研究》2008 年第 1 期。

杨立华、李凯林：《公共管理混合研究方法的基本路径》，《甘肃行政学院学报》2019 年第 6 期。

杨雄：《我国儿童社会政策建设的几个基本问题》，《当代青年研究》2011 年第 1 期。

姚继军、张新平：《新中国教育均衡发展的测度》，《华东师范大学学报》（教育科学版）2010 年第 2 期。

姚建龙、常怡蓉：《留守儿童犯罪：污名化的反思与修正》，《中国青年社会科学》2016 年第 4 期。

姚建龙、刘悦：《解析儿童福利司：比较、历史与未来》，《中国青年社会科学》2020 年第 3 期。

姚建平、刘明慧：《改革开放以来中国儿童福利制度模式研究》，《社会建设》2018 年第 6 期。

姚进忠、李建川：《需要导向：残疾人社会福利供给困境与整体性治理研究》，《华东理工大学学报》（社会科学版）2018 年第 5 期。

叶敬忠、王伊欢、张克云等：《父母外出务工对留守儿童生活的影响》，《中国农村经济》2006 年第 1 期。

一张：《"留守儿童"》，《瞭望新闻周刊》1994 年第 45 期。

于建琳、宣朝庆：《70 年来儿童福利的政策演进及其路径探析》，《社会建设》2019 年第 5 期。

余成龙、冷向明：《"项目制"悖论抑或治理问题——农村公共服务项目制供给与可持续发展》，《公共管理学报》2019 年第 2 期。

袁梦、郑筱婷：《父母外出对农村儿童教育获得的影响》，《中国农村观察》2016 年第 3 期。

袁宋云、陈锋菊、谢礼等：《农村留守儿童家庭功能与心理适应的关系》，《中国健康心理学杂志》2016 年第 2 期。

岳经纶、方萍：《照顾研究的发展及其主题：一项文献综述》，《社会政策研究》2017 年第 4 期。

岳经纶：《个人社会服务与福利国家：对我国社会保障制度的启示》，《学海》2010 年第 4 期。

岳经纶、郭英慧：《社会服务购买中政府与 NGO 关系研究——福利多元主义视角》，《东岳论丛》2013 年第 7 期。

岳经纶、张孟见：《社会政策视阈下的国家与家庭关系：一个研究综述》，《广西社会科学》2019 年第 2 期。

岳经纶、张孟见：《社会政策视域下的国家与家庭关系：一项实证分析》，《重庆社会科学》2019 年第 3 期。

曾燕波：《儿童福利政策的国际比较与借鉴》，《当代青年研究》2011 年第 7 期。

张波：《公共图书馆农村留守儿童集群化服务实践与思考——以"蒲公英梦想书屋"为例》，《图书馆学研究》2015 年第 20 期。

张凡：《儿童福利事业的定位与发展》，《中国民政》2001 年第 3 期。

张继元：《双维度福利混合框架——供给主体多元化与手段多元化的结合》，《治理研究》2019 年第 2 期。

张莉、申继亮：《农村留守儿童主观幸福感与公正世界信念的关系研究》，《中国特殊教育》2011 年第 6 期。

张立新、林令臻、孙凯丽：《农民工返乡创业意愿影响因素研究》，《华南农业大学学报》（社会科学版）2016 年第 5 期。

张丽芳、唐日新、胡燕等：《留守儿童主观幸福感与教养方式的关系研究》，《中国健康心理学杂志》2006 年第 4 期。

张润森：《社会福利——困扰西欧的大问题》，《世界经济文汇》1984 年第 4 期。

张涛：《农村留守儿童福利保障支持体系研究》，《预防青少年犯罪研究》2015 年第 3 期。

张晓冰：《农村留守儿童遭受性侵案件的特征、难点及出路》，《法律适用》（司法案例）2019 年第 4 期。

张秀兰、徐晓新：《社区：微观组织建设与社会管理——后单位制时代的社会政策视角》，《清华大学学报》（哲学社会科学版）2012 年第 1 期。

张秀兰、徐月宾：《构建中国的发展型家庭政策》，《中国社会科学》2003 年第 6 期。

张旭东、赵霞、孙宏艳：《农村留守儿童存在的突出问题及对策建议》，《云南教育》（视界综合版）2015 年第 3 期。

张瑶、陈伟：《父母外出打工对留守儿童学业成绩的影响》，《当代青年研究》2018 年第 2 期。

赵怀娟、刘玥：《多元复合与福利治理：老年人长期照护服务供给探析》，《老龄科学研究》2016 年第 1 期。

赵景欣、刘霞、张文新：《同伴拒绝、同伴接纳与农村留守儿童的心理适应：亲子亲合与逆境信念的作用》，《心理学报》2013 年第 7 期。

赵磊磊、柳欣源、李凯：《社区支持对留守儿童学校适应的影响——基于县域视角的调查研究》，《教育科学》2019 年第 6 期。

赵锐：《基于主观福利评价思路估计中国家户等价规模——一种准确比较家户生活水准的应用工具》，《经济评论》2016 年第 3 期。

郑树清、陈川：《中国现行社会保障制度的出路》，《社会》1990 年第 2 期。

钟冬莲：《公共图书馆服务留守儿童阅读的实践模式分析——以会昌县图书馆"家庭导读服务"项目为例》，《图书馆》2017 年第 12 期。

钟引、钟朝晖、潘建平等:《中国西部两个省（市）农村留守与非留守儿童忽视状况》,《中华预防医学杂志》2012 年第 1 期。

周长城、蔡静诚:《生活质量主观指标的发展及其研究》,《武汉大学学报》（哲学社会科学版）2004 年第 5 期。

周福林:《我国留守老人状况研究》,《西北人口》2006 年第 1 期。

周沛:《"福利整合"与"福利分置":老年残疾人与残障老年人的福利治理》,《内蒙古社会科学》2020 年第 3 期。

周沛:《基于"增进民生福祉"的制度性福利与服务性福利整合研究》,《东岳论丛》2018 年第 5 期。

周晓虹:《文化反哺:变迁社会中的亲子传承》,《社会学研究》2002 年第 2 期。

周幼平、唐兴霖:《中国情境下福利多元理论的反思》,《学术研究》2012 年第 11 期。

周镇忠、蔡芸、顾天安等:《大数据支持下的农村留守儿童福利政策研究》,《社会保障研究》2019 年第 5 期。

朱欢、王鑫:《"绿水青山"的福利效应——基于居民生活满意度的实证研究》,《中国经济问题》2019 年第 4 期。

朱家存、阮成武、刘宝根:《区域义务教育均衡发展监测指标体系研究——基于安徽省义务教育政策实践》,《教育研究》2010 年第 11 期。

朱斯琴:《父母外出对农村留守儿童心理健康的影响——基于四省农户的实证研究》,《暨南学报》（哲学社会科学版）2016 年第 2 期。

［英］T. H. 马歇尔:《公民权与社会阶级》,刘继同译,《国外社会学》2003 年第 1 期。

（三）报纸

田凯：《"第三部门"与中国社会福利》，《中国社会报》2011 年11 月 15 日，第 8 版。

（四）政府论文

北京上学路上公益促进中心：《2018 年度中国留守儿童心灵状况白皮书》，2018 年。

国务院：《关于解决农民工问题的若干意见》，2006 年。

国务院：《关于开展城镇居民基本医疗保险试点的指导意见》，2007 年。

国务院：《关于深化农村义务教育经费保障机制改革的通知》，2005 年。

教育部等：《第二期特殊教育提升计划（2017—2020 年)》，2017 年。

教育部等：《特殊教育提升计划（2014—2016 年)》，2014 年。

民政部等：《关于加强孤儿救助工作的意见》，2006 年。

民政部：《2019 年民政事业发展统计公报》，2020 年。

卫农卫：《关于开展提高农村儿童重大疾病医疗保障水平试点工作的意见》，2010 年。

卫生部：《关于加快推进新型农村合作医疗试点工作的通知》，2006 年。

（五）网络文件

车丽：《关爱留守儿童 我国已实现儿童主任、儿童督导员全覆盖》（央广网），https：//www. sohu. com/a/398972186_362042？_trans_=010001_grzy，2020 年 6 月 1 日。

国家统计局：《2019 年农民工监测调查报告》（国家统计局官网），http：//www. stats. gov. cn/tjsj/zxfb/202004/t20200430_1742724. html，

2020年4月30日。

娄辰:《山东明年起统一城乡义务教育"两免一补"政策》(新华网),http://www.cankaoxiaoxi.com/edu/20160716/1233047.shtml,2016年7月18日。

二 英文

Action, G. J., "Well-being as a Concept for Theory, Practice and Research", *The Online Journal of Knowledge Synthesis for Nursing*, Vol. E1, No. 1, 1994.

Alderman, H., "The Response of Child Nutrition to Changes in Income: Linking Biology with Economics", *CESifo Economic Studies*, Vol. 58, No. 2, 2012.

Andrews, F. M., McKennell, A. C., "Measures of Self-reported Well-being: Their Affective, Cognitive and Other Components", *Citation Classics from Social Indicators Research*, Vol. 26, 2005.

Aspalter, C., *Conservative Welfare State Systems in East Asia*, Westport, Conn: Praeger, 2001.

Barbara, K. H., "Clarification and Integration of Similar Quality of Life Concepts", *Journal of Nursing Scholarship*, Vol. 31, No. 3, 1999.

Batista, Cátia, Aitor Lacuesta, Pedro Vicente, "Brain Drain or Brain Gain? Micro Evidence from an African Success Story", *Social Science Electronic Publishing*, Vol. 86, No. 6, 2007.

Blanchflower, D. G., Oswald, A. J., "Well-being Over Time in Britain and the USA", *Journal of Public Economics*, Vol. 88, No. 7, 2004.

Borchorst, Anette, "Danish Childcare Policies within Path: Timing, Sequence, Actors and Ppportunity Structures", in Scheiwe, Kirsten and Willeken, Harry (eds.), *Childcare and Preschool Development in Europe: Institutional Perspectives*, New York: Palgrave Macmillan, 2009.

Cox Edwards, Alejandra and Ureta Manuelita, "International Migration, Remittances, and Schooling: Evidence from El Salvador", *Journal of Development Economics*, Vol. 72, No. 2, 2003.

Dasgupta, P., *An Inquiry into Well-being and Deprivation*, Oxford: Clarendon Press, 1993.

Dasgupta, P., Ray, D., "Inequality as a Determinant of Malnutrition and Unemployment: Theory", *The Economic Journal*, Vol. 96, No. 384, 1986.

Diener, E. D., Suh, E. M., Lucas, R. E., et al., "Subjective Well-being: Three Decades of Progress", *Psychological Bulletin*, Vol. 125, No. 2, 1999.

Ditmuss, R., "Welfare State and Welfare Society", *Nursing Mirror and Midwives Journal*, Vol. 126, No. 10, 1968.

Easterlin, R. A., "Income and Happiness: Towards a Unified Theory", *Economic Journal*, Vol. 111, No. 473, 2001.

Esping-Andersen, G., *Social Foundations of Postindustrial Economics*, Oxford: Oxford University Press, 1999.

Esping-Andersen, G., *The Three Worlds of Welfare Capitalism*, Cambridge: Polity Press, 1990.

Evers, A., *Shifts in the Welfare Mix: Introducing a New Approach for the Study of Transformations in Welfare and Social Policy*, Vienna：Eurosocial，1988.

Evers，A.，Svetlik，I.，"New Welfare Mixes in Care for the Elderly-Trends and Developments in 14 Countries of the Europe Region（Volume 1 – 3）"，Eurosocial Report Volume 40，European Centre，1991.

Famliesde France，"La Politique Familialeen France"，https：// www. familles-de-France. org/sites/default/files/PF_2014 – 01 _la-politique-familiate-en-France-syntheses. pdf，2020 – 04 – 06.

Fernandez，L.，"Do Fathers Influence their Children's Health by Migration? Evidence from Rural Mexico"，Working Paper，1998.

Ferrans，C. E.，"Quality of Life：Conceptual Issues"，*Seminars in Oncology Nursing*，Vol. 6，No. 4，1990.

Frank，R. H.，"The Frame of Reference as a Public Good"，*Economic Journal*，Vol. 107，No. 445，1997.

Gilbert，N.，Terrell，P.，*Dimensions of Social Welfare Policy*，Boston：Pearson Allyn and Bacon，2005.

Goodman，R.，Peng，I.，"The East Asian Welfare States：Peripatetic Learning，Adaptive，and Nation-building"，G. Esping-Andersen（eds. ），*Welfare States in Transition：National Adaptations in Global Economics*，London：Sage Publications，1996.

Gosta Esping-Andnaersen，*Social Foundations of Post Industrial Economies*，Oxford：Oxford University Press，1999.

Government，U. K.，"Childcare and Parenting"，https：//www. gov. uk/browse/childcare-parenting，2020 – 04 – 06.

Guilun，A.，Petmesidou，M.，"Dynamics of Welfare Mix in South Europe"，Welfare State Transformation Collective Volume，2007.

Hall, M. P. , *The Social Services of Morden England*, London: Routledge & Kegan Paul, 1966.

Hanne, H. , Eva, M. , "The Nordic Countries-welfare Paradises for Women and Children", *Feminism & Psychology*, Vol. 15, No. 2, 2005.

Hatch, S. , Mocroft, I. , *Components of Welfare: Voluntary Organizations, Social Services and Politics in Two Local Authorities*, London: Bedford Square Press, 1983.

Hendren, K. , Luo, Q. E. , Pandey, S. K. , "The State of Mixed Methods Research in Public Administration and Public Policy", *Public Administration Review*, Vol. 78, No. 6, 2018.

Hobfoll, S. E. , "The Influence of Culture, Community, and the Nested-self in the Stress Process: Advancing Conservations of Resources Theory", *Applied Psychology: An International Review*, Vol. 50, No. 3, 2001.

Huck-ju, K. , *Democracy and the Policies of Social Welfare: a Comparative Analysis of Welfare Systems in East Asia*, New York: Routledge, 1998.

Huebner, E. S. , "Initial Development of the Students' Life Satisfaction Scale", *School Psychology International*, Vol. 12, No. 3, 1991.

Huebner, E. S. , "Research on Assessment of Life Satisfaction of Children and Adolescents", *Social Indicators Research*, Vol. 66, No. 1, 2004.

James Midgley, *Social Welfare in Global Context*, Sage Publications, 1997.

Jean-Louis, L. , "Childcare and Welfare Mix in France", *Annals of Public and Cooperative Economics*, Vol. 74, No. 4, 2003.

Jenny, G. , James, H. , Kathys, et al. , "Evaluation of Children's Centers in England (ECCE) -Strand 3: Delivery of Family Services by Children's Centres", London: Department for Education, 2014.

Jin-Wook, K. , "Dynamics of Welfare Mix in the Republic of Korea: An Expenditure Study Between 1990 to 2001", *International Social Security Review*, Vol. 58, No. 4, 2005.

Johnson, N. , Mixed Economics of Welfare: A Comparative Perspective, Prentice Hall Europe, 1999.

Johnson, R. B. , Onwuegbuzie, A. J. , Turner, L. A. , "Toward a Definition of Mixed Methods Research", *Journal of Mixed Methods Research*, Vol. 1, No. 2, 2007.

Jonathan Bradshaw, "The Taxonomy of Social Need", In Richard Cookson, Roy Sainsbury, Caroline Glendinning (ed.), *Jonathan Bradshaw on Social Policy Selected Writings* 1972 – 2011, York Publishing Services Ltd. , 2013.

Kadushin, A. , *Child Welfare Services* (3rd ed.), New York: Macmillan Publishing CO. , Inc. , 1980.

Kahneman, D. , Krueger, A. B. , "Developments in the Measurement of Subjective Well-being", *The Journal of Economic Perspectives*, Vol. 20, No. 1, 2006.

Kandel, William and Kao, Grace, "The Impact of Temporary Labor Migration on Mexican Children's Educational Aspirations and Performance", *International Migration Review*, Vol. 35, No. 4, 2001.

Kasza, G. J., "The Illusion of Welfare Regimes", *Journal of Social Policy*, Vol. 31, No. 2, 2002.

Krishna Mazumdar, "Causal Flow Between Human Well-being and per Captia Real Gross Domestic Product", *Social Indicators Research*, Vol. 50, No. 3, 2000.

Lancaster, G., Rollinson, L., Hill, J., "The Measurement of a Major Childhood Risk for Depression: Comparison of the Parental Bonding Instrument (PBI) 'Parental Care' and the Childhood Experience of Care and Abuse (CECA) 'Parental Neglect'", *Journal of Affective Disorders*, Vol. 101, No. 1 – 3, 2007.

Levitt, P., "Social Remittances: Migration-Driven Local-Level Forms of Cultural Diffusion", *International Migration Review*, Vol. 32, No. 4, 1998.

Lu, L., "Personal and Environmental Causes of Happiness: A Longitudinal Analysis", *Journal of Social Psychology*, Vol. 139, No. 1, 1999.

Maegan Lokteff, Kathleen W. Piercy, "'Who Cares for the Children?' Lessons from a Global Perspective of Child Care Policy", *Journal of Child and Family Studies*, Vol. 21, No. 1, 2012.

Murphy, R., Zhou, M. and Tao, R., "Parents' Migration and Children's Subjective Well-being and Health: Evidence from Rural China", *Population, Space and Place*, Vol. 22, No. 8, 2016.

Myers, D. G., Dieners, E., "Who is Happy", *Psychological Science*, Vol. 6, No. 1, 1995.

Neel, A. F., "Trends and Dilemmas in Child Welfare Research", *Child Welfare*, Vol. 50, No. 1, 1971.

Ng, Y. , "Happiness Surveys: Some Comparability Issues and an Exploratory Survey Based on Just Perceivable Increments", *Social Indicators Research*, Vol. 38, No. 1, 1996.

Nobles, J. , "The Contributions of Migration to Children's Family Contexts. Online Working Paper Series", California Center for Population Research. UCLA, 2006, http: //escholarship. org/uc/item/5zk5t0d1.

Ochiai, Emiko, "Care Diamonds and Welfare Regimes in East and South-east Asian Societies: Bridging Family and Welfare Sociology", *International Journal of Japanese Sociology*, Vol. 18, No. 1, 2009.

Oishi, S. , "The Psychology of Residential Mobility: Implications for the Self, Social Relationships, and Well-being", *Perspectives on Psychological Science*, Vol. 5, No. 1, 2010.

Olson, D. H. , "Circumplex Model of Marital and Family Systems: Assessing Family Functioning", In F. Walsh (ed.) , *Normal Family Process*, New York: The Guilford Press, 1993.

Paywizard, "Maternity Benefits Per State", https: //paywizard. org/labor-law, 2020 – 04 – 06.

Powell, M. , Barrientos, A. , "Welfare Regimes and Welfare Mix", *European Journal of Political Research*, Vol. 43, No. 1, 2004.

Robert L. Barker, *The Social Work Dictionary (Fourth Edition)*, Washington D. C. , NASW Press, 1999.

Robson, A. , *Welfare State and Welfare Society: Illusion and Reality*, London: George Allen and Unwin, 1976.

Rose, R. , *Common Goals but Different Roles: the State's Contribu-*

tion to the Welfare Mix, Oxford: Oxford University Press, 1986.

Ruggie, Mary, *The State and Working Women*, Princeton, NJ: Princeton University Press, 1984.

Sandelowski, M., "Combining Qualitative and Quantitative Sampling, Data Collection, and Analysis Techniques in Mixed-Method Studies", *Research in Nursing & Health*, Vol. 23, No. 3, 2000.

Sato, T., "Minding Money: How Understanding of Value is Culturally Promoted Integrative", *Psychological and Behavioral Science*, Vol. 45, No. 1, 2011.

Sigrid Leitner, "Varieties of Familialism: The Caring Function of the Family in Comparative Perspective", *European Societies*, Vol. 5, No. 4, 2003.

Stepan, M., Muller, A., "Welfare Governance in China? A Conceptual Discussion of Governance Social Policies and the Applicability of the Concept to Contemporary China", *Journal of Cambridge Studies*, Vol. 7, No. 4, 2012.

Titmuss, M. R., *Commitment to Welfare*, London: Allen and Unwin, 1968.

UNICEF, *The State of the World's Children* 1994, New York: UNCF.

Wen, M., Lin, D., "Child Development in Rural China: Children Left Behind by their Migrant Parents and Children of Nonmigrant Families", *Child Development*, Vol. 83, No. 1, 2012.

Wilensky, H. L., Lebeaux, C. N., *Industrial Society and Social Welfare: The Impact of Industrialization on the Supply and Organization of Social Welfare in the United State*, New York: Free Press, 1958.

Wolfenden, J. , "The Future of Voluntary Organizations: Report of Wolfenden Committee", London: Croom Helm, 1978.

Wong, C. K. , Ideology, Welfare Mix and the Production of Welfare: A Comparative Study of Child Daycare Policies in Britain and HongKong, Sheffield: Department of Sociological Studies, The University of Sheffield, 1991.

Wong, J. , "The Adaptive Developmentl State in East Asia", *Journal of East Asian Studies*, Vol. 4, No. 3, 2004.

Xu, H. , and Xie, Y. , "The Causal Effects of Rural-to-Urban Migration on Children's Well-being in China", *European Sociological Review*, Vol. 31, No. 4, 2015.

Zsuzsa, S. , "The Welfare Mix in Hungary as a New Phenomenon", *Social Policy and Society*, Vol. 2, No. 2, 2003.

后　记

　　本书是在我的博士学位论文基础上修改完成的。我一直关注农民工城市融入问题，其中也包括农民工的子女教育问题，读博期间也跟老师们深入讨论过这个问题。记得上课时，刘玉安老师曾说，农村留守儿童的教育是一件重要且紧迫的事情，因为农村留守儿童不像工厂生产出来的产品，有的产品不合格还可以返厂维修，但是农村留守儿童在成长过程中由于缺少父母的陪伴，家庭教育的缺失很容易使他们成为问题少年，进而引发严重的社会问题。家庭教育缺失是不可逆的，农村留守儿童的成长也是不可逆的。2016年，国务院出台《关于加强农村留守儿童关爱保护工作的意见》，使我找到了社会保障专业与关爱农村留守儿童的契合点，我便萌生了研究农村留守儿童福利问题的想法。

　　特别感谢我的导师邢占军教授。当我困于不知如何对农村留守儿童福利进行破题时，邢老师建议我从客观福利和主观福利两方面来写，这使我醍醐灌顶，我便明确了论文的题目。在论文写作过程中，邢老师帮我把握大的结构框架，帮我把关章节的标题，帮我斟酌具体的字句表述，使我的论文能够逐渐完善并顺利完成。感谢刘玉安教授、王佃利教授、张乐教授、曹现强教授等在我读博期间学习和论文写作过程中给予的建议和指导，论文的顺利完成凝结着他们的智慧。感谢华东师范大学的万国威教授为我的论文写作提供研究工具。感谢我的家人在读博期间给予我无私的支持和鼓励。最后感谢中国社会科学出版社的支持，特别感谢马明老师为本书付出的劳动。

袁书华

2022 年 10 月于济南